RÉGLEMENTATION

DU

TRAVAIL INDUSTRIEL

COMMENTAIRE PRATIQUE

PAR

PAUL RAZOUS

INSPECTEUR DÉPARTEMENTAL DU TRAVAIL
DANS L'INDUSTRIE

ARMAND RAZOUS

CONDUCTEUR
DE TRAVAUX PUBLICS

BERGER-LEVRAULT & Cie, ÉDITEURS

PARIS
5, RUE DES BEAUX-ARTS, 5

NANCY
18, RUE DES GLACIS, 18

1901

RÉGLEMENTATION

DU

TRAVAIL INDUSTRIEL

AUTRES OUVRAGES DE M. PAUL RAZOUS

Éléments d'Hygiène et de Chimie industrielles, rédigés conformément au programme des concours d'admission à l'emploi d'Inspecteur départemental du travail. 1900. Volume in-8, avec 29 figures, broché . . . . **3 fr. 50 c.** — Relié en percaline . . . **4 fr. 50 c.**

L'Assainissement des Ateliers et des Usines (ouvrage couronné par la Société industrielle du Nord de la France). Un volume in-8, avec figures, broché . . . . **5 fr.**

La Sécurité du Travail dans l'Industrie. *Moyens préventifs contre les accidents d'usine et d'atelier.* 1900. Un volume grand in-8, avec 222 figures, broché. . . . . **12 fr. 50 c.**

RÉGLEMENTATION

DU

TRAVAIL INDUSTRIEL

COMMENTAIRE PRATIQUE

PAR

PAUL RAZOUS
INSPECTEUR DÉPARTEMENTAL DU TRAVAIL
DANS L'INDUSTRIE

ARMAND RAZOUS
CONDUCTEUR
DE TRAVAUX PUBLICS

BERGER-LEVRAULT & Cie, ÉDITEURS

PARIS
5, RUE DES BEAUX-ARTS, 5

NANCY
18, RUE DES GLACIS, 18

1901

AVANT-PROPOS

Ces dernières années ont été fécondes en améliorations progressives du sort des travailleurs. On ne s'est plus borné à prendre en pitié et à dénoncer avec éloquence des souffrances que tout le monde désirait supprimer : le Parlement a voté des lois protectrices dont l'exécution permet d'atténuer certaines iniquités sociales et d'assurer à l'ouvrier un peu du bien-être auquel il a droit. Malheureusement les détails de ces lois sont encore, malgré les louables efforts et le dévouement du Service de l'Inspection du travail, trop peu connus des chefs d'industrie et des ouvriers. Aussi croyons-nous faire œuvre utile en publiant un commentaire pratique de la législation relative à la protection du travail et des travailleurs.

Cette législation s'occupe :

1° De la réglementation du travail des enfants, des filles mineures et des femmes ;

2° De la réglementation du travail des adultes ;

3° Des prescriptions concernant l'assainissement des ateliers et la prévention des accidents du travail ;

4° De la réparation civile des accidents.

La réglementation du travail des enfants, des filles mineures et des femmes établie par la loi du 2 novembre 1892 et la réglementation du travail des adultes fixée par le décret-loi du 9 septembre 1848 ont certains points communs depuis que la loi du 30 mars 1900 est venue par l'unification de la durée du travail des hommes, femmes et enfants employés dans un même établissement industriel faire œuvre de moralisation, de solidarité et de pacification sociale. Aussi grouperons-nous dans un premier livre l'étude, article par article, de ces lois si importantes.

Les mesures propres à mettre l'ouvrier à l'abri des dangers que font courir à sa santé les conditions hygiéniques défectueuses de beaucoup d'usines et d'ateliers, ainsi que les moyens permettant de prévenir un grand nombre d'accidents du travail ont été rendus obligatoires par le titre IV de la loi du 2 novembre 1892 en ce qui concerne les enfants, les filles mineures et les femmes, et par la loi du 12 juin 1893 relative à tous les établissements industriels. Des règlements d'administration publique en date des 13 mai 1893, 10 mars 1894 et 29 juin 1895, complètent ces lois et marquent les étapes de l'œuvre du législateur en ce qui touche la santé et la vie, le bien-être et la moralité de l'ouvrier. L'analyse de ces lois et règlements sur l'hygiène et la sécurité des travailleurs fera l'objet du second livre.

Dans un troisième livre, nous nous occuperons de la réparation civile des accidents du travail, question qui dans ces derniers temps a été résolue de façon à rendre plus équitables les rapports entre les employeurs et les employés et à permettre de soulager beaucoup d'infortunes. Il a été constaté en effet que, malgré toutes les précautions prises, malgré les moyens préventifs les plus ingénieux, le développement de l'outillage industriel en-

traîne à sa suite un nombre considérable d'accidents ne résultant ni de la faute du patron, ni de la faute de l'ouvrier. Ces accidents, qui n'ont d'autre cause que l'exercice normal de certains efforts de l'activité humaine appliquée à des usages licites, constituent ce qu'on appelle le risque professionnel. Par la raison bien simple que le chef d'exploitation profite des bonnes chances de l'entreprise, il était juste qu'il eût à sa charge les mauvaises chances, les risques de l'industrie, de la profession. C'est ce qu'a décidé la loi du 9 avril 1898, qui a étendu le risque professionnel à tous les accidents, sauf lorsqu'ils proviennent du dol ou d'une faute non inhérente au travail. Cette législation nouvelle des accidents industriels a fait l'objet d'un grand nombre de commentaires spéciaux examinant article par article les prescriptions de la dite loi de 1898 et des règlements d'administration publique rendus pour assurer son exécution; aussi nous nous bornerons, après avoir dégagé les principes dont s'est inspiré le législateur et les conséquences essentielles qu'il en a déduites, à développer les points intéressant particulièrement les chefs d'industrie et les ouvriers; nous laisserons de côté tout ce qui a trait au cautionnement, réserve, surveillance et contrôle des compagnies d'assurance.

Les lois que nous venons de citer sont de celles dont l'application présente les plus grandes difficultés, tant à cause des intérêts différents qu'elles mettent en jeu que des cas d'espèce particulièrement délicats qu'elles peuvent susciter. C'est pour en faciliter la connaissance complète et raisonnée que nous avons résumé à la suite de chaque article les interprétations tant de l'adminis-

tration supérieure que des tribunaux des divers ordres. Puisse cet ouvrage être d'un utile secours aux magistrats chargés d'exercer les poursuites et de juger les infractions, aux nombreux industriels désireux de se conformer à la loi, aux membres des Commissions départementales du travail et à toutes les personnes qui s'intéressent aux questions de protection des travailleurs.

Nous ne terminerons pas cet avant-propos sans adresser nos plus respectueux hommages à M. le ministre Millerand, dont l'œuvre sociale constitue une belle page de notre histoire, et sans prier M. Fontaine, ingénieur en chef des mines, directeur du Travail au Ministère du commerce et de l'industrie, et M. Brice, sous-directeur, d'agréer nos sincères remerciements pour la bienveillance qu'ils n'ont cessé de nous témoigner.

TABLE DES MATIÈRES

LIVRE III

Réparation civile des accidents du travail.

ANNEXES

LIVRE Ier

DUREE DU TRAVAIL

I. — Textes législatifs et réglementaires relatifs a la durée du travail des enfants, des filles mineures et des femmes

1° Loi du 2 novembre 1892 sur le travail des enfants, des filles mineures et des femmes dans les établissements industriels modifiée par la loi du 30 mars 1900.

Section Ire. — *Dispositions générales. — Age d'admission. Durée du travail.*

Article 1er. — Le travail des enfants, des filles mineures et des femmes dans les usines, manufactures, mines, minières et carrières, chantiers, ateliers et leurs dépendances, de quelque nature que ce soit, publics ou privés, laïques ou religieux, même lorsque ces établissements ont un caractère d'enseignement professionnel ou de bienfaisance, est soumis aux obligations déterminées par la présente loi.

Toutes les dispositions de la présente loi s'appliquent

aux étrangers travaillant dans les établissements ci-dessus désignés.

Sont exceptés les travaux effectués dans les établissements où ne sont employés que les membres de la famille sous l'autorité soit du père, soit de la mère, soit du tuteur.

Néanmoins, si le travail s'y fait à l'aide de chaudière à vapeur ou de moteur mécanique, ou si l'industrie exercée est classée au nombre des établissements dangereux ou insalubres, l'inspecteur aura le droit de prescrire les mesures de sécurité et de salubrité à prendre, conformément aux articles 12, 13 et 14.

Art. 2. — Les enfants ne peuvent être employés par les patrons, ni être admis dans les établissements énumérés dans l'article 1er avant l'âge de treize ans révolus.

Toutefois, les enfants munis du certificat d'études primaires, institué par la loi du 28 mars 1882, peuvent être employés à partir de l'âge de douze ans.

Aucun enfant âgé de moins de treize ans ne pourra être admis au travail dans les établissements ci-dessus visés s'il n'est muni d'un certificat d'aptitude physique délivré, à titre gratuit, par l'un des médecins chargés de la surveillance du premier âge ou l'un des médecins inspecteurs des écoles, ou tout autre médecin, chargé d'un service public, désigné par le préfet. Cet examen sera contradictoire, si les parents le réclament.

Les inspecteurs du travail pourront toujours requérir un examen médical de tous les enfants au-dessous de seize ans, déjà admis dans les établissements susvisés, à l'effet de constater si le travail dont ils sont chargés excède leur force.

Dans ce cas, les inspecteurs auront le droit d'exiger leur renvoi de l'établissement sur l'avis conforme de l'un des médecins désignés au paragraphe 3 du présent article, et après examen contradictoire si les parents le réclament.

Dans les orphelinats et institutions de bienfaisance visés à l'article 1er, et dans lesquels l'instruction primaire est donnée, l'enseignement manuel ou professionnel, pour les enfants âgés de moins de treize ans, sauf pour les enfants âgés de douze ans, munis du certificat d'études primaires, ne pourra pas dépasser trois heures par jour.

Art. 3. — Les jeunes ouvriers et ouvrières, jusqu'à l'âge de dix-huit ans, et les femmes ne peuvent être employés à un travail effectif de plus de onze heures par jour, coupées par un ou plusieurs repos, dont la durée totale ne pourra être inférieure à une heure et pendant lesquels le travail sera interdit.

Au bout de deux ans, à partir de la promulgation de la présente loi, la durée du travail sera réduite à dix heures et demie et, au bout d'une nouvelle période de deux années, à dix heures.

Dans chaque établissement, sauf les usines à feu continu et les mines, minières ou carrières, les repos auront lieu aux mêmes heures pour toutes les personnes protégées par la présente loi. (*Modification apportée par l'article 1er de la loi du 30 mars 1900.*)

SECTION II. — *Travail de nuit. — Repos hebdomadaire.*

Art. 4. — Les enfants âgés de moins de dix-huit ans, les filles mineures et les femmes ne peuvent être employés à aucun travail de nuit dans les établissements énumérés à l'article 1er.

Tout travail entre 9 heures du soir et 5 heures du matin est considéré comme travail de nuit ; toutefois, le travail sera autorisé de 4 heures du matin à 10 heures du soir quand il sera réparti entre deux postes d'ouvriers ne travaillant pas plus de neuf heures chacun.

Le travail de chaque équipe sera coupé par un repos d'une heure au moins.

Il sera accordé, pour les femmes et les filles âgées de plus de dix-huit ans, à certaines industries qui seront déterminées par un règlement d'administration publique et dans les conditions d'application qui seront précisées dans ledit règlement, la faculté de prolonger le travail jusqu'à 11 heures du soir, à certaines époques de l'année, pendant une durée totale qui ne dépassera pas soixante jours. En aucun cas, la journée de travail effectif ne pourra être prolongée au delà de douze heures.

Il sera accordé à certaines industries, déterminées par un règlement d'administration publique, l'autorisation de déroger d'une façon permanente aux dispositions des paragraphes 1 et 2 du présent article, mais sans que le travail puisse, en aucun cas, dépasser sept heures par vingt-quatre heures.

Le même règlement pourra autoriser, pour certaines industries, une dérogation temporaire aux dispositions précitées.

En outre, en cas de chômage résultant d'une interruption accidentelle ou de force majeure, l'interdiction ci-dessus peut, dans n'importe quelle industrie, être temporairement levée par l'inspecteur pour un délai déterminé.

Paragraphe ajouté par la loi du 30 mars 1900. — A l'expiration d'un délai de deux ans à partir de la promulgation de la présente loi, les dispositions exceptionnelles concernant le travail de nuit prévues aux paragraphes 2 et 3 du présent article cesseront d'être en vigueur, sauf pour les travaux souterrains des mines, minières et carrières.

Art. 5. — Les enfants âgés de moins de dix-huit ans et les femmes de tout âge ne peuvent être employés dans les établissements énumérés à l'article 1ᵉʳ plus de six jours par semaine, ni les jours de fête reconnus par la loi, même pour rangement d'atelier.

Une affiche apposée dans les ateliers indiquera le jour adopté pour le repos hebdomadaire.

Art. 6. — Néanmoins, dans les usines à feu continu, les femmes majeures et les enfants du sexe masculin peuvent être employés tous les jours de la semaine, la nuit, aux travaux indispensables, sous la condition qu'ils auront au moins un jour de repos par semaine.

Les travaux tolérés et le laps de temps pendant lequel ils peuvent être exécutés seront déterminés par un règlement d'administration publique.

Art. 7. — L'obligation du repos hebdomadaire et les restrictions relatives à la durée du travail peuvent être temporairement levées par l'inspecteur divisionnaire, pour les travailleurs visés à l'article 5, pour certaines industries à désigner par le susdit règlement d'administration publique.

Art. 8. — Les enfants des deux sexes âgés de moins de treize ans ne peuvent être employés comme acteurs, figurants, etc., aux représentations publiques données dans les théâtres et cafés-concerts sédentaires.

Le ministre de l'instruction publique et des beaux-arts, à Paris, et les préfets, dans les départements, pourront exceptionnellement autoriser l'emploi d'un ou plusieurs enfants dans les théâtres pour la représentation de pièces déterminées.

SECTION III. — *Travaux souterrains.*

Art. 9. — Les filles et les femmes ne peuvent être admises dans les travaux souterrains des mines, minières et carrières.

Des règlements d'administration publique détermineront les conditions spéciales du travail des enfants de treize à dix-huit ans du sexe masculin dans les travaux souterrains ci-dessus visés.

Dans les mines spécialement désignées par des règlements d'administration publique, comme exigeant, en raison de leurs conditions naturelles, une dérogation aux prescriptions du paragraphe 2 de l'article 4, ces règlements pourront permettre le travail des enfants à partir de 4 heures du matin et jusqu'à minuit, sous la condition expresse que les enfants ne soient pas assujettis à plus de huit heures de travail effectif ni à plus de dix heures de présence dans la mine, par vingt-quatre heures.

SECTION IV. — *Surveillance des enfants.*

Art. 10. — Les maires sont tenus de délivrer gratuitement aux père, mère, tuteur ou patron, un livret sur lequel sont portés les noms et prénoms des enfants des deux sexes âgés de moins de dix-huit ans, la date, le lieu de leur naissance et leur domicile.

Si l'enfant a moins de treize ans, le livret devra mentionner s'il est muni du certificat d'études primaires institué par la loi du 28 mars 1882.

Les chefs d'industrie ou patrons inscriront sur le livret la date de l'entrée dans l'atelier et celle de la sortie. Ils devront également tenir un registre sur lequel seront mentionnées toutes les indications insérées au présent article.

Art. 11. — Les patrons ou chefs d'industrie et loueurs de force motrice sont tenus de faire afficher dans chaque atelier les dispositions de la présente loi, les règlements d'administration publique relatifs à son exécution et concernant plus spécialement leur industrie, ainsi que les adresses et les noms des inspecteurs de la circonscription.

Ils afficheront également les heures auxquelles commencera et finira le travail, ainsi que les heures et la durée des repos. Un duplicata de cette affiche sera envoyé à l'inspecteur, un autre sera déposé à la mairie.

Dans les établissements visés par la présente loi, autres que les usines à feu continu et les établissements qui seront déterminés par un règlement d'administration publique, l'organisation du travail par relais, sauf ce qui est prévu aux paragraphes 2 et 3 de l'article 4, sera interdite pour les personnes protégées par les articles précédents, dans un délai de trois mois à partir de la promulgation de la présente loi. (*Modification apportée par la loi du 30 mars 1900.*)

En cas d'organisation du travail par postes ou équipes successives, le travail de chaque équipe sera continu, sauf l'interruption pour le repos. (*Modification apportée par la loi du 30 mars 1900.*)

Dans toutes les salles de travail des ouvroirs, orphelinats, ateliers de charité ou de bienfaisance dépendant des établissements religieux ou laïques sera placé, d'une façon permanente, un tableau indiquant, en caractères facilement lisibles, les conditions du travail des enfants telles qu'elles résultent des articles 2, 3, 4 et 5, et déterminant l'emploi de la journée, c'est-à-dire les heures du travail manuel, du repos, de l'étude et des repas. Ce tableau sera visé par l'inspecteur et revêtu de sa signature.

Un état nominatif complet des enfants élevés dans les établissements ci-dessus désignés, indiquant leurs noms et prénoms, la date et le lieu de leur naissance, et certifié conforme par les directeurs de ces établissements, sera remis tous les trois mois à l'inspecteur et fera mention de toutes les mutations survenues depuis la production du dernier état.

Section V. — *Hygiène et sécurité des travailleurs.*

Le texte des articles 12, 13, 14, 15 et 16 ainsi que leur commentaire sera donné au Livre II.

Section VI. — *Inspection.*

Art. 17. — Les inspecteurs du travail sont chargés d'assurer l'exécution de la présente loi et de la loi du 9 septembre 1848.

Ils sont chargés, en outre, concurremment avec les commissaires de police, de l'exécution de la loi du 7 décembre 1874 relative à la protection des enfants employés dans les professions ambulantes.

Toutefois, en ce qui concerne les exploitations de mines, minières et carrières, l'exécution de la loi est exclusivement confiée aux ingénieurs et contrôleurs des mines, qui, pour ce service, sont placés sous l'autorité du ministre du commerce et de l'industrie.

Art. 18. — Les inspecteurs du travail sont nommés par le ministre du commerce et de l'industrie.

Ce service comprendra :

1° Des inspecteurs divisionnaires ;

2° Des inspecteurs ou inspectrices départementaux.

Un décret, rendu après avis du comité des arts et manufactures et de la commission supérieure du travail ci-dessous instituée, déterminera les départements dans lesquels il y aura lieu de créer des inspecteurs départementaux. Il fixera le nombre, le traitement et les frais de tournée de ces inspecteurs.

Les inspecteurs ou inspectrices départementaux sont placés sous l'autorité de l'inspecteur divisionnaire.

Les inspecteurs du travail prêtent serment de ne point révéler les secrets de fabrication et, en général, les procédés d'exploitation dont ils pourraient prendre connaissance dans l'exercice de leurs fonctions.

Toute violation de ce serment est punie conformément à l'article 378 du Code pénal.

Art. 19. — Désormais ne seront admissibles aux fonctions d'inspecteur divisionnaire ou départemental que les candidats ayant satisfait aux conditions et aux concours visés par l'article 22.

La nomination au poste d'inspecteur titulaire ne sera définitive qu'après un stage d'un an.

Art. 20. — Les inspecteurs et inspectrices ont entrée dans tous les établissements visés par l'article 1er ; ils peuvent se faire représenter le registre prescrit par l'article 10, les livrets, les règlements intérieurs et, s'il y a lieu, le certificat d'aptitude physique mentionné à l'article 2.

Les contraventions sont constatées par les procès-verbaux des inspecteurs et inspectrices, qui font foi jusqu'à preuve contraire.

Ces procès-verbaux sont dressés en double exemplaire, dont l'un est envoyé au préfet du département et l'autre déposé au parquet.

Les dispositions ci-dessus ne dérogent point aux règles du droit commun, quant à la constatation et à la poursuite des infractions à la présente loi.

Art. 21. — Les inspecteurs ont pour mission, en dehors de la surveillance qui leur est confiée, d'établir la statistique des conditions du travail industriel dans la région qu'ils sont chargés de surveiller.

Un rapport d'ensemble résumant ces communications sera publié tous les ans par les soins du ministre du commerce et de l'industrie.

Section VII. — *Commissions supérieure et départementales.*

Art. 22. — Une commission supérieure composée de neuf membres, dont les fonctions sont gratuites, est établie auprès du ministre du commerce et de l'industrie. Cette commission comprend deux sénateurs, deux députés élus par leurs collègues et cinq membres nommés pour une période de quatre ans par le Président de la République. Elle est chargée :

1° De veiller à l'application uniforme et vigilante de la présente loi ;

2° De donner son avis sur les règlements à faire et généralement sur les diverses questions intéressant les travailleurs protégés ;

3° Enfin, d'arrêter les conditions d'admissibilité des

candidats à l'inspection divisionnaire et départementale et le programme du concours qu'ils devront subir.

Les inspecteurs divisionnaires nommés en vertu de la loi du 19 mai 1874, et actuellement en fonctions, seront répartis entre les divers postes d'inspecteurs divisionnaires et d'inspecteurs départementaux établis en exécution de la présente loi, sans être assujettis à subir le concours.

Les inspecteurs départementaux pourront être conservés sans subir un nouveau concours.

Art. 23. — Chaque année, le président de la commission supérieure adresse au Président de la République un rapport général sur les résultats de l'inspection et sur les faits relatifs à l'exécution de la présente loi.

Ce rapport doit être, dans le mois de son dépôt, publié au *Journal officiel*.

Art. 24. — Les conseils généraux devront instituer une ou plusieurs commissions chargées de présenter, sur l'exécution de la loi et les améliorations dont elle serait susceptible, des rapports qui seront transmis au ministre et communiqués à la commission supérieure.

Les inspecteurs divisionnaires et départementaux, les présidents et vice-présidents du conseil de prud'hommes du chef-lieu ou du principal centre industriel du département et, s'il y a lieu, l'ingénieur des mines, font partie de droit de ces commissions dans leurs circonscriptions respectives.

Les commissions locales instituées par les articles 20, 21 et 22 de la loi du 19 mai 1874 sont abolies.

Art. 25. — Il sera institué, dans chaque département, des comités de patronage ayant pour objet :

1° La protection des apprentis et des enfants employés dans l'industrie ;

2° Le développement de leur instruction professionnelle.

Le conseil général, dans chaque département, déterminera le nombre et la circonscription des comités de patronage, dont les statuts seront approuvés dans le département de la Seine par le ministre de l'intérieur et le ministre du commerce et de l'industrie, et par les préfets dans les autres départements.

Les comités de patronage seront administrés par une commission composée de sept membres, dont quatre seront nommés par le conseil général et trois par le préfet.

Ils sont renouvelables tous les trois ans. Les membres sortants pourront être appelés de nouveau à en faire partie.

Leurs fonctions sont gratuites.

Section VIII. — *Pénalités.*

Art. 26. — Les manufacturiers, directeurs ou gérants d'établissements visés par la présente loi, qui auront contrevenu aux prescriptions de ladite loi et des règlements d'administration publique relatifs à son exécution, seront poursuivis devant le tribunal de simple police et passibles d'une amende de 5 à 15 fr.

L'amende sera appliquée autant de fois qu'il y aura de personnes employées dans des conditions contraires à la présente loi.

Toutefois, la peine ne sera pas applicable si l'infraction à la loi a été le résultat d'une erreur provenant de la production d'actes de naissance, livrets ou certificats contenant de fausses énonciations ou délivrés pour une autre personne.

Les chefs d'industrie seront civilement responsables des condamnations prononcées contre leurs directeurs ou gérants.

Art. 27. — En cas de récidive, le contrevenant sera poursuivi devant le tribunal correctionnel et puni d'une amende de 16 à 100 fr.

Il y a récidive lorsque, dans les douze mois antérieurs au fait poursuivi, le contrevenant a déjà subi une condamnation pour une contravention identique.

En cas de pluralité de contraventions entraînant ces peines de la récidive, l'amende sera appliquée autant de fois qu'il aura été relevé de nouvelles contraventions.

Les tribunaux correctionnels pourront appliquer les dispositions de l'article 463 du Code pénal sur les circonstances atténuantes, sans qu'en aucun cas l'amende, pour chaque contravention, puisse être inférieure à 5 fr.

Art. 28. — L'affichage du jugement peut, suivant les circonstances et en cas de récidive seulement, être ordonné par le tribunal de police correctionnelle.

Le tribunal peut également ordonner, dans le même cas, l'insertion du jugement aux frais du contrevenant dans un ou plusieurs journaux du département.

Art. 29. — Est puni d'une amende de 100 à 500 fr. quiconque aura mis obstacle à l'accomplissement des devoirs d'un inspecteur.

En cas de récidive, l'amende sera portée de 500 à 1,000 fr.

L'article 463 du Code pénal est applicable aux condamnations prononcées en vertu de cet article.

SECTION IX. — *Dispositions spéciales.*

Art. 30. — Les règlements d'administration publique

nécessaires à l'application de la présente loi seront rendus après avis de la commission supérieure du travail et du comité consultatif des arts et manufactures.

Le conseil général des mines sera appelé à donner son avis sur les règlements prévus en exécution de l'article 9.

Art. 31. — Les dispositions de la présente loi sont applicables aux enfants placés en apprentissage et employés dans un des établissements visés à l'article 1ᵉʳ.

Art. 32. — Les dispositions édictées par la présente loi ne seront applicables qu'à dater du 1ᵉʳ janvier 1893.

La loi du 19 mai 1874 et les règlements d'administration publique rendus en exécution de ses dispositions seront abrogés à la date susindiquée.

2° Décret du 15 juillet 1893 modifié par les décrets des 26 juillet 1895, 29 juillet 1897, 24 février 1898 et 1ᵉʳ juillet 1899.

Article 1ᵉʳ. — Dans les industries ci-après déterminées, les femmes et les filles âgées de plus de dix-huit ans pourront être employées jusqu'à 11 heures du soir, à certaines époques de l'année et pendant une durée totale qui ne dépassera pas soixante jours par an, sans que, en aucun cas, la durée du travail effectif puisse dépasser douze heures par vingt-quatre heures.

Broderie et passementerie pour confections ;
Chapeaux (Fabrication et confection de) en toutes matières pour hommes et femmes ;
Confections, coutures et lingeries pour femmes et enfants ;
Confections en fourrures ;
Pliage et encartonnage des rubans ;

Art. 2. — Il pourra être dérogé d'une façon permanente aux dispositions des paragraphes 1 et 2 de l'article 4 précité, pour les industries et catégories de travailleurs énumérées ci-dessous, mais sans que le travail puisse dépasser sept heures par vingt-quatre heures.

INDUSTRIES.	TRAVAILLEURS.
Amidon de maïs (Coulage et séchage de l').	Femmes.
Imprimés (Brochage des)	Filles majeures et femmes.
Journaux (Pliage des).	Idem.
Mines (Allumage des lampes de). . . .	Idem.

Art. 3. — Les industries énumérées ci-après sont autorisées à déroger temporairement aux dispositions relatives au travail de nuit, sans que le travail effectif des femmes, filles ou enfants employés la nuit puisse dépasser dix heures par vingt-quatre heures :

INDUSTRIES.	DURÉE TOTALE DES DÉROGATIONS.
Colles et gélatines (Fabrication de) .	60 jours.
Confiserie	90 —
Conserves alimentaires de fruits et de légumes	90 —
Conserves de poissons	90 —
Délainage des peaux de mouton. . .	60 —
Parfum des fleurs (Extraction des) .	90 —
Pâtes alimentaires et fabriques de biscuits employant le beurre frais .	30 —
Réparations urgentes de navires et de machines motrices	120 — (enfants au-dessus de 16 ans.).
Tonnellerie pour l'embarillage des produits de la pêche.	90 —

Art. 4. — Dans les usines à feu continu où des femmes majeures et des enfants de sexe masculin sont employés la nuit, les travaux tolérés pour ces deux catégories de travailleurs sont les suivants :

USINES A FEU CONTINU.	TRAVAILLEURS.	TRAVAUX TOLÉRÉS.
Distilleries de betteraves.	Enfants et femmes.	Laver, peser, trier la betterave, manœuvrer les robinets à jus et à eau, aider aux batteries de diffusion et aux appareils distillatoires.
Fer et fonte émaillés (Fabriques d'objets en).	Enfants	Manœuvrer à distance les portes des fours.
Huiles (Usines pour l'extraction des).	Enfants	Remplir les sacs, les secouer après pressage, porter les sacs vides et les claies.
Papeteries.	Enfants et femmes.	Aider les surveillants de machines, couper, trier, ranger, rouler et apprêter le papier.
Sucres (Fabriques et raffineries de).	Enfants et femmes.	Laver, peser, trier la betterave, manœuvrer les robinets à jus et à eau, surveiller les filtres, aider aux batteries de diffusion, coudre des toiles, laver des appareils et des ateliers, travailler le sucre en tablettes.
Usines métallurgiques. .	Enfants	Aider à la préparation des lits de fusion, aux travaux accessoires d'affinage, de laminage, de martelage et de tréfilage, de préparation des moules pour objets de fonte moulée, de rangement des paquets, des feuilles, des tubes et des fils.
Verreries	Enfants	Présenter les outils, faire les premiers cueillages, aider au soufflage et au moulage, porter dans les fours à recuire, en retirer les objets, le tout dans les conditions prévues à l'article 7 du décret du 13 mai 1893.
	Femmes	Trier et ranger les bouteilles.

Lorsque les femmes majeures et les enfants sont employés toute la nuit, leur travail doit être coupé par des intervalles de repos représentant un temps total de repos au moins égal à deux heures.

La durée du travail effectif ne peut d'ailleurs dépasser, dans les vingt-quatre heures, dix heures pour les femmes et les enfants.

Art. 5. — Les industries pour lesquelles l'obligation du repos hebdomadaire et les restrictions relatives à la durée du travail pourront être temporairement levées par l'inspecteur divisionnaire, pour les enfants âgés de moins de dix-huit ans et les femmes de tout âge, sont les suivantes :

Ameublement, tapisserie, passementerie pour meubles ;
Appareils orthopédiques (Fabrication d') ;
Bijouterie et joaillerie ;
Biscuits employant le beurre frais (Fabriques de) ;
Blanchisseries de linge fin ;
Bonneterie fine (Fabrication de) ;
Briqueteries en plein air ;
Brochage des imprimés ;
Broderie et passementerie pour confections ;
Cartons (Fabriques de) pour jouets, bonbons, cartes de visites, rubans ;
Chapeaux (Confection et fabrication de) en toutes matières pour hommes et femmes ;
Chaussures (Fabrication de) ;
Corsets (Confection de) ;
Colles et gélatines (Fabrication de) ;
Confections, coutures et lingerie pour femmes et enfants ;
Confections pour hommes ;
Confections en fourrures ;
Conserves de fruits et confiserie, conserves de légumes et de poissons ;
Corderies en plein air ;
Couronnes funéraires (Fabriques de) ;
Délainage des peaux de moutons ;
Dorure pour ameublements ;
Dorure pour encadrements ;
Établissements industriels dans lesquels sont exécutés des travaux sur l'ordre du Gouvernement et dans l'intérêt de la sûreté et de la défense nationales après avis des ministres intéressés constatant expressément la nécessité de la dérogation ;
Filature, retordage de fils crépés, bouclés et à boutons, des fils moulinés et multicolores ;

Fleurs (Extraction des parfums des) ;

Fleurs et plumes ;

Impression de la laine peignée, blanchissage, teinture et impression des fils de laine, de coton, de soie, destinés au tissage des étoffes de nouveautés ;

Imprimeries typographiques ;

Imprimeries lithographiques ;

Imprimeries en taille-douce ;

Jouets, bimbeloterie, petite tabletterie et articles de Paris (Fabriques de) ;

Papier (Transformation du), fabrication des enveloppes, du cartonnage des cahiers d'école, des registres, des papiers de fantaisie ;

Papiers de tenture ;

Parfumerie (Fabrication de) ;

Reliure ;

Réparations urgentes de navires et de machines motrices ;

Soie (Dévidage de la) pour étoffes de nouveautés ;

Teinture, apprêt, blanchiment, impression, gaufrage et moirage des étoffes ;

Tissage des étoffes de nouveauté destinées à l'habillement ;

Tulles, dentelles et laizes de soie.

Art. 6. — Les chefs des·industries, autorisés soit à prolonger le travail jusqu'à 11 heures du soir, en vertu de l'article 1er, soit à déroger temporairement aux dispositions relatives au travail de nuit, en vertu de l'article 3, devront prévenir l'inspecteur ou l'inspectrice chaque fois qu'ils voudront faire usage de ces autorisations.

L'avis sera donné par l'envoi, avant le commencement du travail exceptionnel, d'une carte postale, d'une lettre sans enveloppe ou d'un télégramme, de façon que le timbre de la poste fasse foi de la date dudit avis.

Une copie de l'avis sera immédiatement affichée dans un endroit apparent des ateliers et y restera apposée pendant toute la durée de la dérogation.

Dans les cas prévus de l'article 5, une copie de l'autorisation sera également affichée.

II. — Textes législatifs et réglementaires relatifs a la durée du travail des adultes

1° Décret-loi du 9 septembre 1848, modifié par la loi du 30 mars 1900

Article 1er. — La journée de l'ouvrier dans les manufactures et usines ne pourra pas excéder douze heures de travail effectif.

Dispositions ajoutées par l'article 2 de la loi du 30 mars 1900. — Il est ajouté à l'article 1er du décret-loi des 9-14 septembre 1848 la disposition suivante :

« Toutefois, dans les établissements énumérés dans l'article 1er de la loi du 2 novembre 1892 qui emploient dans les mêmes locaux des hommes adultes et des personnes visées par ladite loi, la journée de ces ouvriers ne pourra excéder onze heures de travail effectif.

« Dans le cas du paragraphe précédent, au bout de deux ans, à partir de la promulgation de la présente loi, la journée sera réduite à dix heures et demie et, au bout d'une nouvelle période de deux ans, à dix heures.

Art. 2. — Des règlements d'administration publique détermineront les exceptions qu'il sera nécessaire d'apporter à cette disposition générale à raison de la nature des industries ou des causes de force majeure.

Art. 3. — Il n'est porté aucune atteinte aux usages et aux conventions qui, antérieurement au 2 mars, fixaient pour certaines industries la journée de travail à un nombre d'heures inférieur à douze.

Art. 4. — Tout chef de manufacture ou usine qui contreviendra au présent décret et aux règlements d'administration publique promulgués en exécution de l'article 2 sera puni d'une amende de 5 fr. à 100 fr.

Les contraventions donneront lieu à autant d'amendes qu'il y aura d'ouvriers indûment employés, sans que ces amendes réunies puissent s'élever au-dessus de 1.000 fr.

Le présent article ne s'applique pas aux usages locaux et conventions indiqués dans la présente loi.

Art. 5. — L'article 463 du Code pénal pourra toujours être appliqué.

Art. 6. — Le décret du 2 mars en ce qui concerne la limite des heures de travail est abrogé.

2° Décret du 17 mai 1851 qui apporte des exceptions à l'article 1er de la loi du 9 septembre 1848 sur la durée du travail dans les manufactures et usines, modifié par les décrets des 3 avril 1889 et 10 décembre 1899.

Article 1er. — Ne sont point compris dans la limite de durée du travail fixée par la loi du 9 septembre 1848 les travaux industriels ci-après déterminés :

Travail des ouvriers employés à la conduite des fourneaux, étuves, sécheries, ou chaudières à débouillir, lessiver ou aviver ;

Travail des chauffeurs attachés au service des machines à vapeur, des ouvriers employés à allumer les feux avant l'ouverture des ateliers, des gardiens de nuit ;

Travaux de décatissage ;

Fabrication et dessiccation de la colle forte ;

Chauffage dans les fabriques de savon ;

Mouture des grains ;

Imprimeries typographiques et imprimeries lithographiques ;

Fonte, affinage, étamage, galvanisation de métaux ;

Fabrication de projectiles de guerre, et tous travaux exécutés dans l'intérêt de la sûreté et de la défense nationales sur l'ordre du gouvernement constatant expressément la nécessité de la dérogation.

Art. 2. — Sont également exceptés de la disposition de l'article 1er de la loi du 9 septembre 1848 :

1° Le nettoiement des machines à la fin de la journée ;

2° Les travaux que rendent immédiatement nécessaires un accident arrivé à un moteur, à une chaudière, à l'outillage ou au bâtiment même d'une usine, ou tout autre cas de force majeure.

Art. 3. — La durée du travail effectif peut être prolongée au delà de la limite légale :

1° D'une heure à la fin de la journée de travail, pour le lavage et l'étendage des étoffes dans les teintureries, blanchisseries et dans les fabriques d'indiennes ;

2° De deux heures dans les fabriques et raffineries de sucre, et dans les fabriques de produits chimiques ;

3° De deux heures pendant cent vingt jours ouvrables par année, au choix des chefs d'établissements, dans les usines de teinturerie sur étoffes, d'apprêt d'étoffes et de pressage.

Art. 4. — Tout chef d'usine ou de manufacture qui voudra user des exceptions autorisées par le dernier paragraphe de l'article 3 sera tenu de faire savoir à l'inspecteur divisionnaire du travail dans l'industrie les jours pendant lesquels il se propose de donner au travail une durée exceptionnelle.

3° Décret du 31 janvier 1866 relatif à la durée du travail effectif dans les ateliers de filature de soie.

Article 1er. — Par exception à la limitation établie dans l'article 1er de la loi du 9 septembre 1848, la durée du travail effectif dans les ateliers de filature de soie pourra être prolongée de une heure par jour pendant soixante jours, du 1er mai au 1er septembre.

CHAPITRE Ier

COMMENTAIRE DE LA LOI DU 2 NOVEMBRE 1892

Modifiée par la loi du 30 mars 1900

ÉTABLISSEMENTS ASSUJETTIS A LA LOI

Article Ier. — *Le travail des enfants, des filles mineures et des femmes dans les usines, manufactures, mines, minières et carrières, chantiers, ateliers et leurs dépendances, de quelque nature que ce soit, publics ou privés, laïques ou religieux, même lorsque ces établissements ont un caractère d'enseignement professionnel ou de bienfaisance, est soumis aux obligations déterminées par la présente loi.*

Toutes les dispositions de la présente loi s'appliquent aux étrangers travaillant dans les établissements ci-dessus désignés.

Sont exceptés les travaux effectués dans les établissements où ne sont employés que les membres de la famille sous l'autorité soit du père, soit de la mère, soit du tuteur.

Néanmoins, si le travail s'y fait à l'aide de chaudière à vapeur ou de moteur mécanique, ou si l'industrie exercée est classée au nombre des établissements dangereux ou insalubres, l'inspecteur aura le droit de prescrire les mesures de sécurité à prendre, conformément aux articles 12, 13 et 14.

La loi du 2 novembre 1892 est applicable à tous les établissements où un travail industriel est effectué par un personnel comprenant en totalité ou en partie des enfants, des filles mineures ou des femmes.

« La nature du travail industriel, dit M. Tallon, peut être le plus souvent caractérisée par l'emploi ou la transformation des produits mis entre les mains de l'ouvrier. C'est principalement par cette transformation qu'il se différencie du travail commercial, où le produit est l'objet d'une simple transmission, sans qu'il soit ou dénaturé ou modifié. »

Le sens du mot « atelier » a été donné par un arrêt de la Cour de cassation en date du 15 janvier 1897. Aux termes de cet arrêt, le mot « atelier » employé par l'« article 1er » de la loi du 2 novembre 1892, désigne tout lieu où travaillent un certain nombre d'ouvriers et s'applique par suite à un local où le travail se fait en commun, alors même que les places occupées et les métiers employés par les ouvriers leur seraient livrés par les manufacturiers, directeurs ou gérants de l'établissement.

Ces principes généraux suffisent presque toujours à reconnaître si un établissement est ou non soumis à la loi. Pour certaines professions ou certains genres de travaux, où des difficultés s'étaient produites, nous allons indiquer ci-après les interprétations de l'administration ou des tribunaux de divers ordres.

Magasins de vente. — L'article 1er de la loi du 2 novembre 1892 énumère limitativement les établissements dans lesquels les inspecteurs ont le droit de pénétrer. Ne sont point compris au nombre de ces établissements les magasins de vente dans lesquels on ne se livre à aucun travail industriel, mais seulement à un travail commercial. Ne constitue pas un travail industriel le fait par des employés, hommes ou femmes, de faire parfois quelques légères réparations aux marchandises qu'ils sont chargés d'examiner avant de les livrer aux acheteurs ou de les remettre dans les cartons. (Cour d'appel de Lyon, arrêt du 2 février 1897.)

Industrie des transports. — L'industrie des transports ne rentre pas dans une des catégories de professions énumérées limitativement à l'article 1er et les enfants qui y sont employés ne sont pas soumis aux prescriptions de cette loi. (Lettre ministérielle du 23 février 1894.)

Correction des épreuves d'imprimerie. — Le travail de correction dans une imprimerie est un travail industriel. (Tribunal de simple police de Saint-Étienne, jugement du 15 février 1894.)

Bouchers, charcutiers, boulangers et pâtissiers. — Aux termes d'une circulaire ministérielle du 7 juillet 1894, les bouchers, charcutiers, boulangers et pâtissiers ne sont pas soumis à la loi du 2 novembre 1892. Mais si les travailleurs employés comme apprentis dans les industries sus-désignées ne sont pas protégés par ladite loi, ils peuvent du moins réclamer le bénéfice de la loi du 4 mars 1851, relative au contrat d'apprentissage, qui interdit de les employer, notamment, à une besogne insalubre ou excédant leurs forces. Ces prescriptions, qui sont toujours en vigueur pour l'industrie de l'alimentation, ne peuvent être contrôlées par le service de l'inspection du travail, qui n'a pas mission de faire respecter la loi du 4 mars 1851, sur le contrat d'apprentissage ; c'est aux officiers de police judiciaire dépendant de l'autorité administrative qu'il appartient de veiller à l'observation de cette loi et de verbaliser toutes les fois qu'ils en constatent la violation.

Industrie du nettoyage et de la cuisson des pieds de mouton. — Le Comité consultatif des arts et manufactures a émis l'avis que l'industrie du nettoyage et de la cuisson des pieds de mouton peut être assimilée à la boucherie et à la charcuterie et, par suite, soustraite à l'application de la loi du 2 novembre 1892. (Lettre ministérielle du 16 juin 1899.)

Travail des machines à battre et des faucheuses. — Le Comité consultatif des arts et manufactures, auquel a été soumise la question de savoir si le travail des machines à battre et des faucheuses ne devait pas être considéré comme régi par les lois du 2 novembre 1892 et 12 juin 1893, lorsqu'elles fonctionnent pour le compte d'entrepreneurs qui se transportent d'exploitation en exploitation, s'est prononcé dans le sens de la négative. Le battage du blé, qui est un travail agricole, ne lui paraît pas perdre ce caractère parce que la machine à battre est louée par un ou plusieurs cultivateurs associés. Ce travail n'étant pas compris dans le titre des lois sur le travail, ni dans l'énumération qu'elles donnent des établissements industriels assujettis, le Comité en a conclu que le service de la batteuse constitue une opération qui ne rentre pas dans la catégorie des travaux industriels régis par lesdites lois. La même conclusion a été étendue à l'usage de la faucheuse.

Exploitations forestières. — Les exploitations forestières doivent être considérées comme des chantiers agricoles et non soumises comme telles aux lois des 2 novembre 1892 et 12 juin 1893. (Lettre ministérielle du 13 avril 1898.)

Salins. — La loi du 2 novembre 1892, ayant uniquement en vue le travail des enfants et des femmes dans les établissements industriels, ne s'applique pas aux salins dont l'exploitation a pour but de recueillir un produit naturel et qui, par suite, doivent être assimilés aux établissements agricoles. (Cour de cassation, arrêt du 5 juin 1896.)

Entreprises de ramonage. — La loi du 2 novembre 1892 est applicable aux enfants employés par les entrepreneurs de ramonage. (Lettre ministérielle du 16 janvier 1895 et avis conforme de M. le Garde des Sceaux.)

Religieuses d'une communauté légalement reconnue. — C'est à bon droit que le tribunal de simple police relaxe la supérieure d'une communauté religieuse reconnue légalement, en décidant que la loi du 2 novembre 1892 ne saurait être appliquée à des religieuses qui ne sont pas des ouvrières employées dans l'établissement au sens prévu par la loi. (Cour de cassation, arrêt du 21 janvier 1897.)

Chargement et déchargement des navires. — Les quais ou le pont des navires sur lesquels se font des opérations de chargement et de déchargement sont de véritables chantiers rentrant dans la liste énumérative de l'article 1er de la loi du 2 novembre 1892. (Circulaire ministérielle du 18 mai 1900.)

Entrepôt d'huiles. — Un entrepôt d'huiles, où ne sont opérés que le transvasement, la décantation et le coupage, n'est pas soumis à la loi du 2 novembre 1892. (Arrêt de la Cour de cassation du 10 mars 1899.)

Grainage des vers à soie. — Le Comité consultatif des arts et manufactures et la Commission supérieure du travail ont émis l'avis que l'opération dite « grainage des vers à soie », qui consiste à tirer les papillons dès leur éclosion, afin de faire les sélections et les croisements nécessaires, ne constitue pas un travail industriel et que, par conséquent, la loi du 2 novembre 1892 sur le travail des enfants, des filles mineures et des femmes ne lui est pas applicable. Cet avis, adopté par le ministre, a été porté à la connaissance du service de l'inspection du travail par la lettre du 29 décembre 1899.

Dépendances. — Le mot « dépendances » n'a été introduit dans le texte des lois de 1892 et de 1893 que pour soumettre les locaux dont il s'agit à la surveillance des inspecteurs du travail. Les dortoirs collectifs qu'un certain nombre de chefs d'usines mettent à la disposition de leurs ouvriers ou de leurs ouvrières doivent être considérés comme des dépendances des usines et soumis comme tels aux lois réglementant le travail. (Lettre ministérielle du 24 mars 1897.)

AGE D'ADMISSION DES ENFANTS

Art. 2. — *Les enfants ne peuvent être employés par les patrons, ni être admis dans les établissements énumérés dans l'article 1ᵉʳ avant l'âge de 13 ans révolus.*

Toutefois, les enfants munis du certificat d'études primaires, institué par la loi du 28 mars 1882, peuvent être employés à partir de l'âge de douze ans.

Aucun enfant âgé de moins de treize ans ne pourra être admis au travail dans les établissements ci-dessus visés, s'il n'est muni d'un certificat d'aptitude physique délivré, à titre gratuit, par l'un des médecins chargés de la surveillance du premier âge ou l'un des médecins inspecteurs des écoles, ou tout autre médecin, chargé d'un service public, désigné par le préfet. Cet examen sera contradictoire, si les parents le réclament.

Les inspecteurs du travail pourront toujours requérir un examen médical de tous les enfants au-dessous de seize ans, déjà admis dans les établissements susvisés, à l'effet de constater si le travail dont ils sont chargés excède leurs forces.

Dans ce cas, les inspecteurs auront le droit d'exiger leur renvoi de l'établissement sur l'avis conforme de l'un des médecins désignés au paragraphe 3 du présent article, et après examen contradictoire si les parents le réclament.

Dans les orphelinats et les institutions de bienfaisance visés à l'article 1ᵉʳ, et dans lesquels l'instruction primaire est donnée, l'enseignement manuel ou professionnel, pour les enfants âgés de moins de treize ans, sauf pour les enfants âgés de douze ans munis du certificat d'études primaires, ne pourra pas dépasser trois heures par jour.

L'article 2 de la loi du 2 novembre 1892 sur le travail des enfants, des filles mineures et des femmes dans les établissements industriels dispose que les enfants ne peuvent être employés par les patrons avant l'âge de treize ans révolus.

Toutefois, les enfants munis du certificat d'études primaires, institué par la loi du 28 mars 1882, peuvent être employés à partir de l'âge de douze ans. Mais la loi exige, avant l'admission de ces enfants, la production d'un certificat d'aptitude physique ; en outre, pour les enfants au-dessous de seize ans, l'inspecteur a le droit de requérir un examen médical lorsque le travail auquel un enfant est employé paraît dépasser ses forces ; à la suite de cet examen, l'inspecteur peut, sur l'avis conforme du médecin, exiger le renvoi de l'enfant de l'établissement où il travaille.

La loi a indiqué les médecins qui ont qualité pour délivrer des certificats ou procéder à cet examen ; ce sont : 1° les médecins-inspecteurs des écoles ; 2° les médecins chargés de la surveillance des enfants du premier âge, et 3° les médecins chargés d'un service public qui auront été, à cet effet, désignés par le préfet.

La circulaire ministérielle du 20 décembre 1892 a, en conséquence, prescrit aux préfets de désigner un médecin spécial dans toutes les localités ayant une certaine importance industrielle et où ne réside ni le médecin-inspecteur des écoles ni celui chargé de la surveillance des enfants du premier âge. Comme le certificat doit être délivré *gratuitement,* il est nécessaire que l'autorité préfectorale s'assure du consentement des médecins désignés.

Afin que les familles connaissent les noms et adresses des médecins ayant qualité pour délivrer le certificat d'aptitude physique, il est recommandé aux maires de faire afficher ces noms et adresses dans les écoles communales et dans une salle de la mairie ouverte au public.

Les maires doivent fixer, vers la fin de l'année scolaire, d'accord avec le médecin du service, un jour où ce dernier se tiendrait à l'école ou à la mairie à la disposition des enfants qui seraient dans l'intention de requérir la délivrance du certificat d'aptitude physique en justifiant préalablement qu'ils sont munis du certificat d'études primaires. (Circulaire ministérielle du 5 juin 1896.)

Le certificat d'aptitude doit contenir les indications suivantes :

1° Nom et prénoms du médecin, avec la mention de la qualité qui lui donne le droit de délivrer le certificat ;

2° Nom, prénoms, âge et domicile de l'enfant ;

3° Indication du travail ou des travaux industriels auxquels l'enfant peut être employé.

Voici le modèle du certificat d'aptitude physique à délivrer aux enfants de douze à treize ans pourvus du certificat d'études primaires, modèle joint à la circulaire du 5 juin 1896 :

Loi *du 2 novembre 1892 (article 2).*

CERTIFICAT D'APTITUDE PHYSIQUE

Je soussigné
médecin ([1])
chargé de l'examen médical des enfants de *douze à treize ans,*
qui se destinent à l'industrie, déclare avoir procédé à la visite
du jeune   , né le
domicilié à
et atteste que cet enfant peut être occupé, sans inconvénient
pour sa santé ([2]), dans l'industrie où il désire être employé.

En foi de quoi j'ai délivré le présent certificat.

    Fait à   , le

Signature :

    Adresse :

La circulaire ministérielle du 14 juin 1898 rappelle que les certificats d'aptitude physique à délivrer aux enfants de douze à treize ans pourvus du certificat d'études primaires doivent être conformes à la formule annexée à la circulaire du 5 juin 1896 et indiquer spécialement le travail ou ceux des travaux auxquels l'enfant peut être employé dans telle ou telle industrie déterminée. Le but de la loi ne serait pas atteint si un enfant qui a déclaré vouloir commencer son

---

([1]) Indiquer la qualité qui donne au médecin le droit de délivrer le certificat.
([2]) Indiquer le travail ou ceux des travaux auxquels l'enfant peut être occupé.

apprentissage dans une industrie, pouvait ensuite, muni d'un certificat conçu en termes trop vagues, embrasser une profession beaucoup plus fatigante, pour l'exercice de laquelle le médecin n'aurait pas donné son autorisation.

Orphelinats et établissements de bienfaisance. — Aux termes du paragraphe 6 de l'article 2, les enfants peuvent être occupés à un travail manuel au-dessous de l'âge d'admission dans les ateliers ordinaires pourvu :

1° Que ce travail présente un caractère d'enseignement professionnel et ne soit pas fait en vue d'un bénéfice à réaliser ;

2° Que la durée de ce travail ne dépasse pas trois heures par jour ;

3° Que les enfants reçoivent en même temps l'instruction primaire.

A plusieurs reprises, les inspecteurs du travail ont constaté, dans les établissements de bienfaisance soumis à leur contrôle, la présence d'enfants d'âge scolaire auxquels il n'était point donné d'instruction. Le service de l'inspection du travail n'ayant pas qualité pour relever les infractions à la loi du 28 mars 1882, sur l'instruction primaire obligatoire, le fait n'a pu qu'être signalé à l'attention de M. le ministre de l'instruction publique. Ce dernier a fait observer que si l'article 43 de la loi du 30 octobre 1886 autorise l'inspection académique à inspecter les écoles primaires ouvertes dans les orphelinats et autres établissements de bienfaisance, il ne lui paraît pas que les inspecteurs de l'instruction publique aient qualité pour pénétrer dans ces établissements, afin de s'enquérir des infractions possibles à la loi du 28 mars 1882, quand l'instruction n'y est pas donnée aux enfants qui y sont recueillis. Il estime que cette constatation ne peut être faite que par les inspecteurs du travail et il exprime en conséquence le désir que toutes les fois que ces derniers auront reconnu que des enfants encore soumis à l'obligation scolaire seraient privés d'instruction, il lui soit donné communication de leur rapport, afin qu'il puisse en saisir les inspecteurs d'académie.

Pour donner satisfaction au désir de son collègue, M. le ministre du commerce et de l'industrie a invité, par la lettre ministérielle du 11 juillet 1900, MM. les inspecteurs divisionnaires de vouloir bien lui signaler toutes les infractions aux dispositions de la loi du 28 mars 1882, relatives à la fréquentation scolaire, que le service de l'inspection aurait l'occasion de constater au cours de ses visites dans les établissements placés sous sa surveillance.

En provoquant la répression de ces infractions, le service de l'inspection du travail ne peut que faciliter la mission propre qui lui a été confiée d'assurer l'application de la lo du 2 novembre 1892, qui n'autorise l'admission des enfant au travail industriel qu'à partir de l'âge où ils ne sont plu soumis à l'obligation de la fréquentation scolaire.

DURÉE DU TRAVAIL

ARTICLE 3 DE LA LOI DU 2 NOVEMBRE 1892, MODIFIÉ PA L'ARTICLE 1er DE LA LOI DU 30 MARS 1900. — *Les jeun ouvriers et ouvrières jusqu'à l'âge de dix-huit ans et l femmes ne peuvent être employés à un travail effectif de plt de onze heures par jour, coupées par un ou plusieurs repo dont la durée totale ne pourra être inférieure à une heure pendant lesquels le travail sera interdit.*

Au bout de deux ans à partir de la promulgation de présente loi, la durée du travail sera réduite à dix heures demie et, au bout d'une nouvelle période de deux années, dix heures.

Dans chaque établissement, sauf les usines à feu conti et les mines, minières ou carrières, les repos auront lieu a mêmes heures pour toutes les personnes protégées par présente loi.

La modification la plus profonde que la loi du 30 m

1900 ait fait subir à la loi du 2 novembre 1892 porte sur l'article 3.

D'après l'article 3 de la loi de 1892 :

La journée de l'enfant de treize à seize ans était de dix heures.

La journée des jeunes ouvriers et ouvrières de seize à dix-huit ans était de onze heures, à la condition que la durée hebdomadaire de leur travail ne dépassât pas soixante heures.

La journée de la femme au-dessus de dix-huit ans était de onze heures.

D'autre part, la journée de l'homme adulte restait fixée, d'après la loi du 9 septembre 1848, à douze heures dans les « manufactures et usines ».

Dans les établissements qu'on ne rangeait pas sous la rubrique « manufactures et usines », c'est-à-dire dans ceux qui n'étaient pas des usines à feu continu, qui ne possédaient pas de moteur mécanique ou qui n'occupaient pas plus de 20 ouvriers réunis en atelier (suivant une définition empruntée à la loi du 22 mars 1841), la durée du travail des hommes adultes n'était pas réglementée.

Or, il est de nombreuses industries occupant un personnel ouvrier considérable, où le travail des hommes adultes, celui des femmes et des enfants se commandent d'une façon si nécessaire, que l'organisation du travail n'y comporte pas d'inégalité entre les journées faites par ces diverses catégories d'ouvriers.

Aussi bien, le Parlement n'avait-il admis cette inégalité qu'avec l'espérance de voir les durées différentes de la journée de travail se réduire, spontanément et par la force même des choses, à la plus courte d'entre elles.

La mise en application de l'article 3 de la loi du 2 novembre 1892 ne répondit pas à cette attente.

Des industriels prirent l'initiative de faire travailler uniformément tout leur personnel ouvrier onze heures par jour. Ce *modus vivendi* ne pouvait exister qu'en vertu d'une tolérance temporaire, puisque la loi de 1892 défendait formellement de faire travailler les enfants plus de dix heures par jour.

D'autres industriels prirent le parti de renoncer à l'emploi des travailleurs dont la journée ne pouvait atteindre onze heures.

D'autres enfin, dont le personnel comportait des enfants et des femmes en nombre trop grand pour qu'ils pussent songer à les remplacer par des hommes, eurent recours à diverses combinaisons qui permirent non seulement de ne pas réduire la durée d'activité de l'usine, mais parfois de l'augmenter sans violer la loi, au moins en apparence. Grâce aux relais, on parvenait à faire marcher le moteur pendant quatorze, quinze et seize heures par jour, sans que chaque ouvrier, homme, femme ou enfant, parût fournir un travail effectif dépassant la durée fixée par la loi.

Cette organisation, malgré sa légalité apparente, ne tenait aucun compte des conditions hygiéniques et sociales du travail, les ouvriers devant prendre leurs repas aux heures les plus différentes et ne pouvant presque jamais se trouver réunis en famille.

Ces pratiques avaient en outre pour résultat de placer les industriels soucieux de se conformer rigoureusement à la loi en état d'infériorité vis-à-vis de concurrents moins scrupuleux, c'est-à-dire de créer une prime à l'inobservation de la loi.

Aussi le législateur a compris qu'une réforme efficace, susceptible d'entrer facilement dans les mœurs industrielles et constituant un réel progrès exigeait qu'on supprimât toutes les différences que la loi de 1892 avait cru pouvoir établir et qu'on unifiât pour tous les ouvriers, sans distinction d'âge ni de sexe, la durée du travail quotidien.

Sur quelles bases cette unification pouvait-elle se faire ? La fixation de la durée du travail des enfants à dix heures par jour, édictée en 1892, était une conquête à laquelle le Parlement ne pouvait renoncer. Il a vu en elle la garantie d'un intérêt primordial, celui de la conservation même de la race, c'est donc à dix heures que l'article 1ᵉʳ de la loi du 3o mars limite la durée du travail des enfants, des filles mineures et des femmes. Mais, pour éviter qu'un abaissement trop brusque de la durée du travail (généralement fixée à onze heures), n'eût une répercussion sur la production et les salaires, le législateur a décidé que la journée serait temporairement limitée à onze heures et qu'elle ne serait réduite à dix heures et demie qu'à partir du 1ᵉʳ avril 1902 et à dix heures qu'à partir du 1ᵉʳ avril 1904.

De là les deux premiers paragraphes du nouvel article 3 de la loi de 1892 :

« Les jeunes ouvriers et ouvrières jusqu'à l'âge de dix-huit ans et les femmes ne peuvent être employés à un travail effectif de plus de onze heures par jour, coupées par un ou plusieurs repos, dont la durée totale ne pourra être inférieure à une heure et pendant lesquels le travail sera interdit.

« Au bout de deux ans à partir de la promulgation de la présente loi, la durée du travail sera réduite à dix heures et demie et, au bout d'une nouvelle période de deux années, à dix heures. »

Cette limitation adoptée, une autre mesure qui en était comme le complément nécessaire s'imposait. Il était indispensable d'empêcher que la journée de travail ne pût être prolongée au delà de la durée légale par les moyens détournés et les combinaisons trop ingénieuses auxquels on avait eu précédemment recours. En un mot, il fallait supprimer les relais. Comme c'était pendant les repos pris successivement par les ouvriers que se pratiquaient le plus souvent les relais, le législateur a ajouté à l'article 3 un troisième paragraphe disposant que « dans chaque établissement, sauf les usines à feu continu et les mines, minières et carrières, les repos auront lieu aux mêmes heures pour toutes les personnes protégées par la présente loi ».

En étudiant l'article 11, nous verrons que le législateur a inscrit dans la loi du 3o mars 1900 une seconde disposition interdisant expressément le mode de travail par relais.

Ainsi se trouvent unifiées, pour tout le personnel protégé, non seulement la journée de travail, mais la répartition du travail entre les limites de cette journée : entrée à la même heure à l'atelier, repos à la même heure, sortie à la même heure.

Les exceptions que la loi apporte à cette simultanéité des repos étaient imposées par la nature même des choses dans les exploitations extractives, où l'on ne pouvait interrompre certaines tâches sans compromettre la sécurité de la mine. (Circulaire ministérielle du 17 mai 1900.)

En terminant ce qui a trait à l'article 3, nous mentionnerons le jugement du 29 décembre 1893, rendu par le tribunal de simple police de Troyes, et aux termes duquel il faut, pour déterminer la durée totale du travail, défalquer le temps de repos pendant lequel les ouvriers sont libres, mais comprendre tout le temps de présence effective à l'atelier, notamment le temps consacré à la mise en train et à la distribution du travail.

TRAVAIL DE NUIT

Art. 4. — *Les enfants âgés de moins de dix-huit ans, les filles mineures et les femmes ne peuvent être employés à aucun travail de nuit dans les établissements énumérés à l'article 1ᵉʳ.*

Tout travail entre 9 heures du soir et 5 heures du matin est considéré comme travail de nuit ; toutefois, le travail sera autorisé de 4 heures du matin à 10 heures du soir, quand il sera réparti entre deux postes d'ouvriers ne travaillant pas plus de neuf heures chacun.

Le travail de chaque équipe sera coupé par un repos d'une heure au moins.

Il sera accordé, pour les femmes et les filles âgées de plus de dix-huit ans, à certaines industries qui seront déterminées par un règlement d'administration publique et dans les conditions d'application qui seront précisées dans ledit règlement, la faculté de prolonger le travail jusqu'à onze heures du soir, à certaines époques de l'année, pendant une durée totale qui ne dépassera pas soixante jours. En aucun cas, la journée de travail effectif ne pourra être prolongée au delà de douze heures.

Il sera accordé à certaines industries, déterminées par un règlement d'administration publique, l'autorisation de déroger d'une façon permanente aux dispositions des paragraphes 1 et 2 du présent article, mais sans que le travail puisse, en aucun cas, dépasser sept heures par vingt-quatre heures.

Le même règlement pourra autoriser, pour certaines industries, une dérogation temporaire aux dispositions précitées.

En outre, en cas de chômage résultant d'une interruption accidentelle ou de force majeure, l'interdiction ci-dessus peut, dans n'importe quelle industrie, être temporairement levée par l'inspecteur pour un délai déterminé.

Disposition ajoutée par la loi du 30 mars 1900. — *A l'expiration d'un délai de deux ans à partir de la promulgation de la présente loi, les dispositions exceptionnelles concernant le travail de nuit prévues aux paragraphes 2 et 3 du présent article cesseront d'être en vigueur, sauf pour les travaux souterrains des mines, minières et carrières.*

Principe de l'interdiction du travail de nuit. — Le premier paragraphe de l'article 4 pose le principe de l'interdiction du travail de nuit pour les enfants, les filles mineures et les femmes. Sous le mot « femmes » on doit entendre (ainsi que l'a fait ressortir un jugement du tribunal de simple police de Lille en date du 8 mai 1897) les filles majeures comme les femmes mariées. Un jugement antérieur (15 février 1894), rendu par le tribunal de simple police de Saint-Étienne, avait d'ailleurs fait remarquer que le paragraphe 1er de l'article 4 de la loi du 2 novembre 1892, qui interdit l'emploi des femmes la nuit dans un atelier industriel, s'applique à toutes les personnes du sexe féminin, qu'elles soient femmes mariées, veuves ou célibataires.

Travail à double équipe. — Le deuxième paragraphe, après avoir défini la nuit industrielle, prévoit une première exception, d'après laquelle le travail sera autorisé entre 4 heures du matin et 10 heures du soir, quand il sera réparti entre deux postes d'ouvriers ne travaillant pas plus de neuf heures chacun. Nous verrons tout à l'heure, en examinant le paragraphe ajouté à l'article 4 par la loi du 30 mars 1900, que ce travail à double équipe sera aboli à partir du 1er avril 1902. Jusqu'à cette époque, les industriels peuvent en faire usage, à condition toutefois, dit le troisième paragraphe, que le travail de chaque équipe soit coupé par un repos d'une heure au moins. La question s'est posée de savoir s'il était conforme à la loi de 1892 de donner au personnel de chaque équipe deux repos d'une demi-heure ou bien un repos unique d'une heure. La raison de douter venait de ce que, à la différence de l'article 3, qui porte que le travail de jour sera coupé par un ou plusieurs repos dont la durée totale ne pourra être inférieure à une heure, l'article 4 relatif au travail de nuit ne prescrit qu'un repos minimum d'une heure, sans indiquer que ce repos pourra être fractionné. Le Comité consultatif des arts et manufactures, consulté à ce sujet, considérant que deux repos d'une demi-heure sont préférables à un repos d'une heure et interprétant un article de la loi par l'autre, a exprimé l'avis que l'article 3 précité justifiait l'interprétation qui a été faite dans l'espèce de l'article 4. La Commission supérieure du travail et M. le ministre du commerce et de l'industrie ont adopté les mêmes conclusions. (Lettre ministérielle du 2 décembre 1899.)

Veillées. — Le règlement d'administration publique prévu au paragraphe 4 de l'article 4 résulte des articles 1 et 6 du décret du 26 juillet 1895 auquel les deux décrets du 29 juillet 1897 et du 24 février 1898 sont venus faire quelques légères additions. De ces actes résultent les dispositions suivantes :

Article 1er. — Dans les industries ci-après déterminées, les femmes et les filles âgées de plus de dix-huit ans pourront être employées jusqu'à 11 heures du soir à certaines époques de l'année et pendant une durée totale qui ne dépassera pas soixante jours par an, sans que, en aucun cas, la durée du travail effectif puisse dépasser douze heures par vingt-quatre heures :

Broderie et passementerie pour confections ;

Chapeaux (Fabrication et confection de) en toutes matières pour hommes et femmes ;

Confections, couture et lingerie pour femmes et enfants ;

Confections en fourrures ;

Pliage et encartonnage des rubans.

Art. 6. — Les chefs des industries autorisées à prolonger le travail jusqu'à 11 heures du soir devront prévenir l'inspecteur ou l'inspectrice chaque fois qu'ils voudront faire usage de ces autorisations. L'avis sera donné par l'envoi avant le commencement du travail d'une carte postale, d'une lettre sous enveloppe ou d'un télégramme de façon que le timbre de la poste fasse foi de la date du dit avis.

Une copie de l'avis sera affichée immédiatement dans un endroit apparent des ateliers et restera apposée pendant toute la durée de la dérogation.

Les industries énumérées ci-dessus sont les industries dites de saison, c'est-à-dire celles dans lesquelles les commandes affluent à de certaines époques et doivent être satisfaites dans un délai très court. La nomenclature de ces industries, donnée d'abord par l'article 1er du décret du 15 juillet 1893, fut très réduite en 1895 par le décret du 26 juillet, dont l'article 1er abrogea ledit article 1er du décret de 1893. On raya toutes les industries dans lesquelles le travail commençant de très bonne heure, les douze heures étaient atteintes avant 9 heures du soir et la veillée constituait par suite une faculté absolument illusoire. On ne l'a maintenue que pour les industries qui, en raison de l'heure tardive et quelquefois indéterminée de l'ouverture des ateliers (comme le pliage et l'encartonnage des rubans), sont en mesure de se servir de la veillée, sans cependant prolonger au delà de douze heures la journée de travail effectif.

Aux termes d'une lettre ministérielle du 21 juin 1897, le service de l'inspection ne peut autoriser une prolongation de travail, au delà de 11 heures du soir, même en cas de commande urgente à livrer dans les vingt-quatre heures, comme cela arrive dans les maisons de deuil. Le Comité des Arts et Manufactures a estimé que les dispositions de l'article 1er du décret du 26 juillet 1895 sont formelles et qu'il ne saurait appartenir à l'inspecteur ni au ministre de donner une autorisation que la loi n'a pas prévue.

Dérogation permanente. — Les exceptions à l'interdiction du travail de nuit prévues par le paragraphe 5 sont permanentes.

La liste ci-après des industries et des catégories de travailleurs autorisées à déroger toute l'année aux dispositions des paragraphes 1 et 2 de l'article 4, mais sans que le travail puisse en aucun cas dépasser sept heures par vingt-quatre heures, résulte de l'article 2 du décret du 15 juillet 1893 et du décret du 24 février 1898 :

INDUSTRIES.	TRAVAILLEURS.
Imprimés (Brochage des).	Filles majeures et femmes.
Journaux (Pliage des)	Idem.
Mines (Allumage des lampes de) . .	Idem.
Amidon de maïs (Coulage et séchage de l').	Femmes.

Dérogations temporaires à l'interdiction du travail de nuit. — Aux termes du paragraphe 6, certaines industries peuvent être exceptées temporairement de l'interdiction du travail de nuit. Ces industries sont énumérées à l'article 3 du décret du 26 juillet 1895 auquel les décrets des

29 juillet 1897 et 24 février 1898 sont venus faire quelques additions. Cet article est ainsi conçu :

Les industries énumérées ci-après sont autorisées à déroger tamporairement aux dispositions relatives au travail de nuit, sans que le travail effectif des femmes, filles ou enfants employés la nuit puisse dépasser dix heures par vingt-quatre heures.

INDUSTRIES.	DURÉE TOTALE DES DÉROGATIONS.
Colles et gélatine (Fabrication de). .	60 jours.
Confiserie.	90 —
Conserves alimentaires de fruits et de légumes	90 —
Conserves de poissons	90 —
Délainage des peaux de moutons . .	60 —
Parfums des fleurs (Extraction des) .	90 —
Pâtes alimentaires et fabriques de biscuits employant le beurre frais .	30 —
Réparations urgentes de navires et de machines motrices	120 — (enfants au-dessus de 16 ans).
Tonnellerie pour l'embarillage des produits de la pêche.	90 —

Les chefs d'industries autorisés à déroger temporairement aux dispositions relatives au travail de nuit doivent, comme lorsqu'il s'agit des veillées, prévenir l'inspecteur ou l'inspectrice chaque fois qu'ils voudront faire usage de cette autorisation. L'avis en sera donné par l'envoi, avant le commencement du travail exceptionnel, d'une carte postale, d'une lettre sous enveloppe ou d'un télégramme, de façon que le timbre de la poste fasse foi de la date du dit avis. Une copie de l'avis sera immédiatement affichée dans un endroit apparent des ateliers et y restera apposée pendant toute la durée de la dérogation. (Article 6 du décret du 26 juillet 1895.)

D'après une lettre ministérielle du 5 mars 1896, ce sont les établissements industriels propriétaires des moteurs mécaniques et non les constructeurs mécaniciens chargés des réparations qui doivent adresser au service de l'inspection l'avis de la dérogation temporaire autorisée par l'article 3 du décret du 26 juillet 1895.

Levée temporaire de l'interdiction. — En cas de chômage résultant d'une interruption accidentelle ou de force majeure, l'inspecteur peut lever temporairement l'interdiction du travail de nuit pour les enfants, les filles mineures et les femmes.

Pour l'application de cette disposition, les fonctionnaires de l'inspection doivent se conformer aux règles suivantes qui résultent des instructions générales du 19 décembre 1892 et de la circulaire du 18 juin 1895 :

1° En cas de chômage pour cause de force majeure, l'interdiction du travail de nuit pourra être levée par l'inspecteur départemental ; mais sa décision devra être ratifiée dans les quarante-huit heures par l'inspecteur divisionnaire, qui fixera le délai de la tolérance ;

2° L'inspecteur divisionnaire accorde une tolérance plus ou moins longue suivant les cas, mais qui ne peut dépasser un mois au maximum. Ce mois expiré, il peut accorder les prolongations qu'il estimerait justifiées. Les autorisations accordées devront être mentionnées en fin d'année dans un état destiné à cet usage.

Une lettre ministérielle en date du 9 juillet 1897 a fait connaître que le paragraphe 7 de l'article 4, qui autorise dans certains cas déterminés le travail de nuit au moyen d'équipes spéciales n'ayant pas travaillé le jour, ne permet pas par contre de prolonger le travail journalier au delà de la durée légale. Cette obligation a été rappelée par la décision ministérielle du 19 janvier 1900.

Abolition du travail à deux équipes. — La loi du 30 mars 1900 a ajouté à l'article 4 de la loi du 2 novembre 1892 le paragraphe suivant :

« A l'expiration d'un délai de deux ans à partir de la pro-

mulgation de la présente loi, les dispositions exceptionnelles concernant le travail de nuit, prévues aux paragraphes 2 et 3 du présent article, cesseront d'être en vigueur,
sauf pour les travaux souterrains des mines, minières et
carrières. »

C'est l'abolition du travail à deux équipes à partir du
1er avril 1902. Ce genre d'organisation du travail autorisé
entre 4 heures du matin et 10 heures du soir, à condition
qu'il fût réparti entre deux postes d'ouvriers ne travaillant
pas plus de neuf heures chacun, semblait, par suite de l'obligation de couper le travail de chaque équipe par un repos
d'une heure au moins, réduire à huit heures la durée de la
journée de travail de chaque équipe, et c'est sans doute le
motif qui avait déterminé le Parlement à l'adopter. Les
inconvénients que pouvait entraîner une telle organisation
de travail paraissaient devoir le céder à l'avantage d'abaisser
sensiblement la présence de l'ouvrier à l'atelier. C'est le
contraire qui s'est produit. Au lieu de faire travailler l'une
après l'autre les deux équipes pendant neuf heures coupées
par une heure de repos obligatoire (soit huit heures de travail effectif), des industriels font alterner les équipes après
quatre ou cinq heures de présence, et l'usine peut marcher
ainsi sans arrêt pendant dix-huit heures consécutives.
Les chefs d'industrie qui ont mis ce système en pratique
sont en règle avec la loi, puisque chaque poste ne fait
pas plus de neuf heures de travail et que ce travail est
coupé par un repos, non pas même d'une heure, mais de
quatre ou cinq heures. Seulement, pendant ces longs repos
forcés, entre chaque période de travail, que peuvent faire
les ouvriers en dehors de l'usine et souvent loin de leur
domicile ? Et quelle situation est celle de la famille ouvrière
si le père, la mère et les enfants ne sont pas libres aux
mêmes heures et que ces derniers, pendant ces repos, échappent à toute surveillance ? Au surplus, l'opinion presque
unanime dans l'industrie s'était prononcée contre ce mode
d'organisation du travail.

Une exception a été faite pour les travaux souterrains des mines, minières et carrières où il y aurait de sérieux inconvénients, voire même de graves dangers à ne permettre au personnel protégé le travail qu'entre 5 heures du matin et 9 heures du soir.

Le délai de deux ans accordé, à partir du 31 mars 1900, aux industriels qui ont organisé dans leurs usines le mode de travail à deux équipes a été reconnu nécessaire pour leur permettre d'adapter l'outillage aux nécessités légales nouvelles.

REPOS HEBDOMADAIRE ET DES JOURS FÉRIÉS

Art. 5. — *Les enfants âgés de moins de dix-huit ans et les femmes de tout âge ne peuvent être employés dans les établissements énumérés à l'article 1ᵉʳ plus de six jours par semaine, ni les jours de fêtes reconnus par la loi, même pour rangement d'atelier.*

Une affiche apposée dans les ateliers indiquera le jour adopté pour le repos hebdomadaire.

La loi dispose que les enfants et les femmes ne peuvent être employés plus de six jours par semaine. Elle ne dit pas que le jour de repos hebdomadaire sera le même pour tous dans un même établissement. Rien ne s'oppose dès lors à ce qu'il s'établisse un roulement pourvu que les enfants et les femmes ne travaillent pas consécutivement plus de six jours. Il reste bien entendu qu'une affiche apposée dans l'atelier doit indiquer le jour de repos individuellement assigné à chacun des employés protégés et que cette affiche ne peut être modifiée, sous peine de contravention, sans que le service de l'inspection en soit avisé. (Lettre ministérielle du 30 septembre 1895.)

Le jour de repos hebdomadaire doit être pour les travailleurs protégés un jour de liberté pleine et entière, et tout patron qui retient ce jour-là un apprenti à l'atelier, même pour ne faire que répondre aux clients, commet une contravention à l'article 5. (Arrêt de la Cour de cassation, 27 mai 1898.)

La loi ne permet de faire travailler les enfants que six jours par semaine et deux jours de repos consécutifs accordés après douze jours de travail ne peuvent équivaloir à un jour de repos hebdomadaire. (Lettre ministérielle du 23 janvier 1897.)

Le fait par une patronne repasseuse de faire porter par une de ses ouvrières de l'ouvrage chez l'un de ses clients le jour du repos hebdomadaire constitue à sa charge une contravention à l'article 5 de la loi de 1892. (Tribunal de simple police de Verdun ; jugement du 19 juin 1896.)

Le comité consultatif des arts et manufactures appelé à donner son avis estime que les difficultés que soulève l'application de l'article 5 sur le repos hebdomadaire dans les usines à feu continu peuvent être levées par l'octroi des tolérances que l'article 6 permet d'accorder à ces usines, mais que, pour tous les établissements autres, il y a lieu de maintenir dans son intégrité le repos prescrit par l'article 5. Ce repos doit comprendre au moins une journée pleine de minuit à minuit. (Rapport du 18 mars 1896.)

Les jours de fête reconnus par la loi sont : le 1er janvier, le lundi de Pâques, le lundi de Pentecôte, le Quatorze Juillet, l'Ascension, l'Assomption, la Toussaint et Noël.

La loi du 2 novembre 1892, qui a prescrit le chômage des jours fériés, n'a pas autorisé le ministre à lever cette interdiction de travail même temporairement et à titre d'exception. Mais lorsqu'un jour férié suit ou précède immédiatement un dimanche, rien n'empêche les industriels de modifier le jour de repos hebdomadaire s'il est fixé à cette date, à la condition expresse de l'afficher d'avance et d'en aviser le service de l'inspection du travail. (Lettre ministérielle du 6 janvier 1898.)

Le patron est tenu, aux termes de l'article 5, § 2,

d'apposer dans les ateliers une affiche indiquant le jour adopté pour le repos hebdomadaire, et cette prescription ne saurait être enfreinte, sous prétexte que le jour de repos est connu du personnel. (Tribunal de simple police de Troyes, jugement du 29 décembre 1893.)

TRAVAIL DANS LES USINES A FEU CONTINU

ART. 6. — *Néanmoins, dans les usines à feu continu, les femmes majeures et les enfants du sexe masculin peuvent être employés tous les jours de la semaine, la nuit, aux travaux indispensables, sous la condition qu'ils auront au moins un jour de repos par semaine.*

Les travaux tolérés et le laps de temps pendant lequel ils peuvent être exécutés seront déterminés par un règlement d'administration publique.

Le règlement d'administration publique prévu au paragraphe 2 de l'article 6 résulte de l'article 4 du décret du 15 juillet 1893 et d'une addition (emploi des femmes dans les verreries) contenue dans l'article 1er du décret du 24 février 1898.

Ce règlement est ainsi conçu :

Article 4. — Dans les usines à feu continu où des femmes majeures et des enfants du sexe masculin sont employés la nuit, les travaux tolérés pour ces deux catégories de travailleurs sont les suivants :

TABLEAU.

USINES A FEU CONTINU.	TRAVAILLEURS.	TRAVAUX TOLÉRÉS.
Distilleries de betteraves.	Enfants et femmes.	Laver, peser, trier la betterave, manœuvrer les robinets à jus et à eau, aider aux batteries de diffusion et aux appareils distillatoires.
Fer et fonte émaillés (Fabriques d'objets en).	Enfants	Manœuvrer à distance les portes des fours.
Huiles (Usines pour l'extraction des).	Enfants	Remplir les sacs, les secouer après pressage, porter les sacs vides et les claies.
Papeteries	Enfants et femmes.	Aider les surveillants de machines, couper, trier, ranger, rouler et apprêter le papier.
Sucres (Fabriques et raffineries de).	Enfants et femmes.	Laver, peser, trier la betterave, manœuvrer les robinets à jus et à eau, surveiller les filtres, aider aux batteries de diffusion, coudre des toiles, laver des appareils et des ateliers, travailler le sucre en tablettes.
Usines métallurgiques. .	Enfants	Aider à la préparation des lits de fusion, aux travaux accessoires d'affinage, de laminage, de martelage et de tréfilage, de préparation des moules pour objets de fonte moulée, de rangement des paquets, des feuilles, des tubes et des fils.
Verreries	Enfants	Présenter les outils, faire les premiers cueillages, aider au soufflage et au moulage, porter dans les fours à recuire, en retirer les objets, le tout dans les conditions prévues à l'article 7 du décret du 13 mai 1893.
	Femmes	Trier et ranger les bouteilles.

En vertu d'une circulaire ministérielle du 14 février 1896, l'article 4 du décret du 15 juillet 1893, relatif au travail de nuit dans les papeteries employant les machines continues, s'applique également aux cartonneries qui mettent en œuvre des procédés identiques.

A la suite d'une demande en vue de faire classer les amidonneries au nombre des usines à feu continu qui sont autorisées à employer des femmes et des enfants au travail de nuit, le comité consultatif des arts et manufactures a fait remarquer que si, dans l'intérêt de l'entreprise, il est employé des femmes au travail de l'étuve, cet emploi n'est pas forcément indispensable, puisque, dans un grand nombre d'amidonneries, il est confié à des hommes. D'autre part, s'il est préférable pour l'industrie de maintenir le feu d'une façon continue dans les amidonneries, il ne s'ensuit pas de là que ces manufactures possèdent le caractère d'usines à feu continu dans le sens attribué à ce terme par le législateur, c'est-à-dire de celles qui exigent nécessairement l'emploi d'une source calorique continue et dans lesquelles l'emploi du feu, élément direct de fabrication et indispensable de la transformation que l'on fait subir à la matière, est constamment entretenu pour des raisons tirées soit des dimensions du foyer, soit de la température qu'il s'agit de maintenir, soit des propriétés mêmes du produit fabriqué. En présence de cet avis, il n'a pas été possible au ministre de donner une suite favorable à ladite demande. (Lettre ministérielle du 16 octobre 1895.)

Pour des raisons analogues à celles développées ci-dessus, le classement parmi les usines à feu continu a été refusé aux fabriques de pain de guerre (Lettre ministérielle du 10 juin 1897), aux fabriques de faulx (Lettres ministérielles du 11 novembre 1897 et du 8 décembre 1898), aux fabriques de charbons pour l'électricité (Lettre ministérielle du 21 novembre 1898).

LEVÉE TEMPORAIRE DE L'OBLIGATION DU REPOS HEBDOMADAIRE ET DES RESTRICTIONS RELATIVES A LA DURÉE DU TRAVAIL.

ART. 7. — *L'obligation du repos hebdomadaire et les restrictions relatives à la durée du travail peuvent être temporairement levées par l'inspecteur divisionnaire, pour les travailleurs visés à l'article 5, pour certaines industries à désigner par le susdit règlement d'administration publique.*

Le règlement d'administration publique désignant les industries dans lesquelles l'obligation du repos hebdomadaire et les restrictions relatives à la durée du travail peuvent être temporairement levées par l'inspecteur divisionnaire résulte des dispositions des articles 5 et 6 du décret du 26 juillet 1895 et des additions faites à la liste des industries par les décrets des 29 juillet 1897, 24 février 1898 et 1er juillet 1899.

Les articles 5 et 6 avec les additions dues aux décrets énumérés ci-dessus sont ainsi conçus :

Art. 5. — Les industries pour lesquelles l'obligation du repos hebdomadaire et les restrictions relatives à la durée du travail pourront être temporairement levées par l'inspecteur divisionnaire, pour les enfants âgés de moins de dix-huit ans et les femmes de tout âge, sont les suivantes :

Ameublement, tapisserie, passementerie pour meubles.

Appareils orthopédiques (Fabrication d').

Bijouterie et joaillerie.

Biscuits employant le beurre frais (Fabriques de).

Blanchisseries de linge fin.

Boîtes de conserves (Fabriques de et Imprimeries sur métaux pour).

Bonneterie fine (Fabrication de).

Briqueteries en plein air.

Brochage des imprimés.

Broderie et passementerie pour confections.

Cartons (Fabriques de) pour jouets, bonbons, cartes de visite, rubans.

Chapeaux (Fabrication et confection de) en toutes matières pour hommes et femmes.

Chaussures (Fabrication de).

Colles et gélatines (Fabrication de).

Corsets (Confection de).

Confections, coutures et lingeries pour femmes et enfants.

Confections pour hommes.

Confections en fourrures.

Conserves de fruits et confiserie, conserves de légumes et de poissons.

Corderies en plein air.

Couronnes funéraires (Fabriques de).

Délainage des peaux de mouton.

Dorure pour ameublement.

Dorure pour encadrements.

Établissements industriels dans lesquels sont exécutés des travaux sur l'ordre du Gouvernement et dans l'intérêt de la sûreté et de la défense nationales, après avis des ministres intéressés constatant expressément la nécessité de la dérogation.

Filature, retordage de fils crépés, bouclés et à boutons, des fils moulinés et multicolores.

Fleurs (Extraction des parfums des).

Fleurs et plumes.

Impression de la laine peignée, blanchissage, teinture et impression des fils de laine, de coton et de soie destinés au tissage des étoffes de nouveautés.

Imprimeries typographiques.

Imprimeries lithographiques.

Imprimeries en taille-douce.

Jouets, bimbeloterie, petite tabletterie et articles de Paris (Fabriques de).

Papier (Transformation du), fabrication des enveloppes, du cartonnage des cahiers d'école, des registres, des papiers de fantaisie.

Papiers de tenture.

Parfumerie (Fabrication de).

Reliure.

Réparations urgentes de navires et de machines motrices.

Soie (Dévidage de la) pour étoffes de nouveautés.

Teinture, apprêt, blanchiment, impression, gaufrage et moirage des étoffes.

Tissage des étoffes de nouveauté destinées à l'habillement.

Tulles, dentelles et laizes de soie.

Art. 6. — Une copie de l'autorisation sera affichée dans un endroit apparent et y restera apposée pendant toute la durée de la dérogation.

Règles à suivre pour les autorisations. — Plusieurs lettres ministérielles ont édicté quelques règles destinées à guider les inspecteurs divisionnaires lorsque les tolérances prévues à l'article 7 de la loi du 2 novembre 1892 seront sollicitées par des industriels.

Voici les plus importantes :

Le service de l'inspection ne saurait, sans faire des textes une interprétation qui ne manquerait pas d'être critiquée, accorder l'autorisation de faire faire plus de douze heures au personnel protégé des industries admises à profiter des dispositions de l'article 7. (Lettre ministérielle du 29 juillet 1897.)

Un même établissement ne pourra être autorisé, en vertu de l'article 5 du décret du 26 juillet 1895, à prolonger la durée du travail au delà de onze heures que pendant soixante jours et le repos hebdomadaire ne devra être suspendu que quinze fois par an. Il reste entendu, d'ailleurs, que les inspecteurs divisionnaires ne doivent donner les autorisations sollicitées qu'au fur et à mesure des besoins dûment constatés (et non en bloc) et après avoir procédé à une enquête attestant que la dérogation est justifiée. Une rétribution élevée des heures supplémentaires peut, à certains égards, servir de critérium et être considérée comme un signe que les travaux à exécuter présentent un véritable caractère d'urgence. De plus, il y a intérêt à ce que les travailleurs qui ont été assujettis à faire douze heures pendant toute une semaine ne soient pas privés du jour de repos hebdomadaire. (Lettre ministérielle du 17 mai 1900.)

C'est au chef d'établissement dans lequel sont nécessaires des réparations urgentes aux machines motrices, et non aux constructeurs mécaniciens chargés des réparations, qu'incombe le soin de faire auprès des inspecteurs les démarches nécessaires pour être autorisé à bénéficier des dérogations prévues à l'article 5 du décret du 26 juillet 1895. (Lettre ministérielle du 5 mars 1896.)

Par tissage des étoffes de nouveauté destinées à l'habillement, il faut entendre non pas la classique étoffe de nouveauté, qui n'est guère qu'un produit de fabrication normale, mais des étoffes de saison que la mode lance quelquefois et qui sont appelées à disparaître avec elle. (Lettre ministérielle du 25 septembre 1895.)

L'autorisation de faire des heures supplémentaires ou l'affranchissement momentané du repos hebdomadaire s'applique non seulement aux tisserands des étoffes de nouveauté, mais aussi aux dévideuses, aux ourdisseuses et aux pareurs. (Lettre ministérielle du 7 août 1896.)

La confiserie a été rangée, par le décret du 26 juillet 1895, au nombre des industries en faveur desquelles l'inspecteur divisionnaire a la faculté de lever, temporairement aussi, l'obligation du repos hebdomadaire et les restrictions relatives à la durée du travail. Cette tolérance n'a été accordée à la confiserie que pour tenir compte des établissements qui mettent en œuvre, à certaines époques de l'année, des produits susceptibles de s'avarier, et principalement des fruits frais. C'est par cette considération qu'on a étendu, en 1897, les dérogations légales aux fabricants de chocolat, le beurre de cacao étant un produit facilement altérable, et qu'on les a refusées, en 1898, aux fabricants de biscuits et de pain d'épices, qui n'emploient pas le beurre frais et peuvent, dès lors, s'approvisionner d'avance. La question s'est posée de savoir si on devait faire bénéficier de la même tolérance les articles désignés généralement sous le nom de *Bonbonnerie de Noël et du Jour de l'an*. Le Comité consultatif des arts et manufactures et la Commission supérieure du travail se sont prononcés pour l'affirmative. Il leur a paru, en effet, que si la bonbonnerie ne met pas en œuvre, à proprement parler, les fruits frais ou autres denrées susceptibles de s'avarier, elle ne peut fabriquer à l'avance sans que ses produits se détériorent ou perdent, tout au moins, leurs principales qualités. (Circulaire ministérielle du 20 mars 1899.)

Les fabriques de tubes en papier pour filatures ne peuvent être assimilées aux industries relatives à la transformation du papier, bénéficiant des tolérances inscrites à l'article 5 du décret du 26 juillet 1895. (Lettre ministérielle du 25 novembre 1895.)

Aucune tolérance en vertu de l'article 7 de la loi de 1892 ne peut être accordée aux fabriques de boutons de vente courante (boutons en os, en corozo, en métal, etc., ou encore boutons en étoffe pour tailleurs, tous objets fabriqués à l'avance). Au contraire, on peut en accorder pour la fabrication des boutons en étoffe ou passementerie, généralement fabriqués par les passementiers, qui se trouvent par conséquent compris dans le mot générique « passementeries » employé dans le décret du 26 juillet 1895. (Lettre ministérielle du 11 mars 1896.)

Refus de tolérances. — Plusieurs industries qui avaient demandé d'être admises à bénéficier de la tolérance inscrite à l'article 7 de la loi du 2 novembre 1892 se sont vu refuser ce bénéfice, parce qu'il n'y avait pas lieu de les considérer comme des industries de saison, de goût ou de mode.

C'est ainsi que l'inscription dans la nomenclature de l'article 5 du décret du 26 juillet 1895 a été refusée :

A l'industrie du filage d'or. (Lettres min. des 4 août et 23 novembre 1896.)

Aux fabricants d'espadrilles. (Lettres min. des 26 décembre 1896 et 18 mai 1899.)

Aux fabricants de bérets. (Lettres min. des 22 janvier 1897 et 28 décembre 1898.)

A l'industrie du glaçage des fils. (Lettres min. des 22 janvier 1897 et 28 décembre 1898.)

Aux filatures de bourre de soie. (Lettres min. des 22 janvier 1897 et 25 janvier 1900.)

Aux fabricants de broderies religieuses et militaires. (Lettre min. du 22 janvier 1897.)

Aux fabricants de toiles. (Lettre min. du 11 février 1897.)

A l'industrie de la céramique. (Lettre min. du 27 juillet 1897.)

Aux fabricants de couvertures. (Lettre min. du 28 avril 1896.)

Aux fabricants de pain d'épice et de biscuits de Reims. (Lettre min. du 26 août 1898.)

Aux fabricants de capsules métalliques. (Lettre min. du 12 novembre 1898.)

Aux fabricants de produits pharmaceutiques. (Lettre min. du 12 juin 1899.)

Aux fabricants de boîtes en bois. (Lettre min. du 22 juin 1899.)

A l'industrie des feutres et des toiles métalliques. (Lettre min. du 5 septembre 1899.)

A l'industrie de l'orfèvrerie. (Lettre min. du 3 novembre 1899.)

A l'industrie de la brasserie. (Lettre min. du 27 janvier 1900.)

A l'industrie de la dorure sur cuir, velours, soie, etc. (Lettre min. du 9 février 1900.)

ENFANTS EMPLOYÉS COMME ACTEURS OU FIGURANTS

Art. 8. — Les enfants des deux sexes, âgés de moins de treize ans, ne peuvent être employés comme acteurs, figurants, etc., aux représentations données dans les théâtres et cafés-concerts sédentaires.

Le ministre de l'instruction publique et des beaux-arts, à Paris, et les préfets, dans les départements, pourront exceptionnellement autoriser l'emploi d'un ou plusieurs enfants dans les théâtres pour la représentation de pièces déterminées.

Une première circulaire, en date du 26 janvier 1893, invite les préfets à n'autoriser aucun enfant à chanter en public qu'après avoir fait prendre connaissance par leurs agents du répertoire qui doit être interprété et s'être assurés que rien dans le sens ou les paroles ne peut offenser les bonnes mœurs.

La circulaire du 25 janvier 1897 fait observer aux préfets que les autorisations accordées par eux ne doivent être concédées que pour des rôles qu'il est absolument indispensable de confier à de tous jeunes enfants ; ces observations s'appliquent surtout à la chansonnette de café-concert pour laquelle, à la suite de véritables scandales, le ministre de l'instruction publique et des beaux-arts a dû, à Paris, interdire l'intervention de l'enfant.

Les préfets doivent donner connaissance au service de l'inspection du travail des noms et de l'âge des enfants autorisés exceptionnellement à paraître sur la scène, ainsi que des pièces qui seraient représentées. (Circulaire ministérielle du 29 mai 1897.)

TRAVAUX SOUTERRAINS

Art. 9. — Les filles et les femmes ne peuvent être admises dans les travaux souterrains des mines, minières et carrières.

Des règlements d'administration publique détermineront les conditions spéciales du travail des enfants de treize à dix-huit ans du sexe masculin dans les travaux souterrains ci-dessus visés.

Dans les mines spécialement désignées par des règlements d'administration publique, comme exigeant, en raison de leurs conditions naturelles, une dérogation aux prescriptions du paragraphe 2 de l'article 4, ces règlements pourront permettre le travail des enfants à partir de quatre heures du matin et jusqu'à minuit, sous la condition expresse que les enfants ne soient pas assujettis à plus de huit heures de travail effectif ni à plus de dix heures de présence dans la mine, par vingt-quatre heures.

Les dispositions relatives à l'emploi des enfants de moins de dix-huit ans du sexe masculin dans les travaux souterrains des mines, minières et carrières sont contenues dans le décret du 3 mai 1893 dont la teneur suit :

Article 1ᵉʳ. — La durée du travail effectif des enfants du sexe masculin au-dessous de seize ans, dans les galeries souterraines des mines, minières et carrières, ne peut excéder huit heures par poste et par vingt-quatre heures.

La durée du travail effectif des jeunes ouvriers de seize à dix-huit ans ne peut excéder dix heures par jour, ni cinquante-quatre heures par semaine.

Ne sont pas compris dans les durées précitées du travail effectif le temps de la remonte et de la descente ni celui employé à aller au chantier et à en venir, ni les repos dont la durée totale ne pourra être inférieure à une heure.

Art. 2. — Les enfants et les jeunes ouvriers peuvent être

employés au triage et au chargement du minerai, à la manœuvre et au roulage des wagonnets, à la garde et à la manœuvre des portes d'aérage, à la manœuvre des ventilateurs à bras et autres travaux accessoires n'excédant pas leur force.

Ils ne doivent pas être occupés à la manœuvre des ventilateurs à bras pendant plus d'une demi-journée de travail coupée par un repos d'une demi-heure au moins.

Les jeunes ouvriers de seize à dix-huit ans ne peuvent être occupés aux travaux proprement dits du mineur qu'à titre d'aides ou d'apprentis et pour une durée maxima de cinq heures par jour.

En dehors des exceptions prévues aux paragraphes précédents, tout travail est interdit dans les galeries souterraines aux enfants et jeunes ouvriers.

Art. 3. — Les dispositions spéciales prévues par l'article 9, § 3, de la loi du 2 novembre 1892, pourront dès à présent être appliquées aux exploitations des couches minces de houille dans lesquelles le travail est mené à double poste et lorsque le travail de l'un des postes consiste à exécuter, aux chantiers d'abatage, l'enlèvement des roches encaissantes et le remblaiement qui n'ont pu s'effectuer pendant le poste d'extraction.

L'exploitant qui voudra recourir à ce régime devra au préalable en avoir donné avis à l'ingénieur en chef des mines. En cas d'opposition de ce dernier, l'exploitant devra obtenir l'autorisation du ministre du commerce et de l'industrie.

LIVRETS ET REGISTRES

Art. 10. — *Les maires sont tenus de délivrer gratuitement aux père, mère, tuteur ou patron, un livret sur lequel sont portés les noms et prénoms des enfants des deux sexes âgés de moins de dix-huit ans, la date, le lieu de leur naissance et leur domicile.*

Si l'enfant a moins de treize ans, le livret devra mentionner qu'il est muni du certificat d'études primaires institué par la loi du 28 mars 1882.

Les chefs d'industrie ou patrons inscriront sur le livret la date de l'entrée et celle de la sortie. Ils devront également

*tenir un registre sur lequel seront mentionnées toutes les in-
dications insérées au présent article.*

Aux termes du premier paragraphe de l'article 10, les
maires sont tenus de délivrer gratuitement aux père, mère,
tuteur ou patron, un livret sur lequel sont portés les noms
et prénoms des enfants des deux sexes âgés de moins de
dix-huit ans, la date, le lieu de leur naissance et leur domicile.

C'est avec intention que la loi a désigné les maires pour
délivrer les livrets et il n'est pas possible de leur substituer
des commissaires de police. L'intervention de ces officiers
de police, agissant au lieu et place du maire, changerait
le caractère de la mission confiée aux maires, et il est indispensable de ne pas s'écarter des termes de la loi. (Lettre
ministérielle du 18 janvier 1897.)

Lorsqu'un enfant travaille dans une commune autre que
celle où il est né, le père ou le tuteur n'est pas obligé de
produire un acte de naissance à l'aide duquel le livret serait
dressé; il peut se borner à faire connaître le lieu de naissance de l'enfant et c'est au maire chargé de la délivrance
du livret de demander au maire de la commune où l'enfant
est né un bulletin de naissance qui pourra lui être délivré
sur papier libre. (Circulaire ministérielle du 14 octobre
1895.)

D'après un jugement en date du 29 décembre 1893, rendu
par le tribunal de simple police de Troyes, le patron a, aux
termes de l'article 10, l'obligation stricte de n'employer que
des enfants munis de livrets, puisqu'il est obligé d'inscrire
l'entrée, et, en cas d'inaction des père, mère ou tuteur, c'est
à lui qu'incombe le devoir impératif de le retirer à la
mairie.

Pour empêcher les jeunes ouvriers étrangers de se faire
délivrer des livrets sur la production d'actes de naissance
falsifiés, les maires ne doivent remettre un livret aux étrangers que lorsqu'ils établiront d'une manière certaine leur

âge et leur identité par des pièces délivrées par le consulat de leur nation dans la circonscription duquel ils sont domiciliés. Lorsque les intéressés ne fourniront pas l'attestation de leur consulat, les maires adresseront les pièces produites aux préfets, qui décideront s'il y a lieu de délivrer les livrets demandés. (Circulaire ministérielle du 20 avril 1899.)

Les patrons doivent garder les livrets des enfants de moins de dix-huit ans aussi longtemps que ceux-ci travaillent dans leur établissement, afin de pouvoir les produire lors des visites des inspecteurs. Lorsque l'enfant quitte l'établissement, le patron ne peut, sous aucun prétexte, conserver le livret ; si l'enfant ne le réclame pas, la lettre ministérielle du 15 février 1899 lui fait un devoir de le déposer à la mairie pour qu'il soit tenu à la disposition du titulaire.

Le troisième paragraphe a trait aux inscriptions à faire tant sur les livrets que sur le registre. Sur les livrets doit être inscrite la date d'entrée dans l'atelier. Lorsque l'enfant quitte l'établissement, la date de sortie doit être consignée sur le livret. Le registre doit reproduire toutes les indications mentionnées sur le livret, c'est-à-dire :

Les noms et prénoms des enfants de moins de dix-huit ans ;

La date de la naissance ;

Le lieu de la naissance ;

Le domicile ;

La date de l'entrée chez l'industriel ;

La date de la sortie,

et le genre de travail auquel est employé chaque enfant de douze à treize ans pourvu du certificat d'études primaires et du certificat d'aptitude physique.

Le registre doit être conservé avec soin et tenu constamment à la disposition du service de l'inspection du travail. L'absence de registre constituant une infraction à l'article 10 de la loi du 2 novembre 1892, des poursuites peuvent être exercées contre les industriels qui égareraient cette pièce.

AFFICHAGE — RELAIS — ÉQUIPES

ART. 11. — *Les patrons ou chefs d'industrie et loueurs de force motrice sont tenus de faire afficher dans chaque atelier les dispositions de la présente loi, les règlements d'administration publique relatifs à leur exécution et concernant plus spécialement leur industrie, ainsi que les adresses et les noms des inspecteurs de la circonscription.*

Ils afficheront également les heures auxquelles commencera et finira le travail, ainsi que les heures et la durée des repos. Un duplicata de cette affiche sera envoyé à l'inspecteur, un autre sera déposé à la mairie.

Dans les établissements visés par la présente loi, autres que les usines à feu continu et les établissements qui seront déterminés par un règlement d'administration publique, l'organisation du travail par relais, sauf ce qui est prévu aux paragraphes 2 et 3 de l'article 4, sera interdit, pour les personnes protégées par les articles précédents, dans un délai de trois mois à partir de la promulgation de la présente loi. (Modification apportée par la loi du 30 mars 1900 au paragraphe 3 de la loi du 2 novembre 1892.)

En cas d'organisation du travail par postes ou équipes successives, le travail de chaque équipe sera continu, sauf l'interruption pour le repos. (Paragraphe ajouté par la loi du 30 mars 1900.)

Dans toutes les salles de travail des ouvroirs, orphelinats, ateliers de charité ou de bienfaisance dépendant des établissements religieux ou laïques, sera placé d'une façon permanente un tableau indiquant, en caractères facilement lisibles, les conditions du travail des enfants telles qu'elles résultent des articles 2, 3, 4 et 5, et déterminant l'emploi de la journée, c'est-à-dire les heures du travail manuel, du repos, de l'étude et des repas. Ce tableau sera visé par l'inspecteur et revêtu de sa signature.

Un état nominatif complet des enfants élevés dans les éta-

*blissements ci-dessus désignés, indiquant leurs nom et pré-
noms, la date et le lieu de leur naissance, et certifié conforme
par les directeurs de ces établissements, sera remis tous les
trois mois à l'inspecteur et fera mention de toutes les mutations survenues depuis la production du dernier état.*

Affichage. — L'article 11 relatif à l'affichage de la loi et
des règlements d'administration publique qui la complètent, ainsi que du temps du travail et du temps du repos,
est absolu dans ses dispositions qui ne peuvent être éludées
sous aucun prétexte. (Tribunal de simple police de Troyes,
jugement du 29 décembre 1893.)

Les affiches imposées par la loi doivent se trouver dans tous
les ateliers industriels et non dans le cabinet ou le bureau
du patron. Elles doivent être placées de telle façon que les
ouvriers puissent facilement les lire. C'est aux patrons
qu'incombe l'obligation de se procurer les affiches nécessaires. (Instructions générales du 19 décembre 1892.)

Les loueurs de force motrice ne sont tenus qu'à afficher
la loi ; les autres affiches ne sont obligatoires que pour les
industriels eux-mêmes. (Avis de la commission supérieure
du 26 novembre 1892.)

En outre de la loi et des règlements, une affiche doit contenir les noms et adresses des inspecteurs de la circonscription, c'est-à-dire le nom de l'inspecteur divisionnaire, le
nom de l'inspecteur départemental et les adresses de chacun
d'eux.

Un duplicata de l'affiche indiquant les heures auxquelles
commence et finit le travail, ainsi que les heures et la durée
des repos, doit être envoyé à l'inspecteur. Le fait d'omettre
ou de refuser d'envoyer ce duplicata constitue une contravention. (Tribunal de première instance d'Agen jugeant en
matière correctionnelle, jugement du 11 janvier 1899.)

Les périodes de repos, telles qu'elles résultent du tableau
de l'emploi du temps dont l'affichage est prescrit par l'article 11, § 2, de la loi de 1892, doivent être respectées. Les

patrons n'ont pas le droit de changer arbitrairement la réglementation du travail dans leurs ateliers. Tout repos
donné en dehors de ceux indiqués sur le tableau de l'emploi
du temps n'a aucun caractère de régularité au point de vue
de la réglementation. (Tribunal de simple police de Marseille, jugement du 20 janvier 1896.)

Relais. — Le législateur n'a pas pensé qu'il fût suffisant,
pour empêcher le travail par relais, de décider que tous les
ouvriers d'un même établissement prendraient leur repos
simultanément. Il lui a paru indispensable de prévenir toute
équivoque en inscrivant dans la loi l'interdiction expresse
de ce mode de travail. Tel est l'objet de la modification suivante qui a été introduite dans l'article 11, § 3, de la loi du
2 novembre 1892, par l'article 1er de la loi du 30 mars
1900 :

« Dans les établissements visés par la présente loi autres
que les usines à feu continu et les établissements qui seront
déterminés par un règlement d'administration publique,
l'organisation du travail par relais, sauf ce qui est prévu
aux paragraphes 2 et 3 de l'article 4, sera interdit pour
les personnes protégées par les articles précédents, dans
un délai de trois mois à partir de la promulgation de la
loi. »

Il importe de remarquer que l'article 11 supprime les relais et non les équipes. Le mot « équipe » s'applique, à proprement parler, à des postes d'ouvriers qui se relèvent. La
loi n'empêche pas cette organisation ; elle demeure permise
même pour les enfants et les femmes, dans les limites du
travail de jour, c'est-à-dire entre cinq heures du matin
et neuf heures du soir. Mais l'emploi des équipes n'est
autorisé, comme on le verra ci-après, qu'à une double
condition : le travail de chaque équipe sera continu, sauf
l'interruption pour le repos, et ce repos aura lieu aux
mêmes heures, conformément au dernier paragraphe de
l'article 3.

Les « relais », au contraire, sont constitués par des ouvriers supplémentaires qui, se transportant de métier en métier, remplacent ainsi, pendant un certain temps, la série des travailleurs réguliers. C'est un système détestable qui ouvre la porte à tous les abus et à toutes les fraudes, car il empêche de s'assurer que la journée de chaque ouvrier ne dépasse pas la durée légale. Le législateur a compris qu'il fallait l'interdire d'une façon absolue si l'on voulait que les prescriptions de la loi fussent respectées et le contrôle de l'inspection effectif et efficace.

Il n'y a d'exception à cette interdiction que pour les usines à feu continu et les établissements qui seront déterminés par un règlement d'administration publique. Cette dernière exception a été motivée par la crainte que, dans certaines industries, il n'y eût plus place, de par la loi, que pour une seule équipe ; il en aurait pu résulter un chômage et un renvoi d'ouvriers que l'intérêt des travailleurs et celui de la production nationale commandaient de prévenir. Il a, d'ailleurs, été bien entendu que cette disposition, simple soupape de sûreté, comme on l'a fort bien dit, ne devrait livrer passage à aucune tolérance abusive ; il résulte de déclarations formelles que l'exception dont la loi consacre le principe ne devra être admise que dans le cas où, sans elle, l'organisation du travail serait absolument impossible.

Un délai de trois mois, expiré depuis le 1er juillet 1900, fut accordé aux chefs d'industrie pour se mettre en règle avec les prescriptions nouvelles.

Continuité du travail. — La disposition qui forme le nouveau paragraphe 4 de l'article 11 : « En cas d'organisation du travail par postes ou équipes successives, le travail de chaque équipe sera continu, sauf l'interruption pour le repos », a pour but de mettre fin aux graves inconvénients qui résultent de l'intermittence ou du chevauchement des équipes, en empêchant que le travail de chacune d'elles puisse être fragmenté.

Affichage spécial aux établissements de bienfaisance.
— Le tableau dont la tenue est prescrite pour les directeurs
des ouvroirs, orphelinats, ateliers de charité ou de bienfaisance, doit être visé par l'inspecteur du travail qui examine
s'il contient bien toutes les indications exigées par le législateur. Afin que le service puisse observer à l'égard de
ces tableaux une règle uniforme, il y a intérêt à ce que le
visa soit toujours apposé par l'inspecteur divisionnaire.
(Instructions générales du 19 décembre 1892.)

Le paragraphe 4 s'applique indistinctement à toutes les
salles de travail des ouvroirs, orphelinats, ateliers de charité ou de bienfaisance dépendant d'établissements laïques
ou religieux. Mais, si on y rencontre des enfants de plus de
treize ans, des filles mineures ou des femmes, ces salles de
travail deviennent par là même de véritables ateliers qui
sont soumis, en outre, à la règle générale du paragraphe 2
de l'article 11, tant au point de vue de l'affichage que de
l'envoi du tableau de l'emploi du temps à l'inspecteur du
travail. (Lettre ministérielle du 2 décembre 1899.)

L'obligation contenue dans le paragraphe 5 de l'article 11
et relative à l'envoi trimestriel d'un état nominatif des enfants de tous âges est une disposition distincte de celles de
l'article 10 et qui ne supplée pas à celles-ci. C'est une
prescription complémentaire destinée à renforcer le contrôle
et à augmenter la garantie à prendre à l'égard des établissements de bienfaisance. Cela ressort nettement de la discussion qui eut lieu à la Chambre des députés dans la
séance du 8 juillet 1890. Il résulte de là que l'obligation des
livrets et du registre est applicable aux établissements de
bienfaisance comme à tous les établissements visés à l'article 1er. Il est d'ailleurs indispensable qu'il en soit ainsi,
car le livret délivré par le maire à un enfant de treize ans
révolus a pour objet d'attester, et rien ne saurait remplacer
cette attestation, qu'il peut travailler onze heures par jour, à
la différence de l'enfant au-dessous de cet âge qui ne peut
recevoir l'enseignement professionnel que pendant trois

heures seulement. A défaut de cette pièce constatant l'identité de l'enfant, l'inspection du travail serait obligée de s'en remettre à la sincérité des déclarations qui lui seraient faites; c'est ce que le législateur n'a pas voulu.

Ce qui vient d'être dit pour les livrets s'applique à l'obligation du registre dont la tenue est impérativement prescrite et sur lequel doivent être mentionnées toutes les indications insérées à l'article 10. C'est par le registre, qui doit être toujours tenu à jour, que l'inspecteur peut se rendre compte, d'un coup d'œil, de l'importance de l'effectif du personnel protégé par la loi au moment même de la visite de contrôle. (Lettre ministérielle du 2 décembre 1899.)

La Cour de cassation a conclu dans le sens de la précédente lettre ministérielle, en décidant, par son arrêt du 8 décembre 1900, que les obligations imposées par la loi aux chefs d'entreprise sont pareillement imposées aux directeurs et directrices des ouvroirs, orphelinats, ateliers de charité ou de bienfaisance.

ATTRIBUTIONS DES INSPECTEURS DU TRAVAIL

ART. 17. — *Les inspecteurs du travail sont chargés d'assurer l'exécution de la présente loi et de la loi du 9 septembre 1848.*

Ils sont chargés, en outre, concurremment avec les commissaires de police, de l'exécution de la loi du 7 décembre 1874 relative à la protection des enfants employés dans les professions ambulantes.

Toutefois, en ce qui concerne les exploitations de mines, minières et carrières, l'exécution de la loi est exclusivement confiée aux ingénieurs et contrôleurs des mines, qui, pour ce service, sont placés sous l'autorité du ministre du commerce et de l'industrie.

Attributions générales des inspecteurs. — L'article 17 charge les inspecteurs du travail d'assurer l'exécution de la loi du 2 novembre 1892, de la loi du 9 septembre 1848 et de la loi du 7 décembre 1874 relative à la protection des enfants employés dans les professions ambulantes. Ces attributions ont été étendues, comme on le verra plus loin, par la loi du 12 juin 1893 sur l'hygiène et la sécurité des travailleurs dans les établissements industriels et par celle du 29 décembre 1900, fixant les conditions du travail des femmes employées dans les magasins, boutiques et autres locaux en dépendant.

Mines, minières et carrières. — Pour les mines, minières et carrières, l'exécution de la loi de 1892 est confiée aux ingénieurs et contrôleurs des mines, qui sont placés, pour ce service, sous l'autorité du ministre du commerce et de l'industrie.

D'après les instructions générales adressées le 4 mai 1893 aux ingénieurs en chef des mines, la surveillance du service des mines s'étend, à l'exclusion de celle des inspecteurs du travail :

1° Sur les dépendances des exploitations proprement dites des mines, minières et carrières qui y sont rattachées expressément, en vertu des stipulations sur la police des mines ; les dépendances qui rentrent incontestablement dans cette catégorie sont, en dehors des places mêmes, carreaux ou plâtres des mines, avec leurs voies de chargement et de déchargement, les ateliers de triage, criblage et lavage des combustibles ou des minerais établis à l'orifice ou au voisinage immédiat des puits et galeries ;

2° Sur les dépendances qui se rattachent industriellement et matériellement à une exploitation minière, dans lesquelles l'exploitant se borne à une première transformation simple des produits par lui extraits, pourvu que ces dépendances se trouvent établies sur le carreau de la mine, minière ou carrière ou dans son voisinage immédiat et reliées directement aux puits et galeries par des voies dépendant de l'entreprise dont elles ne constitueraient qu'une branche accessoire et secondaire.

Ainsi, sont soumis à la surveillance des ingénieurs : les fabrications de cokes et d'agglomérés reliées immédiatement, dans les conditions de fait ci-dessus rappelées, à une mine de combustibles ; les ateliers de lavage des phosphates ; les ateliers de fendage d'ardoises, lorsqu'ils font partie de l'exploitation même de la carrière.

Au contraire, les ateliers de taille et de sciage à la mécanique d'ardoises, qui n'ont plus avec la carrière une liaison matérielle immédiate, sont laissés à la surveillance des inspecteurs. La même distinction doit être faite pour les pierres et les marbres.

Les fours à chaux, les ateliers de cuisson et de blutage du plâtre, les briqueteries et les tuileries restent sous le contrôle des inspecteurs.

Établissements militaires et maritimes. — En présence de considérations d'ordre supérieur invoquées par les ministres de la guerre et de la marine, le ministre du commerce et de l'industrie, d'accord avec la commission supérieure du travail, a décidé que dans les établissements dépendant de leurs départements, le soin d'assurer l'application de la loi du 2 novembre 1892 serait confié à l'autorité militaire. (Circulaire du 6 juin 1894.)

NOMINATION ET HIÉRARCHIE DES INSPECTEURS DU TRAVAIL

Art. 18. — *Les inspecteurs du travail sont nommés par le ministre du commerce et de l'industrie.*

Ce service comprendra :

1° Des inspecteurs divisionnaires ;

2° Des inspecteurs ou inspectrices départementaux.

Un décret rendu après avis du comité des arts et manufactures et de la commission supérieure du travail ci-dessous instituée déterminera les départements dans lesquels il y aura lieu de créer des inspecteurs départementaux. Il fixera le nombre, le traitement et les frais de tournée de ces inspecteurs.

Les inspecteurs ou inspectrices départementaux sont placés sous l'autorité de l'inspecteur divisionnaire.

Les inspecteurs du travail prêtent serment de ne point révéler les secrets de fabrication et, en général, les procédés d'exploitation dont ils pourraient prendre connaissance dans l'exercice de leurs fonctions.

Toute violation de ce serment est punie conformément à l'article 318 du Code pénal.

Aux termes du paragraphe 1er de l'article 18, les inspecteurs du travail sont nommés par arrêté ministériel. Pour être l'objet d'une nomination comme inspecteur divisionnaire ou départemental, les candidats doivent, d'après l'article 19, avoir satisfait à certaines conditions et à un concours spécial dont il sera parlé plus loin.

Service de l'inspection. — Le service comprend des inspecteurs divisionnaires et des inspecteurs départementaux. A Paris et dans quelques grandes villes (Lyon, Marseille, Bordeaux, Lille, Rouen et Le Havre), se trouvent des inspectrices.

Les fonctions des inspecteurs et inspectrices du travail déterminés par l'article 17 ont été développées par les instructions générales du 19 décembre 1892 et quelques autres circulaires postérieures. Les attributions confiées aux inspecteurs par la loi du 12 juin 1893 seront étudiées lors de l'examen de l'article 4 de cette loi.

Fonctions de l'inspecteur divisionnaire. — L'inspecteur divisionnaire dirige, contrôle et centralise le service des inspecteurs et inspectrices départementaux. C'est par son intermédiaire que ces inspecteurs et inspectrices reçoivent toutes les instructions du ministre relatives à l'application de la loi.

Pour exercer utilement son contrôle, l'inspecteur divisionnaire visite un certain nombre d'établissements inspectés par les inspecteurs départementaux en vue de se rendre compte de la manière dont ces fonctionnaires ont accompli leur service ; il va même rejoindre ces derniers au cours d'une tournée pour visiter avec eux plusieurs établissements et leur donner, s'il y a lieu, les instructions nécessaires. Afin de faciliter ce contrôle, l'inspecteur départemental doit faire connaître à l'inspecteur divisionnaire, au commencement de chaque inspection, l'itinéraire de la tournée qu'il se propose de faire et il lui adresse tous les mois un état de ses visites.

Chaque année, l'inspecteur divisionnaire adresse au ministre des notes signalétiques sur les inspecteurs et les inspectrices placés sous ses ordres.

Outre ce service de contrôle, l'inspecteur divisionnaire doit se réserver un certain nombre de visites particulièrement délicates et difficiles, par exemple celles à effectuer dans les établissements de l'État et dans certains établissements de bienfaisance, faire certaines enquêtes en cas d'accidents graves, voir les installations d'outillages nouveaux.

Fonctions des inspecteurs départementaux. — Chargés de la surveillance directe et permanente des établissements industriels situés dans leurs circonscriptions, les inspecteurs et inspectrices départementaux doivent les visiter aussi souvent que possible et veiller avec soin à ce que toutes les prescriptions des lois du 2 novembre 1892 et du 9 septembre 1848 y soient strictement observées.

C'est au moment où la surveillance peut être le plus efficace qu'il convient de se présenter dans les établissements, et il est nécessaire à cet égard que, conformément au désir qui en a été exprimé par la commission supérieure dans sa séance du 2 décembre 1892, un certain nombre de visites de nuit soient effectuées. Celles-ci devront faire l'objet d'une mention spéciale sur l'état mensuel des visites. Le nombre de visites à faire annuellement par chaque inspecteur départemental sera fixé ultérieurement après avis des inspecteurs divisionnaires.

Lorsque l'inspecteur est en tournée d'inspection, il doit toujours être muni de différentes pièces destinées soit à faire connaître son identité, soit à faciliter l'accomplissement de ses fonctions. Ce sont :

1° La carte personnelle de service délivrée par mon administration ;

2° Un carnet ou des feuilles détachées permettant d'inscrire toutes les indications qui doivent être reproduites sur les relevés mensuels de visite ou qui leur sont utiles pour la rédaction du rapport annuel : établissements visités, certificats d'instruction primaire et d'aptitude physique, durée du travail, jour de repos hebdomadaire, livrets, registres, affichage, nombre d'enfants, de filles mineures, de femmes, observations faites ou recueillies au cours de l'inspection, etc., en un mot : toutes les indications relatives au service de l'inspection ;

3° Des registres d'inscriptions conformes au modèle adopté ;

4° Des affiches de la loi et des règlements d'administration publique. Un exemplaire de ces deux dernières pièces doit être remis aux industriels lors d'une première visite.

Aux termes de la loi, les inspecteurs et inspectrices ont entrée dans tous les établissements visés à l'article 1ᵉʳ de la loi ; ils peuvent interroger le personnel protégé, se faire représenter les registres prescrits par l'article 10, les livrets, les règlements intérieurs, s'il y a lieu, les certificats d'aptitude physique et en général toutes les pièces dont ils ont besoin pour exercer leur contrôle (art. 20).

Les industriels ne peuvent, sous aucun prétexte, s'opposer aux visites des inspecteurs et inspectrices, ni leur refuser communication des documents dont ils ont besoin pour être exactement renseignés.

L'article 29 punit, d'ailleurs, d'une amende quiconque

aura mis obstacle à l'accomplissement des devoirs d'un inspecteur.

Les mêmes règles s'appliquent aux visites effectuées par les inspecteurs divisionnaires.

Répartition du service entre les inspecteurs et les inspectrices. — Les inspecteurs sont chargés spécialement de la surveillance dans les usines, chantiers et ateliers où le personnel est soit exclusivement masculin, soit mixte. Ils visitent également les établissements qui, n'employant qu'un personnel féminin, font usage de machines mues par la vapeur, l'électricité ou tout autre moteur non animé.

Quant aux inspectrices, elles sont chargées de surveiller les ateliers n'employant qu'un personnel féminin et dans lesquelles il n'existe aucun moteur mécanique.

Dans les circonscriptions où il n'y a pas d'inspectrices, tous les établissements sont naturellement visités par les inspecteurs.

Observations sur les fonctions des inspecteurs du travail. — Par une circulaire ministérielle en date du 19 janvier 1900, M. le ministre du commerce et de l'industrie a demandé que des relations suivies s'établissent entre les inspecteurs, à qui l'État a confié la mission de faire respecter les lois ouvrières, et les représentants des syndicats, auxquels les ouvriers ont confié la défense de leurs intérêts. A cet effet, chaque inspecteur doit entrer en relations, oralement ou par lettre, avec les secrétaires des bourses du travail et des unions locales de syndicats de sa section, il leur donnera son adresse et les priera de lui signaler toutes les infractions aux lois protectrices du travail qu'ils pourraient connaître. Il s'adressera ensuite aux secrétaires des syndicats ne faisant pas partie d'unions locales ou de bourses du travail. Au fur et à mesure de la création de nouvelles organisations de travailleurs, organisations dont l'apparition lui sera signalée par le *Bulletin de l'office du travail,* il s'efforcera d'entrer en relations avec elles. L'inspecteur avisera oralement ou par lettre, dans un délai de quinze jours, les secrétaires des bourses du travail, unions locales ou syndicats, du résultat des visites faites d'après leurs indications. Lorsqu'il ne lui sera pas possible de procéder, dans un délai d'un mois, à la visite d'un établissement signalé, il informera, dans ce délai, de cette impossibilité momentanée le secrétaire qui lui aura écrit, l'invitant d'ailleurs à lui communiquer, le cas échéant, de nouveaux renseignements propres à élargir le terrain de ses investigations, et à orienter plus complètement ses recherches. (Circulaire ministérielle du 19 janvier 1900.)

Les inspecteurs doivent toute leur activité au service de l'État. Ils ne pourraient que perdre une partie de leur autorité en se livrant à des opérations commerciales soit ouvertement, soit sous le couvert de prête-noms ; ils s'exposeraient à être accusés de subordonner leurs devoirs professionnels à des préoccupations personnelles et à être suspectés d'employer une autorité qui leur est déléguée pour assurer une juste et prompte administration à favoriser des intérêts particuliers et à créer au commerce une concurrence facile. (Circulaire ministérielle du 15 mai 1897.)

Un inspecteur du travail doit se renfermer dans ses attributions professionnelles et ne pas accepter les fonctions de délégué cantonal. (Lettre ministérielle du 19 juillet 1897.)

Il n'y a pas d'inconvénient à ce qu'un inspecteur du travail se réserve la propriété de son invention par l'obtention d'un brevet. (Lettre ministérielle du 19 juillet 1897.)

Un inspecteur du travail ne peut être expert dans une affaire qui se rattache, d'une manière quelconque, à l'exercice de ses fonctions. En dehors de cette hypothèse, il ne saurait remplir une semblable mission qu'avec l'autorisation de l'administration. (Lettre ministérielle du 9 novembre 1896.)

Rien ne s'oppose à ce que les inspecteurs du travail participent aux séances des congrès où sont traitées des questions se rattachant à leur service. Ils peuvent en effet tirer un réel profit des discussions qui y sont ouvertes; mais ils doivent conserver une attitude des plus réservées lorsque les lois dont ils sont chargés de surveiller l'exécution sont, de la part des membres des réunions où ils assistent, l'objet de critiques soit sur la manière dont elles sont appliquées, soit sur les principes qu'elles renferment. (Décision ministérielle du 27 avril 1899.)

Organisation de l'inspection du travail dans l'industrie. — Le décret prévu au troisième paragraphe de l'article 18 est celui du 13 décembre 1892. Diverses modifications ont été apportées à ses dispositions, soit à titre définitif par des décrets postérieurs, soit à titre provisoire par des arrêtés ministériels. De ces divers documents il résulte qu'actuellement le service de l'inspection est composé de 11 inspecteurs divisionnaires et 92 inspecteurs ou inspectrices départementaux.

D'après un décret du 27 décembre 1892, le nombre des inspectrices du travail dans le département de la Seine était, par mesure transitoire, provisoirement maintenu à 15, nombre qui doit être successivement réduit à 10 au fur et à mesure des extinctions qui se produiront dans le personnel existant.

Les inspecteurs et inspectrices stagiaires institués par l'article 19 de la loi reçoivent un traitement de 2,400 fr. par an. Ce traitement est, comme celui des inspecteurs titulaires, soumis à la retenue, conformément à la loi du 9 juin 1853 sur les pensions civiles.

Il existe 5 classes d'inspecteurs et d'inspectrices départementaux.

La 5ᵉ classe qui reçoit un traitement de	. .	3,000 fr.
4ᵉ —	—	. .	3,500 fr.
3ᵉ —	—	. .	4,000 fr.
2ᵉ —	—	. .	4,500 fr.
1ʳᵉ —	—	. .	5,000 fr.

Les inspecteurs divisionnaires sont répartis en trois classes :

La 3ᵉ classe qui reçoit un traitement de . . 6,000 fr.
  2ᵉ   —   —   . . 7,000 fr.
  1ʳᵉ   —   —   . . 8,000 fr.

Les inspecteurs et inspectrices ne peuvent être élevés de classe qu'après trois ans de service dans la classe immédiatement inférieure ; leur classement est personnel.

Les inspecteurs divisionnaires sont nommés au choix parmi les inspecteurs départementaux appartenant au moins à la 2ᵉ classe.

L'arrêté ministériel du 14 juin 1895 a réparti comme il suit les inspecteurs et inspectrices départementaux et les inspecteurs divisionnaires dans leurs diverses classes :

40 Inspecteurs ou inspectrices départem. stagiaires et de 5ᵉ classe.
24   —   —   4ᵉ —
16   —   —   3ᵉ —
 8   —   —   2ᵉ —
 8   —   —   1ʳᵉ —
 4 Inspecteurs divisionnaires de. . . . . 3ᵉ —
 4   —   . . . . 2ᵉ —
 3   —   . . . . 1ʳᵉ —

Des frais de déplacements et de séjour sont alloués aux inspecteurs et aux inspectrices. Ces indemnités ont été fixées ainsi qu'il suit :

1° Inspecteurs divisionnaires :

Voies de fer. . . . . .   Prix de la place en 1ʳᵉ classe.
Voies de terre . . . .   0 fr. 50 c. le kilomètre.
Frais de séjour. . . .   15 fr. par jour.

2° Inspecteurs et inspectrices départementaux :

Voies de fer. . . . . .   Prix de la place en 2ᵉ classe.
Voies de terre . . . .   0 fr. 50 c. le kilomètre.
Frais de séjour. . . .   15 fr. par jour.

Les inspecteurs et inspectrices doivent, autant que pos-

sible, se servir des voies de fer qui présentent une écono-
mie réelle de temps et d'argent. L'indemnité de 15 fr. pour
frais de séjour n'est acquise entièrement à l'inspecteur que
lorsque celui-ci a été forcé de coucher en dehors de sa
résidence. S'il rentre le soir même à son domicile, il ne
doit compter qu'une demi-journée. Il n'y a enfin aucune
indemnité de séjour allouée pour la visite d'établissements
situés dans la ville qui sert de résidence à l'inspecteur ou
dans la banlieue immédiate. Ces règles ne sont pas applicables aux inspecteurs ou inspectrices du département de
la Seine.

Les frais de transport par mer, entre Marseille et la
Corse, seront remboursés aux inspecteurs d'après le prix
des places en 1ʳᵉ classe.

Les états de frais de déplacement doivent être adressés
au ministre en double exemplaire ; ceux des inspecteurs et
inspectrices départementaux sont contrôlés et certifiés exacts
par les inspecteurs divisionnaires. Ces états doivent être
produits tous les mois ou tous les trois mois ; il est indispensable qu'ils parviennent à l'administration centrale
avant le 7 du mois, afin que l'ordonnancement des sommes
dues aux inspecteurs puisse être effectué rapidement.
(Circulaire ministérielle du 16 novembre 1895.)

Il est alloué aux inspecteurs divisionnaires des frais de
bureau fixés à 1,800 fr. pour l'inspecteur divisionnaire de
la première circonscription, et à 1,200 fr. pour les autres
inspecteurs divisionnaires.

L'inspecteur divisionnaire résidant à Paris reçoit, pour
frais de tournée dans le département de la Seine et de résidence, une indemnité fixe de 3,000 fr. par an. Ses frais de
tournée dans les départements de Seine-et-Marne et de
Seine-et-Oise lui sont remboursés sur le même taux qu'aux
autres inspecteurs divisionnaires.

Les inspecteurs et inspectrices départementaux du département de la Seine reçoivent une indemnité fixe de
500 fr. pour frais de bureau et de déplacement dans l'en-

ceinte de Paris ; l'indemnité est de 800 fr. pour les inspecteurs attachés au service de la banlieue.

Les déplacements des inspecteurs hors de leur circonscription, nécessités par les besoins du service, sont comptés comme frais de tournée et réglés sur état aux mêmes tarifs.

Serment des inspecteurs. — A leur entrée en fonctions, les inspecteurs se font installer par le préfet du département dans lequel se trouve leur résidence et prêtent entre ses mains le serment professionnel et celui prescrit par l'article 18, paragraphe 4, de ne point révéler les secrets de fabrication et, en général, les procédés d'exploitation dont ils pourraient prendre connaissance dans l'exercice de leurs fonctions. Toute violation de ce dernier serment est punie des peines portées par l'article 378 du Code pénal, c'est-à-dire d'un emprisonnement d'un mois à six mois et d'une amende de 100 à 500 fr.

CONDITIONS D'ADMISSIBILITÉ
POUR L'EMPLOI D'INSPECTEUR DU TRAVAIL

Art. 19. — *Désormais, ne seront admissibles aux fonctions d'inspecteur divisionnaire ou départemental que les candidats ayant satisfait aux conditions et aux concours visés par l'article 22.*

La nomination au poste d'inspecteur titulaire ne sera définitive qu'après un stage d'un an.

Les conditions d'admissibilité et le programme du concours pour l'emploi d'inspecteur ou d'inspectrice du travail dans l'industrie ont été fixés par l'arrêté ministériel du 22 décembre 1893, légèrement modifié en 1899.

Inspection départementale. — Le recrutement des inspecteurs et inspectrices départementaux du travail a lieu exclusivement par la voie du concours.

Nul n'est admis à concourir :

1° S'il ne justifie de la qualité de Français ;

2° S'il n'a accompli sa vingt-sixième année au moins et sa trente-cinquième année au plus au 1er janvier de l'année pendant laquelle a été pris l'arrêté ministériel ouvrant le concours. Aucune dispense d'âge n'est accordée.

Les concours ont lieu suivant les besoins du service ; le nombre des places mises au concours et la date des examens sont fixés par arrêté ministériel.

Cet arrêté fixe la date à laquelle les demandes d'admission doivent être parvenues au ministère du commerce, de l'industrie, des postes et des télégraphes.

Les demandes d'admission au concours doivent être accompagnées des pièces suivantes :

1° Une expédition authentique de l'acte de naissance du candidat et, s'il y a lieu, un certificat établissant qu'il possède la qualité de Français ;

2° Un certificat d'un médecin désigné par le préfet dans les départements, et par le préfet de police à Paris, et constatant que le candidat est d'une bonne constitution et exempt de toute infirmité le rendant impropre à faire un service actif ;

3° Un certificat de bonnes vie et mœurs et l'extrait du casier judiciaire ;

4° Une pièce constatant que le candidat a satisfait à la loi sur le recrutement ; en cas d'exemption, une pièce authentique en indiquant les causes ;

5° Une note signée du candidat et faisant connaître ses antécédents, ses titres et les études auxquelles il s'est livré, ainsi que ses domiciles successifs, s'il y a lieu ; et notamment la durée et la nature des emplois du candidat dans l'industrie comme ouvrier, contremaître, ingénieur ou patron avec l'indication des ateliers et établissements où il les a remplis ;

6° Les diplômes, brevets ou certificats qui auraient pu être délivrés au candidat ou des copies dûment certifiées de ces pièces ;

7° Si le candidat a appartenu ou appartient à un service public, un état certifié de ses services ; les candidats appartenant à l'instruction publique devront y joindre une pièce officielle constatant que leur engagement décennal est expiré ;

8° Enfin l'indication du centre de circonscription[1] dans lequel le candidat désire subir les épreuves écrites du concours.

---

(1) Paris, Tours, Dijon, Nancy, Lille, Rouen, Nantes, Bordeaux, Toulouse, Marseille et Lyon.

Le ministre du commerce, de l'industrie, des postes et des télégraphes arrête, après avis de la commission supérieure du travail, la liste des candidats admis à concourir.

Le même candidat ne peut pas être admis à plus de deux concours.

Le concours porte sur les matières suivantes :

ÉPREUVES ÉCRITES.

1° Une composition sur une question se rattachant aux lois réglementant le travail. Cette composition est également jugée au point de vue de la connaissance de la langue française ;

2° Une composition relative à l'hygiène industrielle ;

3° Une composition sur une question de mécanique industrielle.

Le programme des deux dernières épreuves est annexé ci-après.

ÉPREUVES ORALES.

Loi du 2 novembre 1892 sur le travail des enfants, des filles mineures et des femmes dans les établissements industriels et règlements d'administration publique rendus pour l'exécution de cette loi. (*Modifiée par la loi du 30 mars 1900.*)

Loi du 12 juin 1893, relative à l'hygiène et à la sécurité des travailleurs dans les établissements industriels et règlements d'administration publique rendus pour l'application de cette loi.

Loi du 9 septembre 1848, relative aux heures de travail dans les usines et manufactures, et règlements d'administration publique rendus pour l'exécution de cette loi. (*Modifiée par la loi du 30 mars 1900.*)

Loi du 16 février 1883, tendant à assurer l'application de la loi du 9 septembre 1848.

Loi du 4 mars 1851, relative aux contrats d'apprentissage.

Loi du 7 décembre 1874, relative à la protection des enfants employés dans les professions ambulantes.

Loi du 9 avril 1898, concernant les responsabilités des accidents dont les ouvriers sont victimes dans leur travail. (Art. 1, 11, 14 et 31.)

Éléments d'hygiène industrielle. (Voir *Annexe n° 1*, page 79.)

Éléments de mécanique générale et appliquée et mesures de précaution à prendre dans l'installation des ateliers. (Voir *Annexe n° 2*, page 80.)

Éléments de droit pénal relatifs à la répression des délits et des contraventions à la législation du travail. (Voir *Annexe n° 3*, page 81.)

Les épreuves orales comprennent trois interrogations : la première relative à la législation énumérée ci-dessus ; la seconde portant sur l'hygiène industrielle, et la troisième sur les éléments de mécanique générale et appliquée et les mesures de précaution à prendre dans l'installation des ateliers.

Les épreuves écrites sont éliminatoires. Nul ne peut être admis à subir les épreuves orales s'il n'a obtenu, pour l'ensemble des épreuves écrites, la moitié au moins du maximum de points tel qu'il a été fixé ci-après.

Pour les inspectrices, le concours sera distinct et ne portera pas sur les éléments de mécanique.

La valeur relative de chacune des compositions au point de vue de l'importance qu'elles présentent respectivement pour le service est fixée comme suit :

ÉPREUVES ÉCRITES.

Composition sur une question se rattachant aux lois réglementant le travail. 3
La même composition appréciée au point de vue de la connaissance de la langue française 2
Composition relative à l'hygiène industrielle 2
Composition sur les éléments de mécanique industrielle 2
      Total pour les épreuves écrites 9   9

ÉPREUVES ORALES.

Législation relative à la réglementation du travail, éléments de droit pénal. 3
Hygiène industrielle. 2
Mécanique industrielle 2
      Total pour les épreuves orales. 7   7

Le jury attribuera, en outre, à chaque candidat, une note dans laquelle il tiendra compte tant des antécédents de sa pratique industrielle, que des garanties qu'il présente pour exercer avec autorité les fonctions d'inspecteur ; cette note est cotée 4   4

      Ensemble. 20

Il est attribué à chacune des compositions et interrogations une note exprimée par des chiffres variant de 0 à 20 et ayant respectivement les significations suivantes :

0, néant.

1, 2, très mal.

3, 4, 5, mal.

6, 7, 8, médiocre.

9, 10, 11, passable.

12, 13, 14, assez bien.

15, 16, 17, bien.

18, 19, très bien.

20, parfait.

Chaque note est multipliée par le coefficient fixé plus haut. La somme des produits ainsi obtenue forme le nombre total des points pour l'ensemble des épreuves.

Nul ne peut être déclaré admissible s'il n'a obtenu à la fois plus du quart de chaque maximum partiel et un total d'au moins 65 p. 100 du maximum général, soit 260 points pour les inspecteurs et 208 points pour les inspectrices.

Si plusieurs candidats ont le même nombre total de points, la priorité est assurée à celui des candidats qui a obtenu le plus grand nombre de points pour la composition se rattachant à l'application des lois réglementant le travail.

Les épreuves écrites ont lieu à Paris, Tours, Dijon, Nancy, Lille, Rouen, Nantes, Bordeaux, Toulouse, Marseille et Lyon.

Les épreuves orales sont subies à Paris.

ANNEXES

Programmes.

Les correcteurs et examinateurs devront, pour toute question chimique ou mécanique, s'attacher plus au côté pratique des sujets qu'aux notions de pure théorie.

1° Éléments d'hygiène industrielle.

I. — ATMOSPHÈRE DU TRAVAIL.

Aérage et ventilation. — Dangers de l'air confiné. — Nécessité de l'aérage et de la ventilation. — Conditions et modes de leur établissement dans les ateliers industriels.

Vapeur, gaz et poussières mêlés à l'air. — Dangers, suivant leur nature, des vapeurs et gaz (irrespirables, irritants, toxiques). — Des poussières (minérales, végétales, animales). — Moyens divers d'atténuer ou d'enlever ces dangers suivant les cas (absorption ; ventilation générale ou spéciale, *per ascensum* ou *per descensum ;* hottes, cheminées d'appel, ventilateurs, désinfection).

Action de la chaleur et du froid. — Règles d'hygiène applicables.

II. — MATIÈRES MISES EN ŒUVRE.

Matières irritantes (acides, alcalis). — *Matières toxiques* (mercure, plomb, arsenic, phosphore, sulfure de carbone, etc.). — *Matières infectieuses et putrescibles* (chiffons, peaux, poils, etc.).

Industries principales qui les emploient.

Dangers de leur élaboration et de leur maniement. — Mesures spéciales de précaution pour les éviter ou s'en prémunir.

III. — HYGIÈNE GÉNÉRALE DES ÉTABLISSEMENTS INDUSTRIELS.

Conditions d'établissement, au point de vue hygiénique, des fosses d'aisances, — des évacuations d'eaux résiduaires, — des distributions d'eau potable. — Qualités que doit présenter l'eau potable.

Dispositions de nature à éviter les incendies et à prémunir contre leur propagation.

IV. — ACCIDENTS DU TRAVAIL.

Notions sur les accidents produits par les machines et mécanismes. — Brûlures. — Plaies simples ou contuses. — Plaies par arrachement. — Fractures.

Premiers soins à donner en cas d'accident.

2° Éléments de mécanique générale et appliquée et précautions à prendre dans l'installation des ateliers.

1. *Notions sommaires sur les objets suivants :*
Le levier, la poulie, le plan incliné, le treuil, les moufles et la vis.

Roulage et traînage. — Appareils de levage, monte-charge, freins.

Moteurs hydrauliques, à vapeur, à gaz, à pétrole, électriques. — Leurs principaux organes. — Principales machines-outils. — Arbres de transmission, courroies, engrenages, embrayages.

2. *Généralités sur la combustion.* — Fours, cheminées.

3. Mesures de protection contre les divers accidents des fabriques et notamment dans l'emploi des machines-outils et de l'électricité dynamique.

3° Éléments de droit pénal.

Du délit en général.

Distinction des crimes, délits et contraventions.

Action publique et action civile.

Police judiciaire. — Officiers de police judiciaire. — Procès-verbaux. — Instruction.

Des juridictions pénales. — Voies de recours.

Inspection divisionnaire. — Les inspecteurs divisionnaires sont nommés au choix parmi les inspecteurs départementaux appartenant au moins à la deuxième classe de leur grade.

DROIT DES INSPECTEURS. — PROCÈS-VERBAUX

ART. 20. — *Les inspecteurs et inspectrices ont entrée dans tous les établissements visés par l'article 1ᵉʳ ; ils peuvent se faire représenter le registre prescrit par l'article 10, les livrets, les règlements intérieurs, et, s'il y a lieu, le certificat d'aptitude physique mentionné à l'article 2.*

Les contraventions sont constatées par les procès-verbaux des inspecteurs et inspectrices, qui font foi jusqu'à preuve contraire.

Ces procès-verbaux sont dressés en double exemplaire, dont l'un est envoyé au préfet du département et l'autre déposé au parquet.

Les dispositions ci-dessus ne dérogent point aux règles du droit commun quant à la constatation et à la poursuite des infractions à la présente loi.

Le paragraphe 1ᵉʳ de l'article 20 donne aux inspecteurs

le droit d'entrer dans tous les établissements énumérés à l'article 1ᵉʳ.

Aux termes d'une lettre ministérielle du 1ᵉʳ février 1897, le droit pour les inspecteurs d'entrer directement dans les ateliers, sans être accompagnés d'un agent local, est incontestable, à la condition qu'ils soient toujours nantis de leur carte de service afin de pouvoir, à tout moment, justifier de leur identité. Mais ils ne doivent user de ce droit qu'avec ce tact et cet esprit de conduite qui ne peut qu'augmenter leur autorité morale et la valeur de leur intervention, en même temps que garantir l'efficacité des répressions, lorsqu'elles sont rendues nécessaires.

Les inspecteurs peuvent se faire représenter :

1° Le registre d'inscription des enfants de moins de dix-huit ans ;

2° Les livrets de ces mêmes enfants ;

3° Les certificats d'aptitude physique de ceux qui, étant pourvus du certificat d'études primaires, sont âgés de moins de treize ans ;

4° Enfin les règlements intérieurs de l'établissement.

L'examen du registre, des livrets et, s'il y a lieu, du certificat d'aptitude physique permet à l'inspecteur de constater si les prescriptions de l'article 2 sont bien observées.

La représentation des règlements intérieurs est aussi souvent très utile, afin de se rendre compte si certaines dispositions de ces règlements ne sont pas contraires aux prescriptions de la loi et, en particulier, au tableau régulier de l'emploi du temps, rédigé conformément aux obligations de l'article 3 sur la durée du travail.

Contraventions. — Les contraventions sont constatées par les procès-verbaux des inspecteurs qui font foi jusqu'à preuve contraire.

Les procès-verbaux doivent être rédigés avec beaucoup de soin et en double exemplaire dont l'un est envoyé au préfet du département et l'autre déposé au parquet. Après avoir mentionné chaque contravention et rappelé l'article qui s'y rapporte, l'inspecteur donne des explications sommaires sur les incidents et reproduit les explications fournies par l'industriel.

Les procès-verbaux dressés par les inspecteurs doivent être visés pour timbre et enregistrés dans les quatre jours de leur clôture. L'enregistrement a lieu en débet. L'inspecteur qui aurait négligé de remplir cette formalité dans le délai fixé serait passible d'une amende. L'enregistrement peut être fait soit au bureau de la résidence de l'inspecteur, soit au bureau du lieu où la contravention a été constatée. (Circulaire ministérielle du 29 septembre 1894.)

En cas de récidive, il est indispensable de rappeler les dates du procès-verbal et du jugement précédents. A l'occasion de leurs procès-verbaux, les inspecteurs peuvent être appelés en témoignage devant les tribunaux. Dans ce cas, ils doivent réclamer les frais de déplacement que l'on a coutume d'allouer aux témoins. Si ces frais sont inférieurs à ceux auxquels ils ont droit d'après le tarif des tournées d'inspection, les inspecteurs font parvenir au ministre un état spécial en double exemplaire, afin que le complément des dépenses puisse leur être remboursé.

Les parquets doivent informer les inspecteurs des suites données aux procès-verbaux. En vertu de la circulaire du 30 octobre 1895, une formule imprimée est annexée à chacun des procès-verbaux transmis aux parquets.

Ces bulletins mentionnent le numéro du procès-verbal, le tribunal compétent, le nom et la qualité du rédacteur du procès-verbal, le nom et les prénoms du délinquant, ses profession et résidence, la nature de l'infraction et la date du procès-verbal.

Cette première partie de la formule est remplie par l'inspecteur divisionnaire qui appose sa signature au bas du bulletin. Le magistrat faisant fonctions de ministère public près le tribunal de simple police ou près le tribunal correctionnel, suivant les cas, n'a qu'à le renvoyer en indiquant la *date* et le *dispositif* du jugement et en spécifiant s'il est *dé-finitif* ou s'il y a *eu appel*. (Circulaire ministérielle du 30 octobre 1895.)

Lorsqu'il s'agit d'une décision importante ou fixant un point de jurisprudence, les inspecteurs doivent, aux termes des instructions générales du 19 décembre 1892, se faire délivrer et adresser au ministre une copie.

Cette copie est fournie sur papier libre, mais il est dû aux greffiers les droits d'expédition qui sont, dans ce cas, remboursés aux inspecteurs sur état spécial fourni en double exemplaire.

Les dispositions du deuxième paragraphe de l'article 20 ne dérogent point aux règles de droit commun quant à la constatation et à la poursuite des infractions à la loi du 2 novembre 1892. On a entendu par là que l'officier de police judiciaire a qualité pour relever les contraventions à la loi du 2 novembre 1892 au même titre que les inspecteurs du travail.

Les inspecteurs du travail ne peuvent dresser procès-verbal que pour les contraventions aux lois dont ils sont spécialement chargés d'assurer l'application ; les poursuites pour blessures par imprudence appartiennent exclusivement aux parquets. Par conséquent, il peut y avoir intérêt à ce que l'autorité judiciaire fasse une enquête à la suite d'un accident, même après celle de l'inspecteur et, réciproquement, une instruction ouverte pour blessures par imprudence ne doit pas empêcher un inspecteur de rechercher s'il y a ou non contravention à la loi du 2 novembre 1892 ou à celle du 12 juin 1893. (Lettre ministérielle du 16 avril 1894.)

STATISTIQUE DES CONDITIONS DU TRAVAIL

ART. 21. — *Les inspecteurs ont pour mission, en dehors de la surveillance qui leur est confiée, d'établir la statis-*

tique des conditions du travail industriel dans la région qu'ils sont chargés de surveiller.

Un rapport d'ensemble résumant ces communications sera publié tous les ans par les soins du ministre du commerce et de l'industrie.

L'article 21 confie aux inspecteurs le soin d'établir la statistique des conditions du travail industriel dans le milieu qu'ils sont chargés de surveiller.

Ces statistiques faites exactement sont nécessaires pour éclairer l'administration centrale, lors de la préparation des règlements ou décrets relatifs à la réglementation du travail.

COMMISSION SUPÉRIEURE DU TRAVAIL DANS L'INDUSTRIE

Art. 22. — *Une commission supérieure, composée de neuf membres, dont les fonctions sont gratuites, est établie auprès du ministre du commerce et de l'industrie. Cette commission comprend deux sénateurs, deux députés élus par leurs collègues et cinq membres nommés pour une période de quatre ans par le Président de la République.*

Elle est chargée :

1° De veiller à l'application uniforme et vigilante de la présente loi ;

2° De donner son avis sur les règlements à faire et généralement sur les diverses questions intéressant les travailleurs protégés ;

3° Enfin, d'arrêter les conditions d'admissibilité des candidats à l'inspection divisionnaire et départementale, et le programme du concours qu'ils devront subir.

Les inspecteurs divisionnaires nommés en vertu de la loi du 19 mai 1874, et actuellement en fonctions, seront répartis entre les divers postes d'inspecteurs divisionnaires et d'inspecteurs départementaux établis en exécution de la présente loi, sans être assujettis à subir le concours.

Les inspecteurs départementaux pourront être conservés sans subir un nouveau concours.

La commission supérieure du travail instituée auprès du ministre par l'article 22 a trois sortes d'attributions.

Elle est chargée de veiller à l'application uniforme et vigilante de la loi du 2 novembre 1892. Comme corollaire de cette haute surveillance, le président de la commission supérieure doit adresser chaque année au Président de la République un rapport général sur les résultats de l'inspection et sur les faits relatifs à l'exécution de ladite loi.

En second lieu, la commission supérieure doit donner son avis sur les diverses questions intéressant les travailleurs protégés. Ces avis doivent être obligatoirement demandés, notamment pour les règlements d'administration publique prévus dans la présente loi; mais ils sont purement consultatifs et ne lient en aucune façon l'autorité gouvernementale qui n'est pas tenue de s'y conformer.

Enfin, la troisième sorte d'attributions constitue un pouvoir propre de la commission supérieure. Elle seule a le droit d'arrêter les conditions d'admissibilité à l'inspection divisionnaire et départementale, et le programme du concours à subir.

RAPPORT ANNUEL DE LA COMMISSION SUPÉRIEURE DU TRAVAIL

Art. 23. — *Chaque année, le président de la commission supérieure adresse au Président de la République un rapport général sur les résultats de l'inspection et sur les faits relatifs à l'exécution de la présente loi.*

Ce rapport doit être, dans le mois de son dépôt, publié au Journal officiel.

Les rapports de la commission supérieure du travail ont fait, depuis 1893, l'objet de volumes annuels très intéressants. Ces volumes, publiés par le Ministère du commerce et de l'industrie, renferment aussi les rapports de MM. les inspecteurs divisionnaires du travail et de MM. les ingénieurs en chef des mines.

COMMISSION DÉPARTEMENTALE DU TRAVAIL

ART. 24. — *Les conseils généraux devront instituer une ou plusieurs commissions chargées de présenter, sur l'exécution de la loi et les améliorations dont elle serait susceptible, des rapports qui seront transmis au ministre et communiqués à la commission supérieure.*

Les inspecteurs divisionnaires et départementaux, les présidents et vice-présidents du conseil de prud'hommes du chef-lieu ou du principal centre industriel du département et, s'il y a lieu, l'ingénieur des mines, font partie de droit de ces commissions dans leurs circonscriptions respectives.

Les commissions locales instituées par les articles 20, 21 et 22 de la loi du 19 mai 1874 sont abolies.

Les attributions et les fonctions des commissions prévues au paragraphe 1er ont été limitativement fixées par l'article 24. Elles consistent à présenter des rapports sur l'exécution de la loi et les améliorations dont elle est susceptible.

C'est au conseil général qu'il appartient d'apprécier s'il convient de créer une ou plusieurs commissions pour l'ensemble du département. La loi n'a pas déterminé le nombre des membres de chacune de ces commissions, ni comment ces membres seraient nommés. Dès lors, c'est au conseil général à en choisir les membres autres que les membres de droit, à fixer leur nombre et à limiter la durée de leurs pouvoirs.

Chaque inspecteur divisionnaire est membre de droit de toutes les commissions départementales fonctionnant dans sa circonscription ; il en est de même d'un inspecteur départemental qui est chargé de plusieurs départements ou dans la circonscription duquel, même si elle n'est formée que d'un seul département ou d'une partie de département, le conseil général a créé plusieurs commissions départementales. En revanche, lorsqu'un département possédant plusieurs inspecteurs et inspectrices départementaux n'a qu'une seule commission, tous les inspecteurs et inspectrices font de droit partie de cette commission.

D'autre part, dans les départements possédant plusieurs conseils de prud'hommes, dont l'un au chef-lieu, et une seule commission départementale du travail, ce sont les président et vice-présidents du conseil de prud'hommes du chef-lieu qui feront partie de droit de cette commission.

Lorsque plusieurs conseils de prud'hommes existeront simultanément dans une même ville, s'il y a une seule commission départementale, tous les présidents et vice-présidents des conseils de prud'hommes en feront partie ; s'il y a plusieurs commissions, le conseil général répartira les présidents et vice-présidents des conseils de prud'hommes dans ces commissions, à condition toutefois que chacune d'elles comprenne un président et un vice-président de conseil de prud'hommes. (Instructions générales du 20 décembre 1892 adressées aux préfets.)

Dans une circulaire du 30 octobre 1895, M. le ministre du commerce et de l'industrie a prié les préfets de signaler à l'attention des conseils généraux l'intérêt qu'il attache à ce que les prescriptions de l'article 24 de la loi du 2 novembre 1892 reçoivent leur exécution. Il a, en outre, insisté sur la nécessité qui s'impose d'appeler dans les commissions, si on veut qu'elles remplissent le but de leur institution, des hommes ayant acquis une compétence éprouvée par la pratique des choses industrielles et l'étude des questions concernant le travail.

Pour obtenir des commissions départementales du travail une action réellement utile il convient d'y faire entrer, à côté des membres de droit et des hygiénistes, un certain nombre de représentants des associations patronales et ouvrières (Chambres de commerce, Bourses de travail, syndicats professionnels). La loi du 2 novembre 1892 étant une loi de protection ouvrière et les commissions départementales du travail ayant pour objet de faire des rapports sur son exécution et d'exprimer des vœux sur les améliorations dont elle serait susceptible, il est juste qu'ouvriers et patrons y soient représentés par un nombre égal de mandataires (Circulaire ministérielle du 17 août 1899.)

Les commissions départementales du travail sortiraient de leur rôle en s'érigeant en juges de la conduite des inspecteurs du travail ; elles ont été instituées à titre purement consultatif. Ainsi que l'indique l'article 24 de la loi de 1892, si elles peuvent prêter un concours utile à l'administration en lui présentant des vœux sur les modifications qu'il leur semblerait nécessaire d'apporter à la législation, elles ne sauraient, en aucun cas, s'arroger le droit de discuter les instructions ministérielles et d'en surveiller l'application. (Lettres ministérielles des 22 mars, 13 septembre et 16 novembre 1897.)

Les inspecteurs du travail, qui sont membres de droit des commissions départementales, y ont voix délibérative comme tous les autres membres. Il pourra se présenter telle circonstance où il sera préférable que les inspecteurs personnellement intéressés dans la question en discussion ne prennent pas part au vote, et il est certain qu'ils sauront s'abstenir quand il le faudra ; mais il y a lieu de s'en remettre à eux du soin d'apprécier l'attitude qu'il convient d'observer, en pareille occurrence, sans qu'on ait à leur tracer de ligne de conduite à cet égard. (Lettre ministérielle du 14 octobre 1899.)

COMITÉS DE PATRONAGE

ART. 25. — *Il sera institué dans chaque département des comités de patronage ayant pour objet :*

1° La protection des apprentis et des enfants employés dans l'industrie ;

2° Le développement de leur instruction professionnelle.

Le conseil général, dans chaque département, détermi-nera le nombre et la circonscription des comités de patro-nage, dont les statuts seront approuvés, dans le département de la Seine, par le ministre de l'intérieur et le ministre du commerce et de l'industrie, et par les préfets dans les autres départements.

Les comités de patronage seront administrés par une commission composée de sept membres, dont quatre seront nommés par le conseil général et trois par le préfet.

Ils sont renouvelables tous les trois ans. Les membres sortants pourront être appelés de nouveau à en faire partie.

Leurs fonctions sont gratuites.

Il n'était pas absolument besoin d'une disposition législative pour que les comités de patronage puissent être créés par l'initiative privée et, en fait, sous le régime de la loi du 19 mai 1874, qui était muette à leur égard, plusieurs comités de cette nature ont fonctionné. Mais le législateur a pensé qu'en pareille matière, l'initiative privée est parfois un peu lente et que, pour activer le développement d'institutions aussi utiles, il n'est pas superflu de faire appel à l'action des pouvoirs publics.

La coexistence dans une même ville ou dans un arrondissement de plusieurs comités de patronage doit être subordonnée, d'après la lettre ministérielle du 30 avril 1898, à une condition *sine qua non,* c'est que la protection de ces comités, quelle que soit la classification adoptée, s'étende à tous les enfants employés dans toutes les industries de cette ville ou de cet arrondissement. Il ne serait pas possible de limiter leur tutelle aux apprentis d'une ou plusieurs branches de la production, à l'industrie de la laine, par exemple, comme on se proposait de le faire dans une certaine région.

Un inspecteur peut faire partie de la commission directrice des comités de patronage, prévue par l'article 25 de la loi du 2 novembre 1892 ; s'il n'est pas membre de la commission, il peut se rendre aux séances auxquelles il est invité à assister. (Lettre ministérielle du 10 mars 1898.)

PÉNALITÉS

ART. 26. — *Les manufacturiers, directeurs ou gérants d'établissements visés dans la présente loi, qui auront contrevenu aux prescriptions de ladite loi et des règlements d'administration publique relatifs à son exécution, seront poursuivis devant le tribunal de simple police et passibles d'une amende de 5 à 15 fr.*

L'amende sera appliquée autant de fois qu'il y aura de personnes employées dans des conditions contraires à la présente loi.

Toutefois, la peine ne sera pas applicable si l'infraction à la loi a été le résultat d'une erreur provenant de la production d'actes de naissance, livrets ou certificats contenant de fausses énonciations ou délivrés pour une autre personne.

Les chefs d'industrie seront civilement responsables des condamnations prononcées contre leurs directeurs ou gérants.

Taux de l'amende. — Trois arrêts de la Cour de cassation en date des 12 juillet 1894, 9 novembre 1895 et 20 février 1897 ont annulé des jugements qui abaissaient au-dessous de 5 fr. le chiffre de l'amende dont le taux légal est fixé de 5 à 15 fr. par l'article 26.

Cumul des peines. — L'amende doit être appliquée autant de fois qu'il y a de personnes employées dans des dispositions contraires à la loi.

Cette disposition a été précisée dans les cas suivants :

La prohibition du cumul des peines est inapplicable aux contraventions de simple police. Il existe deux contraventions par le fait : 1° de ne pas inscrire sur un livret la date

de l'entrée dans l'atelier d'une ouvrière âgée de moins de
dix-huit ans; 2° de ne pas mentionner sur le registre à ce
destiné les indications relatives à cette mineure. (Arrêt de
la Cour de cassation du 9 novembre 1895 cassant un juge·
ment du tribunal de simple police de Besançon en date du
21 juin 1895.)

Lorsqu'il est relevé des infractions pour un travail excédant la durée quotidienne légale, le nombre des amendes
partielles à additionner pour former l'amende totale se détermine seulement par le nombre de personnes soumises à
un emploi irrégulier et non par le nombre de journées où la
contravention s'est reproduite à l'égard du même ouvrier.
(Arrêt de la Cour de cassation du 31 mars 1898.)

Le chef d'industrie, qui a commis des contraventions à la
loi du 2 novembre 1892, doit encourir autant de condamnations qu'il y a d'infractions commises, et il faut envisager,
pour prononcer les peines, non seulement le nombre des
enfants, mais aussi le nombre des contraventions constatées.
(Tribunal de simple police de Troyes, jugement du 29 décembre 1893.)

En cas d'infraction aux dispositions de l'article 16 de la
loi du 2 novembre 1892, l'amende doit être appliquée autant de fois qu'il y a de témoins, d'acteurs ou de victimes.
(Tribunal de simple police de Saint-Chamond, jugement du
2 janvier 1896.)

Il y a lieu d'assimiler comme infraction à la loi du 2 novembre 1892, l'emploi d'un enfant âgé de moins de 12 ans
et celui d'un enfant de 12 à 13 ans non munis de certificats
réglementaires; il n'y a, dans les deux cas, que trois contraventions : 1° emploi d'un enfant avant l'âge prescrit par la
loi; 2° défaut du livret; 3° défaut d'inscription. (Lettre ministérielle du 8 octobre 1895.)

Exception de bonne foi. — Le troisième paragraphe
édicte que la peine ne sera pas applicable si l'infraction à la
loi a été le résultat d'une erreur provenant de la production

d'actes de naissance, livrets ou certificats provenant de fausses énonciations ou délivrés par une autre personne.

Dans ce cas, la bonne foi de l'industriel a été surprise et il est juste que sa responsabilité ne soit pas en jeu. Ce sont les auteurs des falsifications qui doivent être punis en tombant sous le coup des articles 150 et 158 du Code pénal.

Responsabilité civile. — Les chefs d'industrie sont civilement responsables des condamnations prononcées contre leurs directeurs ou gérants.

La loi du 2 novembre 1892 n'a pas dérogé au principe que toute peine est personnelle et ne peut atteindre que l'auteur du fait incriminé. L'accusé qui, chargé exclusivement du placement et de la vente des produits de la Société, et constamment éloigné des ateliers et de l'usine, n'a concouru ni par son fait, ni par sa négligence aux infractions commises contre la loi précitée, ne saurait en être déclaré pénalement responsable ; il ne peut être prononcé contre lui d'autre responsabilité que la responsabilité civile édictée par l'article 26, paragraphe 4 de ladite loi. (Tribunal de simple police de Paris, jugement du 16 février 1895.)

L'article 26, bien qu'il ne soumette sous la dénomination de manufacturiers, directeurs ou gérants, à la responsabilité pénale des contraventions commises au cours de travail que les chefs immédiats du service où ces infractions ont eu lieu, ne fait pas obstacle à ce que, à défaut d'agents intermédiaires de la qualité qu'il précise, cette même responsabilité se confonde avec la responsabilité civile sur la tête du chef d'industrie. (Cour de cassation, arrêt du 8 mai 1897.)

RÉCIDIVE

Art. 27. — En cas de récidive, le contrevenant sera poursuivi devant le tribunal correctionnel et puni d'une amende de 16 fr. à 100 fr.

Il y a récidive lorsque, dans les douze mois antérieurs au fait poursuivi, le contrevenant a déjà subi une condamnation pour une contravention identique.

En cas de pluralité de contraventions entraînant ces peines de la récidive, l'amende sera appliquée autant de fois qu'il aura été relevé de nouvelles contraventions.

Les tribunaux correctionnels pourront appliquer les dispositions de l'article 463 du Code pénal sur les circonstances atténuantes, sans qu'en aucun cas l'amende, pour chaque contravention, puisse être inférieure à 5 fr.

Par ces mots « contravention identique », le législateur a voulu indiquer que la contravention nouvelle devait, pour constituer la récidive, être de même nature que celle précédemment poursuivie ; ainsi, par exemple, un industriel emploie dans ses ateliers un enfant âgé de moins de treize ans, il est poursuivi et condamné pour ce fait ; dans les douze mois de la première condamnation, l'inspecteur trouve de nouveau dans la même usine un enfant n'ayant pas l'âge prescrit par la loi ; il y a récidive, sans que pour cela il soit nécessaire que l'enfant soit celui qui avait motivé le premier procès-verbal. Cet exemple, emprunté au savant commentaire de la loi du 2 novembre 1892 de M. Bouquet, montre qu'on doit considérer comme identiques des contraventions à la même prescription de la loi, même quand elles se sont produites dans des conditions différentes.

Il peut se faire qu'un inspecteur ait à relever en même temps, dans une usine, des contraventions constatées pour la première fois et d'autres constituant la récidive et étant, par conséquent, de la compétence d'une juridiction différente. Conformément à l'avis émis par la Commission supérieure, il ne doit pas être fait deux procès-verbaux distincts ; un seul procès-verbal doit relever à la fois les contraventions constituant la récidive et les autres ; le procureur de la République appréciera la suite à donner.

Pour les contraventions en récidive, il est indispensable

de rappeler les dates du procès-verbal et du jugement précédents. (Instructions générales du 19 décembre 1892.)

Le tribunal correctionnel est compétent toutes les fois que la citation donnée par le ministère public relève contre le prévenu un délit contraventionnel, lequel, s'il était établi, entraînerait condamnation à une peine correctionnelle. Au sens de la loi du 2 novembre 1892 sur le travail des femmes et des enfants dans les manufactures, il n'y a récidive qu'autant qu'une contravention antérieure a été prononcée pour une contravention identique à celle dont la justice est saisie. En pareil cas, le tribunal, après avoir constaté que le délit de récidive n'existe pas, peut prononcer pour contravention des peines de simple police. (Tribunal correctionnel de Toulouse, jugement du 29 juin 1893.)

AFFICHAGE ET INSERTION DU JUGEMENT

ART. 28. — *L'affichage du jugement peut, suivant les circonstances et en cas de récidive seulement, être ordonné par le tribunal de police correctionnelle.*

Le tribunal peut également ordonner, dans le même cas, l'insertion du jugement aux frais du contrevenant dans un ou plusieurs journaux du département.

L'affichage du jugement et son insertion dans les journaux sont une conséquence facultative de la récidive, en dehors du changement de juridiction et de l'augmentation de la peine qui en sont les conséquences obligatoires.

OBSTACLE A L'ACCOMPLISSEMENT DES DEVOIRS DES INSPECTEURS

ART. 29. — *Est puni d'une amende de 100 à 500 fr. quiconque aura mis obstacle à l'accomplissement des devoirs d'un inspecteur.*

En cas de récidive, l'amende sera portée de 500 à 1,000 francs.

L'article 463 du Code pénal est applicable aux condamnations prononcées en vertu de cet article.

L'obstacle à l'accomplissement des devoirs d'un inspecteur peut être caractérisé par tout acte, toute résistance, même passive, qui est de nature à entraver l'exercice de l'inspection.

Le refus de laisser pénétrer dans l'établissement les fonctionnaires de l'inspection est évidemment un obstacle tombant sous le coup de l'article 29. C'est ainsi que par un jugement du tribunal correctionnel de Marseille en date du 11 juin 1895, le contrôleur général d'un théâtre qui, en l'absence du directeur, avait refusé l'entrée à l'inspecteur, fut condamné à 16 fr. d'amende. Le même tribunal condamnait, le 18 juin suivant, un patron qui avait refusé de laisser entrer l'inspecteur du travail dans le salon d'essayage dépendant d'un atelier de couture.

On peut dire encore qu'il y a obstacle à l'accomplissement des devoirs d'un inspecteur : 1º quand on lui refuse communication du registre d'inscription ou de documents de même nature dont il a besoin pour se renseigner exactement ; 2º quand on fait disparaître des enfants n'ayant pas l'âge réglementaire ; 3º quand on lui fait une déclaration fausse qui l'empêche de remplir sa mission.

RÈGLEMENTS D'ADMINISTRATION PUBLIQUE

Art. 30. — *Les règlements d'administration publique nécessaires à l'application de la présente loi seront rendus après avis de la Commission supérieure du travail et du Comité consultatif des arts et manufactures.*

Le Conseil général des mines sera appelé à donner son avis sur les règlements prévus en exécution de l'article 9.

Aux termes de l'article 30, la Commission supérieure du

travail et le Comité consultatif des arts et manufactures doivent être obligatoirement consultés lors de l'élaboration des règlements d'administration publique prévus par la loi du 2 novembre 1892 ou lorsqu'il y a lieu d'apporter certaines modifications à ces règlements.

Pour les règlements prévus à l'article 9, relatif aux travaux souterrains, il est nécessaire de prendre l'avis du Conseil général des mines.

ENFANTS PLACÉS EN APPRENTISSAGE

Art. 31. — *Les dispositions de la présente loi sont applicables aux enfants placés en apprentissage et employés dans un des établissements visés à l'article 1er.*

Il résulte de l'article 31 que les dispositions de la loi du 4 mars 1851 sur les contrats d'apprentissage sont abrogées dans tout ce qu'elles ont de contraire à la loi du 2 novembre 1892.

CHAPITRE II

COMMENTAIRE DU DÉCRET-LOI
DU 9 SEPTEMBRE 1848

Avec l'addition apportée par la loi du 30 mars 1900

DURÉE DU TRAVAIL DES ADULTES

ART. 1er. — *La journée de l'ouvrier dans les manufactures et usines ne pourra pas excéder douze heures de travail effectif.*

DISPOSITIONS AJOUTÉES PAR L'ARTICLE 2 DE LA LOI DU 30 MARS 1900. — *Toutefois, dans les établissements énumérés dans la loi du 2 novembre 1892 qui emploient dans les mêmes locaux des hommes adultes et des personnes visées par ladite loi, la journée de ces ouvriers ne pourra excéder onze heures de travail effectif.*

Dans le cas du paragraphe précédent, au bout de deux ans à partir de la promulgation de la présente loi, la journée sera réduite à dix heures et demie et, au bout d'une nouvelle période de deux ans, à dix heures.

Sens des mots « usines et manufactures ». — Le législateur de 1848 a entendu désigner par « usines et manufactures » les établissements qui étaient à cette époque soumis à la loi du 22 mars 1841 sur le travail des enfants, c'est-à-dire : 1° tous les établissements à moteur mécanique ou à feu continu et leurs dépendances ; 2° toute fabrique occupant plus de vingt ouvriers réunis en atelier. (Circulaire ministérielle du 25 novembre 1885.)

D'autre part, il résulte d'un arrêt de la Cour d'appel de Paris du 12 décembre 1895 que si, en visant exclusivement les « usines et manufactures », la loi du 9 septembre 1848 a donné à la disposition qu'elle édictait une portée restrictive, elle a entendu néanmoins y comprendre tous les établissements clos et couverts où s'exerce une industrie et que leur importance ne permet pas de considérer comme des ateliers domestiques. Spécialement, rentre dans cette acception une fabrique de salaisons dans laquelle un nombre considérable d'ouvriers sont occupés simultanément à la fabrication de produits à l'aide d'un moteur mécanique actionnant plusieurs machines-outils.

Disposition ajoutée par l'article 2 de la loi du 30 mars 1900. — La loi du 30 mars 1900 a ajouté à l'article 1er de la loi du 9 septembre 1848 les dispositions suivantes :

« Toutefois, dans les établissements énumérés dans l'article 1er de la loi du 2 novembre 1892 qui emploient dans les mêmes locaux des hommes adultes et des personnes visées par ladite loi, la journée de ces ouvriers ne pourra excéder onze heures de travail effectif.

« Dans le cas du paragraphe précédent, au bout de deux ans à partir de la promulgation de la présente loi, la journée sera réduite à dix heures et demie et, au bout d'une nouvelle période de deux ans, à dix heures. »

Il résulte de ce texte que la réduction de la journée de travail des ouvriers adultes ne constitue pas la seule modification apportée à la loi de 1848. Cette loi ne réglait la durée du travail que dans les manufactures et les usines (établissements pourvus d'un moteur mécanique ou occupant plus de vingt ouvriers réunis en atelier) ; la loi du 30 mars étend la réglementation nouvelle à tous les établissements visés par la loi du 2 novembre 1892, qui occupent à la fois des hommes et des femmes ou des enfants. Les ateliers, chantiers, etc., et leurs dépendances se trouvent donc atteints par cette réglementation. Seuls, les ateliers qui ne possèdent pas de moteur mécanique ou n'emploient pas plus de vingt ouvriers réunis en atelier échappent à toute limitation légale de la journée de travail. Quant aux manufactures qui n'occupent aussi que des hommes, elles continuent à être régies par le premier paragraphe de l'article 1er de la loi du 9 septembre 1848, qui fixe à douze heures la durée du travail journalier des adultes.

Il faut remarquer que c'est seulement dans les établissements qui occupent des hommes et des femmes ou dès enfants *dans les mêmes locaux,* qu'est réglementée la durée du travail des adultes. Voici le commentaire que le rapport soumis à la Chambre des députés, le 27 mars, donne de cette expression :

« Que veut dire « dans les mêmes locaux »? S'agit-il d'une salle unique? Suffira-t-il d'une cloison pour que les locaux soient différents? Sera-t-on dans les mêmes locaux lorsqu'on travaillera à des étages différents d'une même maison? Seul, l'esprit général dans lequel est conçue la loi doit nous fixer à cet égard, et il nous semble qu'on doit entendre par « mêmes locaux », non seulement ceux où se fait un travail en commun du personnel protégé, mais tous ceux qui servent de lieu de travail à toute industrie où tous les efforts sont combinés pour concourir à une même production. »

Cette définition, que le Gouvernement a faite sienne à la tribune de la Chambre des députés, devra servir de critérium quand il s'agira de décider s'il y a lieu d'appliquer la loi. Toutes les fois que dans un même bâtiment, sous un même toit, ou sur un même emplacement, des hommes et des femmes ou des enfants collaboreront au même travail, ils devront être soumis à une règle commune, quels que soient la place, la salle ou l'étage où ils se trouvent. (Circulaire ministérielle du 17 mai 1900.)

Entrée, sortie et repos aux mêmes heures. — Il résulte d'un arrêt de la Cour de cassation du 26 janvier 1901 que les ouvriers adultes employés dans les établissements à personnel mixte sont, comme les jeunes ouvriers et ouvrières et les femmes, au nombre des personnes qui, protégées par la loi du 30 mars 1900, doivent, aux termes de l'article 1er de cette loi modifiant l'article 3 de la loi de 1892, être au repos non seulement pendant le même nombre d'heures, mais aux mêmes heures, c'est-à-dire que les adultes travaillant dans les mêmes locaux que des femmes ou des enfants doivent entrer, sortir et se reposer aux mêmes heures que ces femmes et ces enfants.

Dérogations. — La loi de 1892 prévoit, en ce qui concerne l'interdiction du travail de nuit, l'obligation du repos hebdomadaire et la limitation de la durée de travail, des dérogations, les unes temporaires, les autres permanentes, en faveur d'industries qu'ont désignées des règlements d'administration publique. La loi nouvelle n'ayant pas abrogé ces dérogations, elles demeurent par là même en vigueur, ainsi que les règlements d'administration publique rendus pour leur exécution. Mais à propos des dérogations qu'autorise l'article 7 de la loi de 1892, on s'est demandé si la durée du travail des adultes, se trouvant aujourd'hui ramenée, dans les établissements à personnel mixte, aux mêmes limites que celles des enfants et des femmes, ces dérogations admises au profit des uns ne devraient pas aussi être appliquées aux autres. La simultanéité du travail doit, en effet, logiquement entraîner une similitude complète de traitement pour toutes les catégories de travailleurs. Les adultes, lorsqu'ils bénéficient de la même réglementation que leurs auxiliaires habituels, doivent donc être soumis aux mêmes exceptions.

Équipe d'adultes travaillant la nuit. — Il résulte d'une lettre ministérielle, en réponse aux questions posées au sujet de l'application de la loi du 30 mars 1900, qu'une équipe, composée exclusivement d'adultes travaillant de nuit, n'est soumise qu'à la réglementation du paragraphe 1er de la loi du 9 septembre 1848 et peut, en conséquence, travailler pendant douze heures.

EXCEPTIONS

ART. 2. — *Des règlements d'administration publique détermineront les exceptions qu'il sera nécessaire d'apporter à la disposition générale du premier paragraphe de l'article 1er, à raison de la nature des industries ou des causes de force majeure.*

Les exceptions prévues ont été déterminées par le décret du 17 mai 1851, modifié par les décrets des 31 janvier 1866, 3 avril 1889 et 10 décembre 1899, et dont la teneur suit :

Article 1er. — Ne sont point comprises dans la limite de durée du travail fixée par la loi du 9 septembre 1848 les industries ci-après déterminées :

Travail des ouvriers employés à la conduite des fourneaux, étuves, sécheries ou chaudières à débouillir, lessiver ou aviver ;

Travail des chauffeurs attachés au service des machines à vapeur, des ouvriers employés à allumer les feux avant l'ouverture des ateliers, des gardiens de nuit ;

Travaux de décatissage ;

Fabrication et dessiccation de la colle forte ;

Chauffage dans les fabriques de savon ;

Mouture des grains ;

Imprimeries typographiques et imprimeries lithographiques ;

Fonte, affinage, étamage, galvanisation de métaux ;

Fabrication de projectiles de guerre, et tous travaux exécutés dans l'intérêt de la sûreté et de la défense nationales sur l'ordre du Gouvernement constatant expressément la nécessité de la dérogation (1).

---

(1) Le décret du 17 mai 1851 ne portait que les mots « Fabrication de projectiles de guerre ». Celui du 3 avril 1889 avait ajouté tous les travaux exécutés sur l'ordre du Gouvernement dans l'intérêt de la sûreté et de la défense nationales. Un 3e décret en date du 10 décembre 1899 est venu exiger que la

Art. 2. — Sont également exceptés de la disposition de l'article 1 de la loi du 9 septembre 1848 :

1° Le nettoiement des machines à la fin de la journée ;

2° Les travaux que rendent immédiatement nécessaires un accident arrivé à un moteur, à une chaudière, à l'outillage ou au bâtiment même d'une usine, ou tout autre cas de force majeure.

Art. 3. — La durée du travail effectif peut être prolongée au delà de la limite légale :

1° D'une heure à la fin de la journée du travail, pour le lavage et l'étendage des étoffes dans les teintureries, blanchisseries et dans les fabriques d'indiennes ;

2° De deux heures dans les fabriques et raffineries de sucre, et dans les fabriques de produits chimiques ;

3° De deux heures pendant cent vingt jours ouvrables par année, au choix des chefs d'établissements, dans les usines de teinturerie sur étoffes, d'apprêt d'étoffes et de pressage ;

4° D'une heure par jour pendant soixante jours, du 1er mai au 1er septembre, dans les ateliers de filature de soie (1).

Art. 4. — Tout chef d'usine ou de manufacture qui voudra user des exceptions autorisées par le dernier paragraphe de l'article 3 sera tenu de faire savoir préalablement à l'inspecteur divisionnaire du travail dans l'industrie (2) les jours pendant lesquels il se propose de donner au travail une durée exceptionnelle.

------

nécessité de la dérogation soit expressément constatée sur l'ordre du Gouvernement. Il résulte du texte actuel et de la circulaire ministérielle du 25 janvier 1900 que les industriels, pour bénéficier de l'exception inscrite dans le décret du 3 avril 1889, doivent :

1° Produire, avec les marchés passés par eux avec les départements de la guerre et de la marine ou les lettres de commande, une attestation de ces Administrations constatant la nécessité de faire des heures supplémentaires ;

2° Justifier que les objets fabriqués sont bien ceux commandés par le Gouvernement et que, d'autre part, les ouvriers qu'ils emploient pendant plus de douze heures par jour dans ce but ne sont occupés, à aucun moment de la journée, à la fabrication d'autres objets.

(1) La prolongation au delà de la limite légale d'une heure par jour pendant 60 jours du 1er mai au 1er septembre, dans les ateliers de filature de soie, fut autorisée par le décret du 31 janvier 1866.

(2) L'article 4 du décret du 17 mai 1851 était ainsi conçu : « Tout chef d'usine ou de manufacture qui voudra user des exceptions autorisées par le dernier paragraphe de l'article 3 sera tenu de faire savoir préalablement au préfet par l'intermédiaire du maire, qui donnera récépissé de la déclaration, les jours pendant lesquels il se propose de donner au travail une durée exceptionnelle. » Cette disposition promulguée à une époque où le service de l'inspection du travail n'existait pas encore était rarement suivie d'exécution. De plus les préfets ne se conformaient pas toujours à la circulaire du 3 décembre 1884

Réforme du décret du 17 mai 1851. — Le Comité
consultatif des arts et manufactures vient de donner son
avis sur le projet de décret suivant proposant la réforme du
décret du 17 mai 1851 :

Article 1er. — La durée du travail journalier des ouvriers adultes peut, pour les travaux désignés au tableau suivant et conformément à ses indications, être élevée au-dessus des limites respectivement fixées par l'article 1er de la loi du 9 septembre 1848,
en ce qui concerne les établissements industriels n'employant
que des hommes adultes, et par l'article 2 de la loi du 30 mars
1900, en ce qui concerne les établissements industriels employant
dans les mêmes locaux des hommes adultes et des enfants, des
filles mineures ou des femmes :

Travail des ouvriers spécialement employés, dans une industrie quelconque, à la conduite des fours, fourneaux, étuves, sécheries ou chaudières, autres que les générateurs pour machines
motrices, sous la condition que ce travail ait un caractère purement préparatoire ou complémentaire et ne constitue pas le travail fondamental de l'établissement. — Limite d'augmentation
de durée du travail journalier : une heure au delà de la limite
assignée au travail général de l'établissement.

Travail des mécaniciens employés au service des machines
motrices : une heure au delà de la limite assignée au travail
général de l'établissement.

Travail des chauffeurs employés au service des chaudières pour
machines motrices : une heure et demie au delà de la limite
assignée au travail général de l'établissement.

Travail des gardiens de nuit : deux heures au delà de la limite
fixée par l'article 1er, § 1, de la loi du 9 septembre 1848.

Travail des ouvriers employés à l'entretien et au nettoyage des
machines productrices (métiers, machines-outils, etc.) mises préalablement au repos : une demi-heure au delà de la limite assignée au travail général de l'établissement.

Travail des ouvriers spécialement employés à la mouture des
grains dans les moulins exclusivement actionnés par l'eau ou

---

qui leur prescrivait de porter les déclarations des industriels à la connaissance
du service de l'inspection. Aussi pour couper court à tous ces inconvénients,
le décret du 10 décembre 1899 a décidé que les avis dont il s'agit seraient
adressés, non plus aux préfets, mais aux inspecteurs divisionnaires du travail
dans l'industrie.

par le vent : deux heures au delà de la limite fixée par l'article 1er, § 1, de la loi du 9 septembre 1848.

Travail du personnel des imprimeries typographiques, lithographiques et en taille-douce : deux heures au delà de la limite fixée par l'article 1er, § 1, de la loi du 9 septembre 1848. Maximum annuel de cent heures.

Travaux exécutés dans l'intérêt de la sûreté et de la défense nationales, sur un ordre du gouvernement constatant la nécessité de la dérogation ; limite à fixer dans chaque cas, de concert entre le ministre du commerce et de l'industrie et le ministre qui ordonne les travaux.

Travaux que rendent immédiatement nécessaires un accident arrivé à un moteur, à une chaudière, à l'outillage ou au bâtiment même d'une usine, ou tout autre cas de force majeure : pour le premier jour, faculté illimitée ; pour les jours suivants, deux heures au delà de la limite fixée par l'article 1er, § 1, de la loi du 9 septembre 1848.

Art. 2. — Tout chef d'établissement qui veut user des facultés prévues à l'article 1er est tenu de faire connaître préalablement à l'inspecteur divisionnaire du travail le nombre des ouvriers pour lesquels la durée du travail journalier sera augmentée, les heures de travail et de repos de ces ouvriers, celles de l'ensemble du personnel de l'établissement et les jours auxquels s'applique l'augmentation.

Si l'augmentation de durée du travail journalier est motivée par un cas de force majeure autre que ceux qui sont expressément spécifiés à l'article 1er, l'avis doit être envoyé par exprès ou par télégraphe. L'inspecteur divisionnaire a le droit d'opposer son *veto*.

Art. 3. — Les facultés d'augmentation de la durée du travail journalier accordées pour les enfants, les filles mineures ou les femmes, en vertu de la loi du 2 novembre 1892, s'appliquent de plein droit aux ouvriers adultes employés dans les mêmes locaux.

Art. 4. — Les décrets du 17 mai 1851, du 31 janvier 1866, du 3 avril 1889 et du 10 décembre 1899 sont abrogés.

Ce projet de décret devra être encore soumis à la Commission supérieure du travail et faire ensuite l'objet de l'examen du Conseil d'État.

CONVENTIONS ANTÉRIEURES

Art. 3. — *Il n'est porté aucune atteinte aux conventions qui, antérieurement au 2 mars, fixaient pour certaines industries la journée de travail à un nombre d'heures inférieur à douze.*

PÉNALITÉS

Art. 4. — *Tout chef de manufacture ou usine qui contreviendra au présent décret et aux règlements d'administration publique promulgués en exécution de l'article 2 sera puni d'une amende de 5 fr. à 100 fr.*

Les contraventions donneront lieu à autant d'amendes qu'il y aura d'ouvriers indûment employés, sans que ces amendes réunies puissent s'élever au-dessus de 1,000 fr.

Le présent article ne s'applique pas aux usages locaux et conventions indiqués dans la présente loi.

Art. 5. — *L'article 463 du Code pénal pourra toujours être appliqué.*

En vertu de l'article 463 du Code pénal, lorsque la peine prononcée par la loi est une amende de 500 fr. au moins, les tribunaux correctionnels peuvent réduire la peine jusqu'à 16 fr. d'amende. Dans tous les autres cas, elle peut être réduite même au-dessous de 16 fr. d'amende.

LIVRE II

HYGIÈNE ET SÉCURITE
DU TRAVAIL
ET DES TRAVAILLEURS

1° Loi du 12 juin 1893 concernant l'hygiène et la sécurité
des travailleurs dans les établissements industriels.

Article Ier. — Sont soumis aux dispositions de la
présente loi les manufactures, fabriques, usines, chantiers, ateliers de tous genres et leurs dépendances.

Sont seuls exceptés les établissements où ne sont
employés que les membres de la famille sous l'autorité
soit du père, soit de la mère, soit du tuteur.

Néanmoins, si le travail s'y fait à l'aide de chaudière
à vapeur ou de moteur mécanique, ou si l'industrie
exercée est classée au nombre des établissements dangereux ou insalubres, l'inspecteur aura le droit de pres-

crire les mesures de sécurité et de salubrité à prendre conformément aux dispositions de la présente loi.

Art. 2. — Les établissements visés à l'article 1ᵉʳ doivent être tenus dans un état constant de propreté et présenter les conditions d'hygiène et de salubrité nécessaires à la santé du personnel.

Ils doivent être aménagés de manière à garantir la sécurité des travailleurs. Dans tout établissement fonctionnant par des appareils mécaniques, les roues, les courroies, les engrenages ou tout autre organe pouvant offrir une cause de danger seront séparés des ouvriers, de telle manière que l'approche n'en soit possible que pour les besoins du service. Les puits, trappes et ouvertures doivent être clôturés.

Les machines, mécanismes, appareils de transmission, outils et engins doivent être installés et tenus dans les meilleurs conditions possibles de sécurité.

Les dispositions qui précèdent sont applicables aux théâtres, cirques, magasins et autres établissements similaires où il est fait emploi d'appareils mécaniques.

Art. 3. — Des règlements d'administration publique, rendus après avis du comité consultatif des arts et manufactures, détermineront :

1° Dans les trois mois de la promulgation de la présente loi, les mesures générales de protection et de salubrité applicables à tous les établissements assujettis, notamment en ce qui concerne l'éclairage, l'aération ou la ventilation, les eaux potables, les fosses d'aisances, l'évacuation des poussières et vapeurs, les précautions à prendre contre les incendies, etc. ;

2° Au fur et à mesure des nécessités constatées, les prescriptions particulières relatives, soit à certaines industries, soit à certains modes de travail.

Le comité consultatif d'hygiène publique de France sera appelé à donner son avis en ce qui concerne les règlements généraux prévus au paragraphe 2 du présent article.

Art. 4. -- Les inspecteurs du travail sont chargés d'assurer l'exécution de la présente loi et des règlements qui y sont prévus : ils ont entrée dans les établissements spécifiés à l'article 1er et au dernier paragraphe de l'article 2, à l'effet de procéder à la surveillance et aux enquêtes dont ils sont chargés.

Art. 5. — Les contraventions sont constatées par les procès-verbaux des inspecteurs qui font foi jusqu'à preuve contraire.

Les procès-verbaux sont dressés en double exemplaire, dont l'un est envoyé au préfet du département et l'autre envoyé au parquet.

Les dispositions ci-dessus ne dérogent point aux règles du droit commun quant à la constatation et à la poursuite des infractions commises à la présente loi.

Art. 6. — Toutefois, en ce qui concerne l'application des règlements d'administration publique prévus par l'article 3 ci-dessus, les inspecteurs, avant de dresser procès-verbal, mettront les chefs d'industrie en demeure de se conformer aux prescriptions dudit règlement.

Cette mise en demeure sera faite par écrit sur les registres de l'usine ; elle sera datée et signée, indiquera les contraventions relevées et fixera un délai à l'expiration duquel ces contraventions devront avoir disparu. Ce délai ne sera jamais inférieur à un mois.

Dans les quinze jours qui suivent cette mise en demeure, le chef d'industrie adresse, s'il le juge convenable, une réclamation au ministre du commerce et de l'industrie. Ce dernier peut, lorsque l'obéissance à la mise en demeure nécessite des transformations importantes portant sur le gros œuvre de l'usine, après avis conforme du comité des arts et manufactures, accorder à l'industriel un délai dont la durée, dans tous les cas, ne dépassera jamais dix-huit mois.

Notification de la décision est faite à l'industriel dans la forme administrative; avis en est donné à l'inspecteur.

Art. 7. — Les chefs d'industrie, directeurs, gérants ou préposés, qui auront contrevenu aux dispositions de la présente loi et des règlements d'administration publique relatifs à son exécution seront poursuivis devant le tribunal de simple police et punis d'une amende de 5 fr. à 15 fr. L'amende sera appliquée autant de fois qu'il y aura de contraventions distinctes constatées par le procès-verbal, sans toutefois que le chiffre total des amendes puisse excéder 200 fr.

Le jugement fixera, en outre, le délai dans lequel seront exécutés les travaux de sécurité et de salubrité imposés par la loi.

Les chefs d'industrie sont civilement responsables des condamnations prononcées contre leurs directeurs, gérants ou préposés.

Art. 8. — Si, après une condamnation prononcée en vertu de l'article précédent, les mesures de sécurité ou de salubrité imposées par la présente loi ou par les règlements d'administration publique n'ont pas été exécutées dans le délai fixé par le jugement qui a prononcé la condamnation, l'affaire est, sur un nouveau procès-verbal, portée devant le tribunal correctionnel qui peut, après une nouvelle mise en demeure restée sans résultat, ordonner la fermeture de l'établissement.

Le jugement sera susceptible d'appel : la cour statuera d'urgence.

Art. 9. — En cas de récidive, le contrevenant sera poursuivi devant le tribunal correctionnel et puni d'une amende de 5o à 5oo fr., sans que la totalité des amendes puisse excéder 2.ooo fr.

Il y a récidive lorsque le contrevenant a été frappé, dans les douze mois qui ont précédé le fait qui est l'objet de la poursuite, d'une première condamnation pour infraction à la présente loi ou aux règlements d'administration publique relatifs à son exécution.

Art. 10. — Les inspecteurs devront fournir, chaque année, des rapports circonstanciés sur l'application de la présente loi dans toute l'étendue de leur circonscription. Ces rapports mentionneront les accidents dont les ouvriers auront été victimes et leurs causes. Ils contiendront les propositions relatives aux prescriptions nouvelles qui seraient de nature à mieux assurer la sécurité du travail.

Un rapport d'ensemble, résumant ces communications, sera publié tous les ans par les soins du ministre du commerce et de l'industrie.

Art. 11. — Tout accident ayant causé une blessure à un ou plusieurs ouvriers, survenu dans un des établissements mentionnés à l'article 1er et au dernier paragraphe de l'article 2, sera l'objet d'une déclaration par le chef de l'entreprise ou, à son défaut et en son absence, par le préposé.

Cette déclaration contiendra le nom et l'adresse des témoins de l'accident ; elle sera faite dans les quarante-huit heures au maire de la commune, qui en dressera procès-verbal dans la forme à déterminer par un règlement d'administration publique. A cette déclaration sera joint, produit par le patron, un certificat du médecin indiquant l'état du blessé, les suites probables de l'accident et l'époque à laquelle il sera possible d'en connaître le résultat définitif.

Récépissé de la déclaration et du certificat médical sera remis, séance tenante, au déposant. Avis de l'accident est donné immédiatement par le maire à l'inspecteur divisionnaire ou départemental.

Art. 12. — Seront punis d'une amende de 100 à 500 fr., et, en cas de récidive, de 500 à 1.000 fr., tous ceux qui auront mis obstacle à l'accomplissement des devoirs d'un inspecteur.

Les dispositions du Code pénal qui prévoient et répriment les actes de résistance, les outrages et les violences contre les officiers de la police judiciaire sont, en outre, applicables à ceux qui se rendront coupables de faits de même nature à l'égard des inspecteurs.

Art. 13. — Il n'est rien innové quant à la surveillance des appareils à vapeur.

Art. 14. — L'article 463 du Code pénal est applicable aux condamnations prononcées en vertu de la présente loi.

Art. 15. — Sont et demeurent abrogées, toutes les dispositions des lois et règlements contraires à la présente loi.

2° Décret du 10 mars 1894 portant règlement d'administration publique relatif à l'article 3 de la loi du 12 juin 1893.

Article 1er. — Les emplacements affectés au travail dans les manufactures, fabriques, usines, chantiers, ateliers de tous genres et leurs dépendances seront tenus en état constant de propreté. Le sol sera nettoyé à fond au moins une fois par jour avant l'ouverture ou après la clôture du travail, mais jamais pendant le travail. Ce nettoyage sera fait soit par un lavage, soit à l'aide de brosses ou de linges humides si les conditions de l'industrie ou la nature du revêtement du sol s'opposent au lavage. Les murs et les plafonds seront l'objet de fréquents nettoyages ; les enduits seront refaits toutes les fois qu'il sera nécessaire.

Art. 2. — Dans les locaux où l'on travaille des matières organiques altérables, le sol sera rendu imperméable et toujours bien nivelé, les murs seront recouverts d'un enduit permettant un lavage efficace.

En outre, le sol et les murs seront lavés aussi souvent qu'il sera nécessaire avec une solution désinfectante. Un lessivage à fond avec la même solution sera fait au moins une fois par an.

Les résidus putrescibles ne devront jamais séjourner dans les locaux affectés au travail et seront enlevés au fur et à mesure.

Art. 3. — L'atmosphère des ateliers et de tous les autres locaux affectés au travail sera tenue constamment à l'abri de toute émanation provenant d'égouts, fossés, puisards, fosses d'aisances ou de toute autre source d'infection.

Dans les établissements qui déverseront les eaux résiduaires ou de lavage dans un égout public ou privé, toute communication entre l'égout et l'établissement sera munie d'un intercepteur hydraulique fréquemment nettoyé et abondamment lavé au moins une fois par jour.

Les travaux dans les puits, conduites de gaz, canaux

de fumée, fosses d'aisances, cuves ou appareils quelconques pouvant contenir des gaz délétères ne seront entrepris qu'après que l'atmosphère aura été assainie par une ventilation efficace. Les ouvriers appelés à travailler dans ces conditions seront attachés par une ceinture de sûreté.

Art. 4. — Les cabinets d'aisances ne devront pas communiquer directement avec les locaux fermés où seront employés des ouvriers. Ils seront éclairés, abondamment pourvus d'eau, munis de cuvettes avec inflexion siphoïde du tuyau de chute. Le sol, les parois seront en matériaux imperméables, les peintures seront d'un ton clair.

Il y aura au moins un cabinet pour cinquante personnes et des urinoirs en nombre suffisant.

Aucun puits absorbant, aucune disposition analogue ne pourra être établie qu'avec l'autorisation de l'administration supérieure et dans les conditions qu'elle aura prescrites.

Art. 5. — Les locaux fermés affectés au travail ne seront jamais encombrés; le cube d'air par ouvrier ne pourra être inférieur à 6 mètres cubes.

Ils seront largement aérés. Ces locaux, leurs dépendances et notamment les passages et escaliers seront convenablement éclairés.

Art. 6. — Les poussières ainsi que les gaz incommodes, insalubres ou toxiques seront évacués directement au dehors de l'atelier au fur et à mesure de leur production.

Pour les buées, vapeurs, gaz, poussières légères, il sera installé des hottes avec cheminées d'appel ou tout autre appareil d'élimination efficace.

Pour les poussières déterminées par les meules, les

batteurs, les broyeurs et tous autres appareils mécaniques, il sera installé autour des appareils des tambours en communication avec une ventilation aspirante énergique.

Pour les gaz lourds, tels que vapeurs de mercure, de sulfure de carbone, la ventilation aura lieu *per descensum :* les tables ou appareils de travail seront mis en communication directe avec le ventilateur.

La pulvérisation des matières irritantes ou toxiques ou autres opérations telles que le tamisage et l'embarillage de ces matières se feront mécaniquement en appareils clos.

L'air des ateliers sera renouvelé de façon à rester dans l'état de pureté nécessaire à la santé des ouvriers.

Art. 7. — Pour les industries désignées par arrêté ministériel, après avis du comité consultatif des arts et manufactures, les vapeurs, les gaz incommodes et insalubres et les poussières seront condensés ou détruits.

Art. 8. — Les ouvriers ne devront point prendre leur repas dans les ateliers ni dans aucun local affecté au travail.

Les patrons mettront à la disposition de leur personnel les moyens d'assurer la propreté individuelle, vestiaires avec lavabos, ainsi que l'eau de bonne qualité pour la boisson.

Art. 9. — Pendant les interruptions de travail pour les repas, les ateliers seront évacués et l'air en sera entièrement renouvelé.

Art. 10. — Les moteurs à vapeur, à gaz, les moteurs électriques, les roues hydrauliques, les turbines, ne seront accessibles qu'aux ouvriers affectés à leur surveillance. Ils seront isolés par des cloisons ou barrières de protection.

Les passages entre les machines, mécanismes, outils mus par ces moteurs, auront une largeur d'au moins $0^m,80$: le sol des intervalles sera nivelé.

Les escaliers seront solides et munis de fortes rampes.

Les puits, trappes, cuves, bassins, réservoirs de liquides corrosifs ou chauds, seront pourvus de solides barrières ou garde-corps.

Les échafaudages seront munis sur toutes leurs faces de garde-corps de $0^m,90$ de haut.

Art. 11. — Les monte-charges, ascenseurs, élévateurs, seront guidés et disposés de manière que la voie de la cage du monte-charge et des contrepoids soit fermée ; que la fermeture du puits à l'entrée des divers étages ou galeries s'effectue automatiquement ; que rien ne puisse tomber du monte-charge dans le puits.

Pour les monte-charges destinés à transporter le personnel, la charge devra être calculée au tiers de la charge admise pour le transport des marchandises, et les monte-charges seront pourvus de freins, chapeaux, parachutes ou autres appareils préservateurs.

Art. 12. — Toutes les pièces saillantes mobiles et autres parties dangereuses des machines, et notamment les bielles, roues, volants, les courroies et câbles, les engrenages, les cylindres et cônes de friction ou tous autres organes de transmission qui seraient reconnus dangereux seront munis de dispositifs protecteurs, tels que gaines et chéneaux de bois ou de fer, tambours pour les courroies et les bielles, ou de couvre-engrenage, garde-mains, grillages.

Les machines-outils à instruments tranchants, tournant à grande vitesse, telles que machines à scier, fraiser, raboter, découper, hacher, les cisailles, coupe-chiffons et autres engins semblables seront disposés de telle sorte que les ouvriers ne puissent, de leur poste de travail, toucher involontairement les instruments tranchants.

Sauf le cas d'arrêt du moteur, le maniement des courroies sera toujours fait par le moyen de systèmes tels que monte-courroie, porte-courroie, évitant l'emploi direct de la main.

On devra prendre autant que possible des dispositions telles qu'aucun ouvrier ne soit habituellement occupé à un travail quelconque dans le plan de rotation ou aux abords immédiats d'un volant, d'une meule ou de tout autre engin pesant et tournant à grande vitesse.

Art. 13. — La mise en train et l'arrêt des machines devront être toujours précédés d'un signal convenu.

Art. 14. — L'appareil d'arrêt des machines motrices sera toujours placé sous la main des conducteurs qui dirigent ces machines.

Les contremaîtres ou chefs d'atelier, les conducteurs de machines-outils, métiers, etc., auront à leur portée le moyen de demander l'arrêt des moteurs.

Art. 15. — Des dispositifs de sûreté devront être installés dans la mesure du possible pour le nettoyage et le graissage des transmissions ou mécanismes en marche.

En cas de réparation d'un organe mécanique quelconque, son arrêt devra être assuré par un calage convenable de l'embrayage ou du volant : il en sera de même pour les opérations de nettoyage qui exigent l'arrêt des organes mécaniques.

Art. 16. — Les sorties des ateliers sur les cours, vestibules, escaliers et autres dépendances intérieures de l'usine doivent être munies de portes s'ouvrant de dedans en dehors. Ces sorties seront assez nombreuses pour permettre l'évacuation rapide de l'atelier ; elles seront toujours libres et ne devront jamais être encombrées de marchandises, de matières en dépôt ni d'objets quelconques.

Le nombre des escaliers sera calculé de manière que l'évacuation de tous les étages d'un corps de bâtiment contenant des ateliers puisse se faire immédiatement.

Dans les ateliers occupant plusieurs étages, la construction d'un escalier extérieur incombustible pourra, si la sécurité l'exige, être prescrite par une décision du ministre du commerce, après avis du comité des arts et manufactures.

Les récipients pour l'huile ou le pétrole servant à l'éclairage seront placés dans des locaux séparés et jamais au voisinage des escaliers.

Art. 17. — Les machines dynamos devront être isolées électriquement.

Elles ne seront jamais placées dans un atelier où des corps explosifs, des gaz détonants ou des poussières inflammables se manient ou se produisent.

Les conducteurs électriques placés en plein air pourront rester nus ; dans ce cas, ils devront être portés par des isolateurs de porcelaine ou de verre ; ils seront écartés des masses métalliques, telles que gouttières, tuyaux de descente, etc.

A l'intérieur des ateliers, les conducteurs nus destinés à des prises de courant sur leur parcours seront écartés des murs, hors de la portée de la main et convenablement isolés.

Les autres conducteurs seront protégés par des enveloppes isolantes.

Toutes précautions seront prises pour éviter l'échauffement des conducteurs à l'aide de coupe-circuits et autres dispositifs analogues.

Art. 18. — Les ouvriers et ouvrières qui ont à se tenir près des machines doivent porter des vêtements ajustés et non flottants.

Art. 19. — Les délais d'exécution des travaux de transformation qu'implique le présent règlement sont fixés : à trois mois à compter de sa promulgation, pour les articles 2, § 1 ; 3, § 2 ; 4, §§ 1 et 2 ; 6, §§ 1, 2, 3, 4 et 5 ; 8, § 2 ; 11 ; 12, §§ 1, 2 et 3 ; 14, § 2 ; 15, § 1 ; 16, §§ 1 et 2 ; 17, et à un an pour les articles 5, § 1, et 10, § 2.

3° Décret du 29 juin 1895 réglementant le travail dans les fabriques de vert de Schweinfurt.

Article 1er. — Dans les établissements où l'on fabrique l'acéto-arsénite de cuivre, dit *Vert de Schweinfurt*, les chefs d'industrie, directeurs ou gérants sont tenus, indépendamment des mesures générales prescrites par le décret du 10 mars 1894, de prendre les mesures particulières de protection et de salubrité énoncées aux articles suivants :

Art. 2. — Le sol et les murs des ateliers dans lesquels on fait la dissolution des produits employés, la précipitation et le filtrage du vert, seront fréquemment lavés et maintenus en état constant d'humidité. La même prescription sera appliquée aux parois extérieures des cuves ou autres vases servant à celles de ces opérations qui se font à une température inférieure à l'ébullition.

Art. 3. — Les appareils dans lesquels les liqueurs sont

sera joint, produit par le patron, un certificat du médecin indiquant l'état du blessé, les suites probables de l'accident et l'époque à laquelle il sera possible d'en connaître le résultat définitif.

Récépissé de la déclaration et du certificat médical sera remis, séance tenante, aux déposants.

Avis de l'accident est donné immédiatement par le maire à l'inspecteur divisionnaire ou départemental.

Art. 16. — Les patrons ou chefs d'établissements doivent, en outre, veiller au maintien des bonnes mœurs et à l'observation de la décence publique.

5° Décret du 13 mai 1893 portant règlement d'administration publique pour l'exécution des articles 12 et 13 de la loi du 2 novembre 1892 ([1]).

Article 1er. — Il est interdit d'employer les enfants au-dessous de dix-huit ans, les filles mineures et les femmes, au graissage, au nettoyage, à la visite ou à la réparation des machines ou mécanismes en marche.

Art. 2. — Il est interdit d'employer les enfants au-dessous de dix-huit ans, les filles mineures et les femmes, dans les ateliers où se trouvent des machines actionnées à la main ou par un moteur mécanique, dont les parties dangereuses ne sont point couvertes de couvre-engrenages, garde-mains et autres organes protecteurs.

Art. 3. — Il est interdit d'employer les enfants au-dessous de dix-huit ans à faire tourner des appareils en sautillant sur une pédale.

---

(1) Dans les nomenclatures des tableaux A et C annexés au décret du 13 mai 1893, il est tenu compte des modifications apportées par les décrets des 21 juin 1897, 20 avril 1899 et 3 mai 1900.

Il est également interdit de les employer à faire tourner des roues horizontales.

Art. 4. — Les enfants au-dessous de seize ans ne pourront être employés à tourner des roues verticales que pendant une durée d'une demi-journée de travail divisée par un repos d'une demi-heure au moins.

Il est également interdit d'employer les enfants au-dessous de seize ans à actionner, au moyen de pédales, les métiers dits « à la main ».

Art. 5. — Les enfants au-dessous de seize ans ne peuvent travailler aux scies circulaires ou aux scies à ruban.

Art. 6. — Les enfants au-dessous de seize ans ne peuvent être employés au travail des cisailles ou autres lames tranchantes mécaniques.

Art. 7. — Les enfants au-dessous de treize ans ne peuvent, dans les verreries, être appelés à cueillir et à souffler le verre.

Au-dessus de treize ans jusqu'à seize ans, ils ne peuvent cueillir un poids de verre supérieur à mille grammes. Dans les fabriques de bouteilles et de verre à vitre, le soufflage par la bouche est interdit aux enfants au-dessous de seize ans.

Dans les verreries où le soufflage se fait à la bouche, un embout personnel sera mis à la disposition de chaque enfant âgé de moins de dix-huit ans.

Art. 8. — Il est interdit de préposer des enfants au-dessous de seize ans au service des robinets à vapeur.

Art. 9. — Il est interdit d'employer des enfants de moins de seize ans, en qualité de doubleurs, dans les ateliers où s'opèrent le laminage et l'étirage de la verge de tréfilerie.

Toutefois, cette disposition n'est pas applicable aux

ateliers dans lesquels le travail des doubleurs est garanti par des appareils protecteurs.

Art. 10. — Il est interdit d'employer des enfants de moins de seize ans à des travaux exécutés à l'aide d'échafaudages volants pour la réfection ou le nettoyage des maisons.

Art. 11. — Les jeunes ouvriers ou ouvrières au-dessous de dix-huit ans, employés dans l'industrie, ne peuvent porter, tant à l'intérieur qu'à l'extérieur des manufactures, usines, ateliers et chantiers, des fardeaux d'un poids supérieur aux suivants :

Garçons au-dessous de 14 ans	10 kilogrammes.
Garçons de 14 à 18 ans	15 —
Ouvrières au-dessous de 16 ans	5 —
Ouvrières de 16 à 18 ans	10 —

Il est interdit de faire traîner ou pousser par lesdits jeunes ouvriers ou ouvrières, tant à l'intérieur des établissements industriels que sur la voie publique, des charges correspondant à des efforts plus grands que ceux ci-dessus indiqués.

Les conditions d'équivalence des deux genres de travail seront déterminées par arrêté ministériel.

Art. 12. — Il est interdit d'employer des filles au-dessous de seize ans au travail des machines à coudre mues par des pédales.

Art. 13. — Il est interdit d'employer des enfants, des filles mineures ou des femmes à la confection d'écrits, d'imprimés, affiches, dessins, gravures, peintures, emblèmes, images ou autres objets dont la vente, l'offre, l'exposition, l'affichage ou la distribution sont réprimés par les lois pénales comme contraires aux bonnes mœurs.

Il est également interdit d'occuper des enfants au-dessous de seize ans et des filles mineures dans les ateliers où se confectionnent des écrits, imprimés, affiches, gravures, peintures, emblèmes, images ou autres objets qui, sans tomber sous l'application des lois pénales, sont cependant de nature à blesser leur moralité.

Art. 14. — Dans les établissements où s'effectuent les travaux dénommés au tableau A annexé au présent décret, l'accès des ateliers affectés à ces opérations est interdit aux enfants au-dessous de dix-huit ans, aux filles mineures et aux femmes.

Art. 15. — Dans les établissements où s'effectuent les travaux dénommés au tableau B annexé au présent décret, l'accès des ateliers affectés à ces opérations est interdit aux enfants au-dessous de dix-huit ans.

Art. 16. — Le travail des enfants, filles mineures et femmes, n'est autorisé dans les ateliers dénommés au tableau C annexé au présent décret que sous les conditions spécifiées audit tableau.

TABLEAU A

Travaux interdits aux enfants au-dessous de dix-huit ans, aux filles mineures et aux femmes.

TRAVAUX.	RAISONS DE L'INTERDICTION.
Acide arsénique (Fabrication de l') au moyen de l'acide arsénieux et de l'acide azotique	Danger d'empoisonnement.
cide fluorhydrique (Fabrication de l')	Vapeurs délétères.
cide nitrique (Fabrique de l').	Idem.
cide oxalique (Fabrique de l')	Danger d'empoisonnement. Vapeurs délétères.
cide picrique (Fabrication de l')	Vapeurs délétères.
cide salicylique (Fabrication de l') au moyen de l'acide phénique	Émanations nuisibles.
cide urique. (*Voir* Murexide.)	

TRAVAUX.	RAISONS DE L'INTERDICTION.
Affinage des métaux au fourneau. (*Voir* Grillage des minerais.)	
Aniline. (*Voir* Nitrobenzine.)	
Arséniate de potasse (Fabrication de l') au moyen du salpêtre	Danger d'empoisonnement. Vapeurs délétères.
Benzine (Dérivés de la). [*Voir* Nitrobenzine.]	
Blanc de plomb. (*Voir* Céruse.)	
Bleu de Prusse (Fabrication du). [*Voir* Cyanure de potassium.]	
Cendres d'orfèvre (Traitement des) par le plomb .	Maladies spéciales dues aux émanations nuisibles.
Céruse ou blanc de plomb (Fabrication de la). . .	Idem.
Chairs, débris et issues (Dépôts de) provenant de l'abatage des animaux	Émanations nuisibles, danger d'infection.
Chlore (Fabrication du)	Émanations nuisibles.
Chlorure de chaux (Fabrication du)	Idem.
Chlorures alcalins, eau de javelle (Fabrication des).	Idem.
Chlorure de plomb (Fonderie de)	Idem.
Chlorures de soufre (Fabrication des)	Idem.
Chromate de potasse (Fabrication du)	Maladies spéciales dues aux émanations.
Cristaux (Polissage à sec des).	Poussières dangereuses.
Cyanure de potassium et bleu de Prusse (Fabrication de)	Danger d'empoisonnement.
Cyanure rouge de potassium ou prussiate rouge de potasse.	Idem.
Débris d'animaux (Dépôts de). [*Voir* Chairs, etc.]	
Dentelles (Blanchissage à la céruse des)	Poussières dangereuses.
Eau de javelle (Fabrication de l'). [*Voir* Chlorures alcalins.]	
Eau forte. (*Voir* Acide nitrique.)	
Effilochage et déchiquetage des chiffons	Poussières nuisibles.
Émaux (Grattage des) dans les fabriques de verre mousseline	Idem.
Engrais (Dépôts et fabriques d') au moyen de matières animales.	Émanations nuisibles.
Équarrissage des animaux (Ateliers d').	Nature du travail. Émanations nuisibles.
Étamage des glaces par le mercure (Atelier d') . .	Maladies spéciales dues aux émanations.
Fonte et laminage du plomb	Idem.
Fulminate de mercure (Fabrication du)	Émanations nuisibles.
Glaces (Étamage des). [*Voir* Étamage.]	
Grillage des minerais sulfureux (sauf le cas prévu au tableau C).	Idem.
Huiles et autres corps gras extraits des débris de matières animales	Idem.

TRAVAUX.	RAISONS DE L'INTERDICTION.
Litharge (Fabrication de la).	Maladies spéciales dues aux émanations.
Massicot (Fabrication du)	Idem.
Matières colorantes (Fabrication des) au moyen de l'aniline et de la nitrobenzine).	Émanations nuisibles.
Métaux (Aiguisage et polissage des)	Poussières dangereuses.
Meulières et meules (Extraction et fabrication des).	Idem.
Minium (Fabrication du)	Maladies spéciales dues aux émanations.
Murexide (Fabrication de la) en vase clos par la réaction de l'acide azotique et de l'acide urique du guano.	Vapeurs délétères.
Nitrate de méthyle (Fabrique de)	Vapeurs délétères.
Nitrobenzine, aniline et matières dérivant de la benzine (Fabrication de)	Vapeurs nuisibles.
Peaux de lièvre et de lapin. (*Voir* Secrétage.)	
Phosphore (Fabrication du).	Maladies spéciales dues aux émanations.
Plomb (Fonte et laminage du). [*Voir* Fonte.]	
Poils de lièvre et de lapin. (*Voir* Secrétage).	
Prussiate de potasse. (*Voir* Cyanure de potassium.)	
Rouge de Prusse et d'Angleterre	Vapeurs délétères.
Secrétage des peaux ou poils de lièvre ou de lapin.	Poussières nuisibles ou vénéneuses.
Sulfate de mercure (Fabrication du)	Maladies spéciales dues aux émanations.
Sulfure d'arsenic (Fabrication du)	Danger d'empoisonnement.
Sulfure de sodium (Fabrication du)	Gaz délétère.
Traitement des minerais de plomb, zinc et cuivre pour obtention des métaux bruts	Émanations nuisibles.
Verre (Polissage à sec du)	Poussières dangereuses.

Tableau **B**

Travaux interdits aux enfants au-dessous de dix-huit ans.

TRAVAUX.	RAISONS DE L'INTERDICTION.
Amorces fulminantes (Fabrication des).	Nécessité d'un travail prudent et attentif.
Amorces fulminantes pour pistolets d'enfants (Fabrication d')	Idem.
Artifices (Fabrication de pièces d').	Idem.
Cartouches de guerre (Fabriques et dépôts de) . .	Idem.
Celluloïd et produits nitrés analogues (Fabrication de)	Idem.
Chiens (Infirmerie de)	Danger de morsures.
Chrysalides (Extraction des parties soyeuses des) .	Émanations nuisibles.
Dynamite (Fabriques et dépôts de)	Nécessité d'un travail prudent et attentif.
Étoupilles (Fabrication d') avec matières explosives.	Idem.
Poudre de mine comprimée (Fabrication de cartouches de).	Idem.

Tableau **C**

Établissements dans lesquels l'emploi des enfants au-dessous de dix-huit ans, des filles mineures et des femmes, est autorisé sous certaines conditions.

ÉTABLISSEMENTS.	CONDITIONS.	MOTIFS.
Abattoirs publics et annexes.	Les enfants au-dessous de seize ans ne seront pas employés dans les abattoirs publics et les annexes.	Dangers d'accidents et de blessures.

ÉTABLISSEMENTS.	CONDITIONS.	MOTIFS.
Albâtre (Sciage et polissage à sec de l')	Les enfants au-dessous de dix-huit ans ne seront pas employés lorsque les poussières se dégageront librement dans les ateliers	Poussières nuisibles.
Acide chlorhydrique (Production de l') par la décomposition des chlorures de magnésium, d'aluminium et autres.	Les enfants au-dessous de dix-huit ans, les filles mineures et femmes ne seront pas employés dans les ateliers où se dégagent des vapeurs et où l'on manipule les acides.	Dangers d'accidents.
Acide muriatique. (*Voir* Acide chlorhydrique.)		
Acide sulfurique (Fabrication de l')	Idem	Idem.
Affinage de l'or et de l'argent par les acides . . .	Idem	Idem.
Allumettes chimiques (Dépôt d')	Les enfants au-dessous de seize ans ne seront pas employés dans les magasins.	Danger d'incendie.
Allumettes chimiques (Fabrication des)	Les enfants au-dessous de dix-huit ans ne seront pas employés à la fusion des pâtes et au trempage . .	Maladies spéciales dues aux émanations.
Argenture sur métaux. (*Voir* Dorure et argenture.)		
Battage, cardage et épuration des laines, crins et plumes	Les enfants au-dessous de dix-huit ans ne seront pas employés dans les ateliers où se dégagent des poussières	Poussières nuisibles.
Battage des tapis en grand.	Idem	Idem.
Battoir à écorces dans les villes	Idem	Idem.
Benzine (Fabrication et dépôt de). [*Voir* Huiles de pétrole, de schiste, etc.]		
Blanc de zinc (Fabrication de) par la combustion du métal	Les enfants au-dessous de dix-huit ans ne seront pas employés dans les ateliers de combustion et de condensation	Idem.

ÉTABLISSEMENTS.	CONDITIONS.	MOTIFS.
Blanchiment (Toile, paille, papier)...	Les enfants au-dessous de dix-huit ans, les filles mineures et les femmes ne seront pas employés dans les ateliers où se dégagent le chlore et l'acide sulfureux...	Vapeurs nuisibles.
Boîtes de conserves (Soudure des)...	Les enfants au-dessous de seize ans ne seront pas employés à la soudure des boîtes...	Gaz délétères.
Boutonniers et autres emboutisseurs de métaux par moyens mécaniques.	Les enfants au-dessous de dix-huit ans ne seront pas employés dans les ateliers où se dégagent des poussières...	Poussières nuisibles.
Boyauderies...	Les enfants au-dessous de dix-huit ans, les filles mineures et les femmes ne seront pas employés au soufflage...	Danger d'affections pulmonaires.
Caoutchouc (Application des enduits du)...	Les enfants au-dessous de dix-huit ans, filles mineures et femmes ne seront pas employés dans les ateliers où se dégagent les vapeurs de sulfure de carbone et de benzine...	Vapeurs nuisibles.
Caoutchouc (Travail du) avec emploi d'huiles essentielles ou de sulfure de carbone...	Les enfants au-dessous de dix-huit ans, filles mineures et femmes ne seront pas employés dans les ateliers où se dégagent les vapeurs de sulfure de carbone...	Idem.
Cardage des laines, etc. (*Voir* Battage.)		
Chanvre (Teillage du) en grand. (*Voir* Teillage.)		
Chanvre imperméable. (*Voir* Feutre goudronné.)		

ÉTABLISSEMENTS.	CONDITIONS.	MOTIFS.
Chapeaux de feutre (Fabrication de)	Les enfants au-dessous de dix-huit ans ne seront pas employés lorsque les poussières se dégageront librement dans les ateliers	Poussières nuisibles.
Chapeaux de soie ou autres préparés au moyen d'un vernis (Fabrication de) .	Les enfants au-dessous de dix-huit ans ne seront pas employés dans les ateliers où l'on fabrique et applique le vernis . . .	Vapeurs nuisibles.
Chaux (Fours à)	Les enfants au-dessous de dix-huit ans ne seront pas employés dans les ateliers où se dégagent les poussières.	Poussières nuisibles.
Chiffons (Dépôts de) . . .	Les enfants au-dessous de dix-huit ans ne seront pas employés au triage et à la manipulation des chiffons	Idem.
Chiffons (Traitement des) par la vapeur de l'acide chlorhydrique	Les enfants au-dessous de dix-huit ans, filles mineures et femmes ne seront pas employés dans les ateliers où se dégagent les acides.	Vapeurs nuisibles.
Chromolithographies . . .	Les enfants au-dessous de seize ans ne seront pas employés au bronzage à la machine	Poussières nuisibles.
Ciment (Fours à).	Les enfants au-dessous de dix-huit ans ne seront pas employés dans les ateliers où se dégagent des poussières.	Idem.
Collodion (Fabrication du).	Les enfants au-dessous de seize ans ne seront pas occupés dans les ateliers où l'on manipule les matières premières et les dissolvants.	Danger d'incendie.

ÉTABLISSEMENTS.	CONDITIONS.	MOTIFS.
Cotons et cotons gras (Blanchisseries des déchets de).	Les enfants au-dessous de dix-huit ans, filles mineures et femmes ne seront pas employés dans les ateliers où l'on manipule le sulfure de carbone	Vapeurs nuisibles.
Cordes d'instruments en boyaux. (*Voir* Boyauderies.)		
Corne, os et nacre (Travail à sec des)	Les enfants au-dessous de dix-huit ans ne seront pas employés lorsque les poussières se dégageront librement dans les ateliers	Poussières nuisibles.
Crins (Teintures des). [*Voir* Teintureries.]		
Crins et soies de porc. (*Voir* Soies de porc.)		
Cuir vernis (Fabrication de). [*Voir* Feutre et visières vernies.]		
Cuivre (Trituration des composés du)	Les enfants au-dessous de dix-huit ans ne seront pas employés dans les ateliers où les poussières se dégagent librement. .	Idem.
Cuivre (Dérochage du) par les acides	Les enfants au-dessous de dix-huit ans, filles mineures et femmes ne seront pas employés dans les ateliers où se dégagent les vapeurs acides.	Vapeurs nuisibles.
Déchets de soie (Cardage des).	Les enfants au-dessous de dix-huit ans ne seront pas employés dans les ateliers où les poussières se dégagent librement. . . .	Poussières nuisibles.
Dorure et argenture. . . .	Les enfants au-dessous de dix-huit ans, filles mineures et femmes ne seront pas employés dans les ateliers où se produisent des vapeurs acides ou mercurielles. . .	Émanations nuisibles.

ÉTABLISSEMENTS.	CONDITIONS.	MOTIFS.
Eaux grasses (Extractions pour la fabrication des savons et autres usages des huiles contenues dans les).	Les enfants au-dessous de dix-huit ans, filles mineures et femmes ne seront pas employés dans les ateliers où l'on emploie le sulfure de carbone.	Émanations nuisibles.
Écorces (Battoir à). [*Voir* Battoir.]		
Émail (Application de l') sur les métaux.	Les enfants au-dessous de dix-huit ans, les filles mineures et les femmes ne seront pas employés dans les ateliers où l'on broie et blute les matières . .	Idem.
Émaux (Fabrication d') avec fours non fumivores . .	Idem.	Idem.
Épaillage des laines et draps par la voie humide . . .	Les enfants au-dessous de dix-huit ans, filles mineures et femmes ne seront pas employés dans les ateliers où se dégagent des vapeurs acides.	Idem.
Étoupes (Transformation en) des cordages hors de service, goudronnés ou non.	Les enfants au-dessous de dix-huit ans ne seront pas employés lorsque les poussières se dégageront librement dans les ateliers	Poussières nuisibles.
Faïence (Fabrique de). . .	Les enfants au-dessous de dix-huit ans ne seront pas employés dans les ateliers où l'on pratique le broyage, le blutage. . .	Idem.
Fer (Dérochage du). . . .	Les enfants au-dessous de dix-huit ans, filles mineures et femmes ne seront pas employés dans les ateliers où se dégagent des vapeurs et où l'on manipule des acides.	Vapeurs nuisibles.
Fer (Galvanisation du). . .	Idem	Idem.
Feuilles d'étain.	Les enfants au-dessous de seize ans ne seront pas employés au bronzage à la main des feuilles. . .	Poussières nuisibles.

ÉTABLISSEMENTS.	CONDITIONS.	MOTIFS.
Feutre goudronné (Fabrication du).	Les enfants au-dessous de dix-huit ans ne seront pas employés lorsque les poussières se dégagent librement dans les ateliers.	Poussières nuisibles.
Feutres et visières vernies (Fabrication de)	Les enfants au-dessous de dix-huit ans ne seront pas employés à la préparation et à l'emploi des vernis .	Danger d'incendie et vapeurs nuisibles.
Filatures de lin.	Les enfants au-dessous de dix-huit ans, les filles mineures et les femmes ne seront pas employés lorsque l'écoulement des eaux ne sera pas assuré . . .	Humidité nuisible.
Fonderies de deuxième fusion de fer, de zinc et de cuivre.	Les enfants au-dessous de seize ans ne seront pas employés à la coulée du métal.	Dangers de brûlures.
Fourneaux (Hauts)	Idem	Idem.
Fours à plâtre et fours à chaux. (*Voir* Plâtre, Chaux.)		
Grès (Extraction et piquage des)	Les enfants au-dessous de dix-huit ans ne seront pas employés lorsque les poussières se dégageront librement dans les ateliers.	Poussières nuisibles.
Grillage des minerais sulfureux quand les gaz sont condensés et que le minerai ne renferme pas d'arsenic	Les enfants au-dessous de dix-huit ans, les filles mineures et les femmes ne seront pas employés dans dans les ateliers où l'on produit le grillage . . .	Émanations nuisibles.
Grillage et gazage des tissus	Les enfants au-dessous de dix-huit ans, les filles mineures et les femmes ne seront pas employés lorsque les produits de combustion se dégageront librement dans les ateliers.	Idem.
Hauts fourneaux. (*Voir* Fonderies.)		

ÉTABLISSEMENTS.	CONDITIONS.	MOTIFS.
Huiles de pétrole, de schiste et de goudron, essences et autres hydrocarbures employés pour l'éclairage, le chauffage, la fabrication des couleurs et vernis, le dégraissage des étoffes et autres usages (Fabrication, distillation, travail en grand d'). . .	Les enfants au-dessous de seize ans ne seront pas employés dans les ateliers de distillation et dans les magasins	Danger d'incendie.
Huiles essentielles ou essences de térébenthine, d'aspic et autres. (*Voir* Huiles de pétrole, de schiste, etc.)		
Huiles extraites des schistes bitumeux. (*Voir* Huiles de pétrole, de schiste, etc.)		
Jute (Teillage du) [*Voir* Teillage.]		
Liège (Usines pour la trituration du).	Les enfants au-dessous de dix-huit ans ne seront pas employés dans les ateliers où les poussières se dégagent librement .	Poussières nuisibles.
Lin (Teillage en grand du). [*Voir* Teillage.]		
Liquides pour l'éclairage (Dépôts de) au moyen de l'alcool et des huiles essentielles	Les enfants au-dessous de seize ans ne seront pas employés dans les magasins.	Danger d'incendie.
Marbres (Sciage ou polissage à sec des).	Les enfants au-dessous de dix-huit ans ne seront pas employés lorsque les poussières se dégageront librement dans les ateliers	Poussières nuisibles.
Matières minérales (Broyage à sec des).	Idem.	Idem.
Mégisseries	Les enfants au-dessous de dix-huit ans, les filles mineures et les femmes ne seront pas employés à l'épilage des peaux. . .	Danger d'empoisonnement.

ÉTABLISSEMENTS.	CONDITIONS.	MOTIFS.
Ménageries	Les enfants au-dessous de dix-huit ans ne seront pas employés quand la ménagerie renferme des bêtes féroces ou venimeuses	Danger d'accidents.
Moulins à broyer le plâtre, la chaux, les cailloux et les pouzzolanes.	Les enfants au-dessous de dix-huit ans ne seront pas employés quand les poussières se dégageront librement dans les ateliers.	Poussières nuisibles.
Nitrates métalliques obtenus par l'action directe des acides (Fabrication des).	Les enfants au-dessous de dix-huit ans, filles mineures et femmes ne seront pas employés dans les ateliers où se dégagent des vapeurs et où se manipulent les acides.	Vapeurs nuisibles.
Noir minéral (Fabrication du) par le broyage des résidus de la distillation des schistes bitumineux.	Les enfants au-dessous de dix-huit ans ne seront pas employés lorsque les poussières se dégageront librement dans les ateliers.	Poussières nuisibles.
Olives (Tourteaux d'). (*Voir* Tourteaux.)		
Ouates (Fabrication des) .	Idem	Idem.
Papier (Fabrication du). .	Les enfants au-dessous de dix-huit ans ne seront pas employés au triage et à la préparation des chiffons.	Poussières nuisibles.
Papiers peints. (*Voir* Toiles peintes.)		
Peaux, étoffes et déchets de laine (Dégraissage des) par les huiles de pétrole et autres hydrocarbures.	Les enfants au-dessous de dix-huit ans ne seront pas employés dans les ateliers où l'on traite par les dissolvants, où l'on trie, coupe et manipule les déchets	Danger d'incendie. Poussières nuisibles.
Peaux (Lustrage et apprêtage des)	Les enfants au-dessous de dix-huit ans ne seront pas employés lorsque les poussières se dégageront librement dans les ateliers	Idem.

ÉTABLISSEMENTS.	CONDITIONS.	MOTIFS.
Peaux de lapin ou de lièvre (Éjarrage et coupage des poils de)	Les enfants au-dessous de dix-huit ans ne seront pas employés lorsque les poussières se dégageront librement dans les ateliers	Danger d'incendie. Poussières nuisibles.
Pétrole (*Voir* Huiles de pétrole, etc.)		
Pierre (Sciage et polissage de la).	Idem	Idem.
Pileries mécaniques de drogues	Idem	Idem.
Pipes à fumer (Fabrication des).	Idem	Idem.
Plâtres (Fours à).	Idem	Idem.
Poêliers, fournalistes, poêles et fourneaux en faïence et terre cuite. (*Voir* Faïence.)		
Porcelaine (Fabrication de la)	Idem	Idem.
Poteries de terre (Fabrication de) avec fours non fumivores	Idem	Idem.
Pouzzolane artificielle (Fours à)	Idem	Idem.
Réfrigération (Appareils de) par l'acide sulfureux . .	Les enfants au-dessous de dix-huit ans, les filles mineures et les femmes ne seront pas employés dans les ateliers où se dégagent des vapeurs acides.	Émanations nuisibles.
Sel de soude (Fabrication du) avec le sulfate de soude.	Idem	Idem.
Sinapismes (Fabrication des) à l'aide des hydrocarbures	Les enfants au-dessous de dix-huit ans, les filles mineures et les femmes ne seront pas employés dans les ateliers où se manipulent les dissolvants. .	Vapeurs nuisibles. Danger d'incendie.

ÉTABLISSEMENTS.	CONDITIONS.	MOTIFS.
Soies de porcs (Préparation des)	Les enfants au-dessous de dix-huit ans ne seront pas employés lorsque les poussières se dégageront librement dans les ateliers.	Poussières nuisibles.
Soude (*Voir* Sulfate de soude.)		
Soufre (Pulvérisation et blutage du)	Idem	Idem.
Sulfate de peroxyde de fer (Fabrication du) par le sulfate de protoxyde de fer et l'acide nitrique (nitrosulfate de fer.).	Les enfants au-dessous de dix-huit ans, les filles mineures et les femmes ne seront pas employés dans les ateliers où se dégagent des vapeurs acides.	Vapeurs nuisibles.
Sulfate de protoxyde de fer ou couperose verte par l'action de l'acide sulfurique sur la ferraille . .	Idem	Idem.
Sulfate de soude (Fabrication du) par la décomposition du sel marin par l'acide sulfurique. . . .	Idem	Idem.
Sulfure de carbone (Fabrication du).	Les enfants au-dessous de dix-huit ans ne seront pas employés dans les ateliers où se dégagent des vapeurs nuisibles. . . .	Vapeurs délétères. Danger d'incendie.
Sulfure de carbone (Manufactures dans lesquelles on emploie en grand le).	Idem	Idem.
Sulfure de carbone (Dépôts de).	Idem	Idem.
Superphosphate de chaux et de potasse (Fabrication du).	Les enfants au-dessous de dix-huit ans, les filles mineures et les femmes ne seront pas employés dans les ateliers où se dégagent des vapeurs acides et des poussières. . . .	Émanations nuisibles.
Tabacs (Manufactures de).	Les enfants au-dessous de seize ans ne seront pas employés dans les ateliers où l'on démolit les masses.	Émanations nuisibles.

ÉTABLISSEMENTS.	CONDITIONS.	MOTIFS.
Taffetas ou toiles vernis ou cirés (Fabrication de). .	Les enfants au-dessous de seize ans ne seront pas employés dans les ateliers où l'on prépare et applique les vernis..	Danger d'incendie.
Tan (Moulins à)	Les enfants au-dessous de dix-huit ans ne seront pas employés quand les poussières se dégagent librement dans les ateliers. .	Poussières nuisibles.
Tanneries.	Idem	Idem.
Tapis (Battage en grand des). [*Voir* Battage.]		
Teillage du lin, du chanvre et du jute en grand . .	Idem	Idem.
Teintureries	Les enfants au-dessous de dix-huit ans, les filles mineures et les femmes ne seront pas employés dans les ateliers où l'on emploie des matières toxiques. .	Danger d'empoisonnement.
Térébenthine (Distillation et travail en grand de la). [*Voir* Huiles de pétrole, de schiste, etc.)		
Toiles cirées. (*Voir* Taffetas et toiles vernis.)		
Toiles peintes (Fabrique de).	Idem	Idem.
Toiles vernies (Fabriques de). (*Voir* Taffetas et toiles vernis.)		
Tourteaux d'olives (Traitement des) par le sulfure de carbone	Les enfants au-dessous de dix-huit ans, les filles mineures et les femmes ne seront pas employés dans les ateliers où l'on manipule le sulfure de carbone	Émanations nuisibles.
Tôles et métaux vernis . .	Les enfants au-dessous de dix-huit ans, les filles mineures et les femmes ne seront pas employés dans les ateliers où l'on emploie des matières toxiques	Danger d'empoisonnement.

ÉTABLISSEMENTS.	CONDITIONS.	MOTIFS.
Vernis à l'esprit-de-vin (Fabrique de).	Les enfants au-dessous de seize ans ne seront pas admis dans les ateliers où l'on prépare et manipule les vernis	Danger d'incendie.
Vernis (Ateliers où l'on applique le) sur les cuirs, feutres, taffetas, toiles, chapeaux. (*Voir* ces mots.)		
Verreries, cristalleries et manufactures de glaces .	Les enfants au-dessous de dix-huit ans, les filles mineures et les femmes ne seront pas employés dans les ateliers où les poussières se dégagent librement et où il est fait usage de matières toxiques	Poussières nuisibles.
Vessies nettoyées et débarrassées de toute substance membraneuse (Atelier pour le gonflement et le séchage des).	Les enfants au-dessous de dix-huit ans, les filles mineures et les femmes ne seront pas employés au travail du soufflage. . .	Danger d'affections pulmonaires.
Visières vernies (Fabrique de). (*Voir* Feutres et visières.)		

CHAPITRE Ier

COMMENTAIRE DE LA LOI DU 12 JUIN 1893

**Sur l'hygiène et la sécurité des travailleurs
dans les établissements industriels.**

ÉTABLISSEMENTS SOUMIS A LA LOI

ARTICLE Ier. — *Sont soumis aux dispositions de la présente loi les manufactures, fabriques, usines, chantiers, ateliers de tout genre et leurs dépendances.*

Sont seuls exceptés les établissements où ne sont employés que les membres de la famille sous l'autorité soit du père, soit de la mère, soit du tuteur.

Néanmoins, si le travail s'y fait à l'aide de chaudière à vapeur ou de moteur mécanique, ou si l'industrie exercée est classée au nombre des établissements dangereux ou insalubres, l'inspecteur aura le droit de prescrire les mesures de sécurité et de salubrité à prendre conformément aux dispositions de la présente loi.

L'énumération faite par l'article Ier de la loi du 12 juin 1893 des divers établissements auxquels cette loi est applicable reproduit celle de la loi du 2 novembre 1892, sauf les mines, minières et carrières qui possèdent une réglementation spéciale.

Les lois antérieures à celle qui nous occupe visaient soit les ateliers employant des enfants, des filles mineures ou des femmes (loi du 2 novembae 1892), soit les usines ou manufactures, n'occupant qu'un personnel d'ouvriers adultes, mais qui, en raison de leur importance, étaient assujettis à la loi du 9 septembre 1848. La loi du 12 juin 1893 a accru la sphère d'influence protectrice du service de l'inspection du travail et a étendu son action à tous les ateliers qui, à côté du patron, ne comptent que quelques ouvriers adultes et ne sont commandés par aucun moteur mécanique. Seuls les ateliers de famille échappent au contrôle des inspecteurs et encore faut-il pour cela qu'ils ne soient pas classés au nombre des établissements dangereux ou insalubres et qu'ils n'emploient ni chaudière à vapeur, ni moteur mécanique.

L'application du texte de l'article 1er ayant donné lieu dans quelques cas spéciaux à des difficultés, nous allons résumer ci-après les interprétations de l'administration ou des tribunaux de divers ordres.

Ateliers publics. — En se basant sur ce qu'aucune des dispositions de la loi de 1893 n'en avait étendu l'application aux ateliers publics, le Conseil d'État, consulté par le ministre du commerce et de l'industrie, avait émis l'avis que ladite loi n'était pas applicable aux ateliers des compagnies de chemins de fer. D'après la circulaire ministérielle du 8 septembre 1894, il résultait de cet avis que tous les autres établissements publics étaient à plus forte raison non soumis à la loi du 12 juin 1893. La circulaire ministérielle du 30 novembre 1897 avait même étendu cette non-application de la loi aux chantiers des entrepreneurs qui travaillent directement pour le compte de l'État et de ceux qui exécutent les travaux pour le compte des compagnies de chemins de fer concessionnaires. On est revenu en partie sur ces décisions que les rapports des inspecteurs divisionnaires signalaient comme préjudiciables à la sécurité des travailleurs, et une circulaire ministérielle du 16 mai 1900 a estimé qu'il n'y a aucune raison valable de ne pas appliquer la loi du

12 juin 1893 sur les chantiers de travaux publics effectués, à l'entreprise ou en régie, pour le compte de l'État, des départements et des communes.

Ces chantiers, fait remarquer ladite circulaire du 16 mai 1900, ne se distinguent d'ailleurs en rien, au point de vue de l'hygiène et de la sécurité des travailleurs, des établissements similaires de l'industrie privée et il n'y a pas de raison de les soustraire à l'application du droit commun. Si le législateur avait voulu laisser une catégorie d'ouvriers en dehors des garanties qu'il instituait au profit des travailleurs, il n'aurait pas manqué de l'indiquer d'une manière formelle. Dans le silence de la loi, il n'est pas possible de créer des exceptions qu'elle n'a pas prévues.

Il y avait du reste une singulière anomalie à ce que l'État, les départements et les communes, qui, à des degrés divers et sous des formes différentes, ont mission de surveiller l'application des lois sur le travail, conférassent précisément à la catégorie d'entrepreneurs sur lesquels ils ont le plus de prise — ceux auxquels ils ont concédé des travaux — le privilège de n'être point assujettis à certaines de ces lois.

Y a-t-il lieu de redouter un conflit qui pourrait éventuellement résulter de l'intervention des inspecteurs du travail sur un domaine qui peut être soumis au contrôle des ingénieurs et autres agents chargés par les règlements de la direction et de la surveillance des travaux ? C'est une crainte à laquelle le législateur ne s'est pas arrêté, lorsqu'il a chargé les inspecteurs du travail de faire appliquer, même dans les établissements publics, la loi du 2 novembre 1892 sur le travail des enfants, des filles mineures et des femmes et sur l'hygiène et la sécurité de ces travailleurs. L'expérience démontre d'ailleurs que cette crainte eût été mal fondée.

Les inspecteurs se sont jusqu'ici acquittés de leur mission sans qu'aucune difficulté se soit produite. Leurs rapports attestent qu'ils reçoivent partout le meilleur accueil et qu'on s'empresse de réaliser les mesures de salubrité et de protection dont ils recommandent l'adoption. Comment un désaccord serait-il plus à redouter lorsque le service prescrirait, en faveur des adultes, des mesures protectrices qu'il a pu faire adopter sans difficulté pour les femmes et les enfants ?

On ne serait pas fondé davantage à soutenir que l'intervention des inspecteurs n'aurait aucune utilité sur les chantiers où sont effectués des travaux pour le compte de l'État, des départements et des communes, par le motif que les agents chargés de surveiller l'entreprise auraient également pour mission de faire observer les prescriptions relatives aux conditions du travail et, notamment, aux mesures d'hygiène et de sécurité. Il n'y a pas d'assimilation possible entre ces agents et les inspecteurs du travail, qui ont seuls le pouvoir, en leur qualité d'officiers de police judiciaire, d'assurer et d'imposer au besoin l'application des lois protectrices des travailleurs ; seuls ils tiennent de la loi le mandat d'intervenir d'une façon efficace en pareille matière.

Il y aurait donc de graves dangers à ne pas prescrire sur ces chantiers les mesures de sécurité que le législateur a cru devoir ordonner dans l'intérêt de tous les travailleurs. (Rapport sur l'application de la loi du 12 juin 1893 présenté à M. le Président de la République par M. Millerand, ministre du commerce et de l'industrie.)

Chargement et déchargement des navires. — Aux termes d'une première circulaire en date du 29 novembre 1897, les chantiers de chargement et de déchargement des navires ne devaient pas être considérés comme soumis aux prescriptions relatives à la réglementation du travail. Mais, à la suite d'accidents graves qui se sont produits au cours d'opérations de chargement et de déchargement des navires, M. le ministre du commerce et de l'industrie a été amené à se demander si les quais, terre-pleins, docks, etc..., où se font ces transbordements de marchandises ne constituent pas des chantiers au sens des lois du 2 novembre 1892 et du

12 juin 1893. Après une enquête approfondie, cette question a paru devoir être résolue par l'affirmative. Dans la circulaire adressée le 18 mai 1900 aux inspecteurs divisionnaires du travail, M. le ministre donne les motifs suivants qui l'ont déterminé à adopter cette manière de voir et à rapporter la décision du 29 novembre 1897 :

« Qu'il s'agisse de l'application de la loi de 1892 ou de la loi de 1893, les tribunaux ont considéré jusqu'ici qu'un chantier est un emplacement affecté au travail en commun, où les ouvriers courent ensemble les dangers ordinaires à l'industrie, sous la direction et la responsabilité légale d'un même patron, qui est obligé, vis-à-vis d'eux, à la même protection au point de vue de l'hygiène et de la sécurité. Or, il n'est pas douteux que cette définition s'applique, en tous points, aux chantiers de chargement et de déchargement de navires. Il se forme en effet, au cours de ces opérations, de véritables chantiers, dans lesquels il est fait usage de palans, de grues à bras ou à vapeur, de passerelles, qui exigent l'observation des dispositions légales relatives à la sécurité des travailleurs. Les appareils montés sur les quais ou sur les ponts des navires sont des organes dangereux qui exigent les mêmes engins de protection que ceux qui sont installés dans les ateliers ; ils doivent être munis, dès lors, des mêmes dispositifs protecteurs dans les deux cas, puisqu'ils offrent les mêmes causes de dangers pour le personnel qui est appelé à s'en servir.

« Cette manière de voir est, de tous points, en harmonie non seulement avec les décisions rendues en la matière par les tribunaux de nos grands ports de commerce, mais avec celle de la Cour de cassation qui considère qu'il faut entendre par chantiers, dans le sens des lois de 1892-1893, tout emplacement où sont employés un certain nombre d'ouvriers, à quelque titre que cet emplacement soit occupé, et alors même que le travail n'aurait pas, au sens économique du mot, un caractère industriel.

« Que si on objectait qu'un quai sur lequel se fait le

chargement ou le déchargement de navires, constitue une partie du domaine public, qui ne saurait affecter le caractère d'un chantier dans le sens des lois précitées, il serait facile de répondre que la première de ces deux lois a pris soin de dire qu'elle s'appliquait même aux établissements publics, et que la seconde régit les chantiers *de tout genre,* ce qui ne comporte pas d'exception. Ce dont le législateur s'est exclusivement préoccupé, c'est des risques professionnels auxquels les ouvriers sont exposés ; ce qu'il a voulu, c'est qu'ils fussent préventivement protégés par l'intervention vigilante de l'autorité administrative. Qu'importe, dès lors, que le chantier soit établi,sur le domaine public ou privé ? Dans un cas comme dans l'autre, les travailleurs courent les mêmes risques et les entrepreneurs sont soumis aux mêmes responsabilités ; dans les deux cas, la loi fait au patron un devoir strict de prendre les mesures de sécurité nécessaires pour protéger les ouvriers qu'il emploie.

« En vain, objecterait-on encore que la surveillance des inspecteurs du travail est sans objet quand il s'agit de chantiers faisant partie du domaine public, puisque ceux-ci sont soumis par la législation existante au contrôle des ingénieurs des ports. Ainsi que je le faisais observer dans une récente circulaire, il n'y a pas d'assimilation possible entre les ingénieurs sus-désignés et les fonctionnaires de l'inspection, qui ont seuls le pouvoir, en leur qualité d'officiers de police judiciaire, d'assurer, au besoin par des mesures coercitives, l'exécution des lois protectrices des travailleurs. Ajouterai-je que le respect de la loi s'impose, quelles que soient les catégories d'ouvriers employés au chargement et au déchargement de navires ? Qu'il s'agisse des portefaix ou du personnel naviguant, occupé provisoirement aux opérations de transbordement, la loi comme l'humanité fait à l'administration un devoir strict de prescrire les mesures propres à prévenir les accidents dont les uns comme les autres peuvent être victimes, au cours de leur travail. »

Exploitations agricoles. — La loi de 1893 et le décret de 1894 ne sont pas applicables aux exploitations agricoles. (Tribunal civil d'Hazebrouck, jugement du 25 février 1897.)

Travail des machines à battre et des faucheuses. — Le travail des machines à battre et des faucheuses n'est pas soumis à la loi de 1893. (Avis du comité consultatif des arts et manufactures.)

Exploitations forestières. — Les exploitations forestières doivent être considérées comme des chantiers agricoles et non soumis comme tels aux lois de 1892 et de 1893. (Lettre ministérielle du 13 avril 1898.)

Constructions d'immeubles. — La loi du 12 juin 1893 s'applique aux constructions d'immeubles. (Tribunal de simple police de Paris, jugement du 4 janvier 1898.)

Chantiers. — La loi du 12 juin 1893 n'est pas applicable aux personnes qui sont étrangères à un chantier et qui sont victimes de la chute des matériaux. (Tribunal de simple police de Tinchebray, jugement du 2 février 1897.)

Travaux de terrassements. — Les travaux de terrassements et les fouilles ou autres travaux souterrains exécutés en vue de débarrasser le contenant du contenu et non d'enlever, comme dans les carrières, le contenu pour l'utiliser, sont de véritables chantiers industriels, soumis à ce titre aux prescriptions de la loi du 12 juin 1893. (Lettre ministérielle du 16 juin 1894.)

Travaux de démolition. — La loi du 12 juin 1893 est applicable aux travaux de démolition. (Tribunal correctionnel du Mans, jugement du 23 novembre 1894.)

Magasins. — La loi du 12 juin 1893 ne s'applique qu'aux

seuls établissements industriels et ne saurait s'étendre aux magasins d'un simple négociant. (Cour d'appel de Nancy, arrêt du 29 juin 1895.)

Toutefois, si, dans les magasins ou autres établissements similaires, il est fait emploi d'appareils mécaniques, la loi de 1893 est applicable. (Lettre ministérielle du 15 février 1898.)

Chantiers de bois. — La loi du 12 juin 1893 est applicable à tous les chantiers, et notamment à ceux qui servent pour un commerce de bois ; on ne doit pas établir de distinction entre les chantiers industriels et les chantiers commerciaux. (Cour de cassation, arrêt du 2 avril 1897.)

Usines de force motrice. — La loi de 1893 est applicable aux usines de force motrice. (Lettre ministérielle du 15 février 1898.)

Dépendances. — Il y a lieu de considérer comme dépendance d'une usine à gaz, le lieu où l'ouvrier nettoie les becs alimentés par l'usine, bien qu'ils soient éloignés du corps de l'usine. (Tribunal de simple police de Belle-Isle-en-Mer, jugement du 17 août 1897.)

MESURES GÉNÉRALES D'HYGIÈNE ET DE SÉCURITÉ

Art. 2. — *Les établissements visés à l'article 1er doivent être tenus dans un état constant de propreté et présenter les conditions d'hygiène et de salubrité nécessaires à la santé du personnel.*

Ils doivent être aménagés de manière à garantir la sécurité des travailleurs. Dans tout établissement fonctionnant par des appareils mécaniques, les roues, les courroies, les engrenages ou tout autre organe pouvant offrir une cause de danger seront séparés des ouvriers de telle manière que l'approche n'en soit possible que pour les besoins du service. Les puits, trappes et ouvertures doivent être clôturés.

Les machines, mécanismes, appareils de transmission, outils et engins doivent être installés et tenus dans les meilleures conditions possibles de sécurité.

Les dispositions qui précèdent sont applicables aux théâtres, cirques, magasins et autres établissements similaires où il est fait emploi d'appareils mécaniques.

Les trois premiers paragraphes étendent à tous les travailleurs les dispositions de l'article 14 de la loi du 2 novembre 1892, applicables seulement aux enfants, aux filles mineures et aux femmes.

Une question très importante a été soulevée.

L'application des mesures de protection imposées par l'article 2 de la loi du 12 juin 1893 est-elle oui ou non subordonnée à la mise en demeure exigée pour les dispositions des règlements d'administration publique prévus à l'article 3 ?

Les avis sont partagés, ce qui n'a rien d'étonnant, puisque la Cour de cassation a, dans les quatre arrêts suivants, émis deux opinions différentes. Voici, par ordre de date, le texte de ces arrêts :

Arrêt du 28 mars 1896. — Si la loi du 12 juin 1893, en soumettant tous les établissements industriels déjà régis par la loi du 2 novembre 1892, lorsqu'ils emploient des enfants ou des femmes, à des règles de sécurité et d'hygiène déjà en partie prescrites par cette dernière loi, subordonne dans son article 6 toute mise en œuvre de leurs sanctions pénales à une mise en demeure préalable permettant aux industriels d'en discuter l'opportunité, elle ne le fait qu'à titre exceptionnel et seulement pour celles de ces règles dont elle confie la détermination ultérieure au pouvoir réglementaire. En ce qui touche les infractions à celles des prescriptions tant de sécurité que d'hygiène que la loi détermine elle-même, elle les laisse soumises à la constatation et à la poursuite directes et immédiates, conformément d'ailleurs aux lois antérieures sur la matière comme aux règles de droit commun.

Arrêt du 8 janvier 1897. — Si l'article 6 de la loi du 12 juin 1893 a subordonné la constatation et la poursuite des infractions à une mise en demeure préalable pour les contraventions « aux règlements faits en exécution de l'article 3 de la loi du 12 juin 1893 », cette même loi n'a point abrogé les prescriptions de la législation antérieure, ni surtout celles prévues et punies par cette loi elle-même.

Arrêt du 2 avril 1897. — La disposition de l'article 2, § 2, de la loi du 12 juin 1893, d'après laquelle les établissements visés à l'article 1er « doivent être aménagés de manière à garantir la sécurité des travailleurs », se coordonne et s'enchaîne avec l'article suivant aux termes duquel les règlements d'administration publique déterminent tant les mesures de protection applicables à tous les établissements assujettis, que les prescriptions particulières relatives à certaines industries ou à certains modes de travail. Il en résulte que cette disposition n'a d'autre sanction pénale que celle des prescriptions formulées, en vue d'assurer son application, par des règlements d'administration publique.

Arrêt du 27 mai 1898. — Dans son paragraphe 3, l'article 2 prescrit d'installer et de tenir dans les meilleures conditions possibles de sécurité non seulement les machines, mécanismes et appareils de transmission, mais spécialement les outils et engins, c'est-à-dire les instruments mêmes que les ouvriers manient de la main. (Cour de cassation, arrêt du 27 mai 1898.)

Des trois premiers arrêts, il paraît résulter que l'article 2 de la loi du 12 juin 1893 qui, autrefois, pouvait être invoqué pour relever des contraventions pour tous les points qu'il visait spécialement, ne peut plus l'être valablement aujourd'hui. Car l'arrêt en date du 2 avril 1897 a détruit les deux précédents des 28 mars 1896 et 8 janvier 1897 en déclarant que toute contravention devait être précédée d'une mise en demeure faite conformément à l'article 6 de ladite loi.

Il semble bien cependant que cet article 6, qui n'exige de mise en demeure qu'en ce qui concerne les règlements d'administration publique prévus par l'article 3, laisse subsister intactes les contraventions prévues directement par la loi ; quant au quatrième arrêt cité plus haut, pourquoi aurait-il élargi le sens du paragraphe 3 de l'article 2 s'il n'avait pas accordé, du moins d'une manière implicite, à cet article 2 un pouvoir indépendant de la mise en demeure préalable ?

Une circulaire ministérielle en date du 16 novembre 1900, se basant tant sur les termes de l'article 6 de la loi que sur les arrêts de la Cour de cassation des 28 mars 1896 et 8 janvier 1897, qui doivent être considérés comme faisant jurisprudence, a invité les inspecteurs du travail à relever à l'avenir, sans mise en demeure préalable, les contraventions à l'article 2 de la loi du 12 juin 1893.

Théâtres, cirques et magasins. — Le dernier paragraphe de l'article 2 fut ajouté sur la proposition de M. Goujon. Dans la séance de la Chambre du 17 juin 1891, l'honorable député s'exprime ainsi : « Nous demandons, M. Lechevallier et moi, que vous assimiliez aux ouvriers des fabriques, des usines et des manufactures, les ouvriers employés dans les théâtres, cirques, magasins et autres établissements similaires où il est fait emploi d'appareils mécaniques.

« Ce que nous désirons n'est pas nouveau, et la jurisprudence, dans ces dernières années, a assimilé complètement les employés des théâtres et des cirques aux autres ouvriers.

« Les employés dans les théâtres sont très nombreux et il faut bien reconnaître qu'ils sont exposés à des dangers sans nombre. Aujourd'hui, dans les théâtres, il est fait emploi d'engins mécaniques très nombreux et très puissants, et il suffit de jeter les yeux sur une affiche théâtrale pour se convaincre qu'il y a là un danger permanent pour la sécurité de ceux qui y sont employés.

« En 1875, la cour de Paris et après elle la Cour de cassation ont été appelées à se prononcer sur le point de savoir si la jurisprudence qui réglait l'indemnité en cas d'accident devait être appliquée également en matière de théâtre. L'une et l'autre se sont prononcées pour l'affirmative dans une affaire Chelles, l'artiste bien connu, contre son directeur, M. Hollacher. Il s'agissait de la disposition défectueuse d'une trappe par où l'artiste devait descendre et qui n'était pas entourée, comme le commandait la prudence, d'un garde-fou ou de points d'appui pour la descente. Le 6 janvier 1863, le tribunal de Strasbourg avait rendu un jugement analogue.

« J'ajoute que lorsqu'il s'agit pour les employés dans les théâtres du recouvrement de leurs salaires, on a bien soin de les assimiler partout et toujours aux autres ouvriers. Oui, Messieurs, lorsqu'il s'agit d'assurer les salaires de ces ouvriers, de ces travailleurs très intéressants, on leur dit : « Vous n'aurez pas de privilège parce que vous êtes des « ouvriers ; vous n'êtes pas des gens de service ni des com- « mis. »

« Eh bien, si vous considérez, lorsqu'il s'agit du recouvrement de leurs salaires, les travailleurs des théâtres comme de véritables ouvriers d'atelier ou de manufacture, traitez-les complètement sur ce pied.

« Nous demandons que vous les protégiez aussi contre les dangers sans nombre qui les menacent ; nous demandons en un mot que les mesures de protection que vous édictez profitent également à ceux dont je parle, et ce rapprochement entre les travailleurs de l'atelier et ceux de la scène n'a rien qui puisse offenser la pudeur des premiers, ni l'amour-propre des autres. Nous vous demandons de vous intéresser à la sécurité des figurants, des acteurs et des machinistes, dont la santé et la vie sont souvent exposées. Nous vous demandons de protéger cette classe de travailleurs, car il n'y a pas d'aristocratie de travailleurs. Les ouvriers employés aujourd'hui dans les théâtres sont très nombreux, et c'est par centaines qu'ils sont réunis sur une scène très étroite semée d'écueils, de dangers et de trappes de toute nature. »

Cette argumentation de l'auteur de l'amendement nous permettra de saisir quelle est exactement la portée du dernier paragraphe de l'article 2 de la loi du 12 juin 1893 ?

Signifie-t-il que toutes les prescriptions contenues dans cet article et relatives, les unes à l'hygiène, les autres à la sécurité, doivent être observées dans les théâtres, cirques, magasins et autres établissements similaires ? Ou bien les directeurs de ces établissements ne sont-ils tenus qu'à prendre les mesures de sécurité nécessaires pour préserver leur personnel contre les dangers résultant de l'emploi d'un outillage mécanique ? C'est cette dernière interprétation qui semble la plus conforme aux intentions du législateur. En effet, pour être astreints aux obligations de l'article 2 de la loi, il faut que les théâtres, magasins, etc., fassent emploi d'appareils mécaniques ; c'est donc exclusivement le danger résultant de ces appareils que le législateur a voulu viser. Cette interprétation permet, d'ailleurs, de donner sa véritable portée à l'expression « et autres établissements similaires » employée dans le dernier paragraphe de l'article 2. Si le législateur avait voulu appliquer à ces établissements toute une série de prescriptions diverses, il aurait certainement pris soin de les désigner d'une façon plus précise. Mais, dans son esprit, c'était moins une catégorie d'établissements qu'il visait qu'un mode de travail. Il voulait uniquement que partout où, soit dans le commerce, soit dans l'industrie, le travail se fait à l'aide d'appareils mécaniques, des précautions fussent prises pour préserver le personnel contre les dangers qui résultent de l'emploi de ces appareils. (Circulaire ministérielle du 27 mars 1894.)

Aux termes d'une lettre ministérielle du 4 août 1894, les boulangeries, pâtisseries, boucheries et charcuteries tombent, comme magasins de commerce, sous l'application de l'article 2, paragraphe 3, de la loi du 12 juin 1893, lorsqu'il y est fait usage d'appareils mécaniques.

La raison invoquée par un loueur de force motrice qu'il n'est pas un chef d'industrie puisqu'il n'en exerce aucune ; qu'il est commerçant et que, comme tout autre négociant, il échappe aux prescriptions des lois réglementant le travail, ne saurait être admise, car le paragraphe 4 de l'article 2 de la loi du 12 juin 1893 dispose, d'une manière formelle, que les magasins et autres établissements similaires où il est fait emploi d'appareils mécaniques sont soumis aux dispositions qu'elle édicte. (Lettre ministérielle de 15 février 1898.)

RÈGLEMENTS D'ADMINISTRATION PUBLIQUE.

Art. 3. — Des règlements d'administration publique, rendus après avis du comité consultatif des arts et manufactures, détermineront :

1° Dans les trois mois de la promulgation de la présente loi, les mesures générales de protection et de salubrité applicables à tous les établissements assujettis, notamment en ce qui concerne l'éclairage, l'aération ou la ventilation, les eaux potables, les fosses d'aisances, l'évacuation des poussières et vapeurs, les précautions à prendre contre les incendies, etc. ;

2° Au fur et à mesure des nécessités constatées, les prescriptions particulières relatives soit à certaines industries, soit à certains modes de travail.

Le comité consultatif d'hygiène publique de France sera appelé à donner son avis en ce qui concerne les règlements généraux prévus au paragraphe 2 du présent article.

En vertu de l'article 3, il a été rendu deux règlements d'administration publique, savoir :

1° Le décret du 10 mars 1894 qui indique les mesures générales de protection et de salubrité applicables à tous les établissements assujettis, notamment en ce qui concerne l'éclairage, l'aération ou la ventilation, les eaux potables,

les fosses d'aisances, l'évacuation des poussières et vapeurs, les précautions à prendre contre les incendies, etc. ;

2° Le décret du 29 juin 1895 édictant des prescriptions particulières aux fabriques d'acéto-arsénite de cuivre ou vert de Schweinfurth.

Aux termes du paragraphe 4 de l'article 3, le comité consultatif d'hygiène publique de France n'est appelé à donner son avis qu'en ce qui concerne les règlements généraux prévus au paragraphe 2. Aussi, M. le ministre du commerce et de l'industrie, après avoir reconnu que la constitution d'une commission technique était nécessaire pour la préparation des règlements particuliers, relatifs à l'hygiène, dans certaines industries ou dans certains modes de travail, a, par arrêté du 11 décembre 1900, créé une commission spéciale chargée d'élaborer les règlements particuliers prévus ci-dessus.

FONCTIONS DES INSPECTEURS

ART. 4. — *Les inspecteurs du travail sont chargés d'assurer l'exécution de la présente loi et des règlements qui y sont prévus ; ils ont entrée dans les établissements spécifiés à l'article 1er et au dernier paragraphe de l'article 2, à l'effet de procéder à la surveillance et aux enquêtes dont ils sont chargés.*

L'article 4 charge les inspecteurs du travail d'assurer l'exécution de la loi du 12 juin 1893 et des règlements qui y sont prévus. A cet effet, ils ont entrée dans les établissements qui y sont soumis, y compris ceux spécifiés aux derniers paragraphes de l'article 2, c'est-à-dire les théâtres, cirques, magasins et autres établissements similaires. Dans les théâtres, l'inspecteur, pour accomplir sa mission, peut pénétrer dans les couloirs, dans les coulisses, dans les dessous et même dans la salle du public, mais il ne saurait exiger que l'on mette à sa disposition permanente même un fauteuil, une loge ou toute autre place réservée au public : une grande réserve s'impose aux inspecteurs dans leurs rapports avec les directeurs de théâtres. (Circulaire ministérielle du 25 avril 1894.)

Les questions que soulève la mise en vigueur de la loi du 12 juin 1893 et des décrets rendus pour son exécution étant toutes d'ordre technique, il appartient aux inspecteurs seuls et non aux inspectrices de les résoudre et d'exercer le contrôle qu'elles comportent ; en conséquence, lorsqu'une inspectrice remarque, au cours d'une visite dans un des établissements qu'elle a mission de visiter, que les prescriptions de la loi de 1893 ou des règlements d'administration publique rendus pour son exécution ne sont pas appliquées, elle n'a qu'à signaler le fait à l'inspecteur départemental de la section, qui visite alors l'établissement à ce point de vue spécial. (Lettre ministérielle du 14 novembre 1895.)

La loi du 12 juin 1893 n'étant pas applicable aux mines et les ingénieurs des mines n'ayant été chargés d'aucune surveillance à cet égard, on s'est demandé si les établissements industriels, annexés en fait aux mines, sans en être des dépendances légales au point de vue du droit des mines, ne devaient pas être inspectés à la fois par ces fonctionnaires pour l'exécution de la loi du 2 novembre 1892 et par le service de l'inspection du travail pour la loi du 12 juin 1893. Ce mode de procéder a paru au ministre très critiquable et il a préféré qu'une seule catégorie de fonctionnaires soit chargée de faire appliquer les prescriptions des deux lois. Aussi, d'après une circulaire du 5 juillet 1894, les ingénieurs des mines surveilleront l'application de la loi du 12 juin 1893 dans les établissements formant la dépendance immédiate des mines et où ils exercent déjà leur surveillance au point de vue de la loi de 1892. Pour savoir quels sont ces établissements, il suffit de se reporter aux instructions générales du 4 mai 1893 adressées aux ingénieurs en chef des mines. Sont comprises dans cette catégorie les dépendances se rattachant industriellement et matériellement à une exploitation minière dans lesquelles l'exploitant se borne à une première transformation des produits par lui extraits pourvu que ces dépendances se trouvent établies sur le carreau de la mine, minière ou carrière ou dans son voisinage immédiat et reliées directement aux puits et galeries par des voies dépendant de l'entreprise dont elles ne constitueraient qu'une branche accessoire et secondaire. Ainsi sont soumis à la surveillance des ingénieurs les fabrications de coke et d'agglomérés reliées immédiatement, dans les conditions de fait ci-dessus rappelées, à une mine de combustibles ; les ateliers de lavage des phosphates, les ateliers de fendage d'ardoises, lorsqu'ils font partie de l'exploitation même de la carrière. Au contraire, les ateliers de taille et de sciage à la mécanique d'ardoises qui n'ont plus avec la carrière une liaison matérielle immédiate sont laissés à la surveillance des inspecteurs. La même distinction doit être faite pour les pierres et pour les marbres. Les fours à chaux, les ateliers de cuisson et de blutage du plâtre, les briqueteries et les tuileries restent sous le contrôle des inspecteurs.

Diverses assemblées avaient émis le vœu d'adjoindre aux inspecteurs une sorte de comité, dont les fonctions seraient gratuites et qui, composé de praticiens, de constructeurs, d'ingénieurs, d'industriels, rédigerait, après la visite d'une usine, des indications très précises sur les mesures à prendre pour assurer l'application de la loi du 12 juin 1893 et du décret du 10 mars 1894. M. le ministre du commerce, de l'industrie, des postes et des télégraphes, a fait remarquer, dans sa lettre du 24 mai 1894, que l'article 6 de la loi du 12 juin 1893, tel qu'il est interprété, donne satisfaction à ce vœu, sans qu'il soit besoin de recourir à la constitution de commissions spéciales. En effet, aux termes de cet article, les inspecteurs sont tenus, en ce qui concerne l'application des règlements d'administration publique prévus par l'article 3, de mettre, avant de dresser procès-verbal, les industriels en demeure de se conformer aux prescriptions de ces règlements. Dans les quinze jours qui suivent cette mise en demeure, inscrite sur le registre de l'usine, l'industriel peut, s'il le juge convenable, adresser une réclamation qui, après avoir été l'objet d'une instruction complémentaire, est soumise à l'examen du comité consultatif des arts et manufactures. Il ajoute que, d'après l'interprétation admise par l'administration dans l'intérêt des industriels, le recours au ministre peut avoir lieu même lorsqu'il ne s'agit pas de transformation portant sur le gros œuvre de l'usine. Il y a donc là une garantie absolue que les chefs d'industrie ne seront jamais exposés à des mesures excessives ou arbitraires, et l'on doit reconnaître que le comité est mieux qualifié que personne pour remplir le rôle des commissions que l'on voudrait voir organiser à côté du service de l'inspection et en dehors de la loi. L'expérience démontre que son intervention a suffi jusqu'ici à résoudre les difficultés bien rares qu'a pu soulever l'application de la loi de 1893 et cela, grâce à la prudence d'un corps d'inspecteurs recruté aujourd'hui par la voie du concours et qui possède les connaissances techniques et la valeur professionnelle nécessaire pour l'accomplissement de sa mission. S'ils se refusent, comme on paraît le regretter, à donner aux industriels des conseils ou des indications au sujet des dispositifs à adopter pour être en règle avec la loi dont ils se bornent à constater l'inobservation, lorsqu'il y a lieu, c'est pour se conformer aux instructions qui leur ont été données après avis du comité consultatif des arts et manufactures, qui a considéré que, en entrant dans cette voie, le service s'exposerait, dans le cas où un accident se produirait, à des responsabilités morales qu'il importe d'éviter. C'est aux industriels seuls qu'il appartient de prendre les mesures de protection nécessaires après avoir pris l'avis de leurs conseils techniques ou, s'ils le jugent utile, celui des associations spéciales organisées en vue de la prévention des accidents.

A la suite de nouvelles considérations soumises dans le

but de démontrer la nécessité d'organiser, à côté du service de l'inspection du travail et en dehors de la loi, une sorte de comité consultatif local qui, après l'inspection d'une usine, déterminerait les mesures de sécurité à prendre, M. le ministre du commerce et de l'industrie a adressé, le 7 décembre 1897, la lettre suivante :

« Monsieur l'Inspecteur divisionnaire, la création de comités consultatifs locaux, pour déterminer les mesures de sécurité à prendre en exécution de l'article 6 de la loi du 12 juin 1893, semble justifiée, aux yeux de certains industriels, par ce fait que les inspecteurs peuvent, dans certains cas, ne pas posséder toutes les connaissances techniques qu'exigerait la mission qui leur est confiée *et se trouver en désaccord avec les associations spéciales constituées en vue de la prévention des accidents.*

« J'ai cru devoir faire remarquer à ces industriels qu'ils se font une idée inexacte du rôle de l'inspecteur du travail. Celui-ci n'a pas pour mission de faire apporter des modifications à l'outillage ou d'y introduire des perfectionnements, en vue d'en diminuer les dangers, car il ne saurait remplir l'office d'ingénieur-conseil, mais bien de rechercher si les organes en mouvement, si les mécanismes remplissent les conditions de sécurité imposées par la loi. Ce n'est pas autre chose qu'un officier de police judiciaire qui dresse un procès-verbal de constat. Les connaissances scientifiques et techniques dont les inspecteurs justifient avant d'entrer dans le service par la voie du concours les mettent à même de se rendre facilement compte si un engin que la loi prescrit de munir de dispositifs protecteurs est garanti ou non. Dans la négative, ils ont exclusivement pour devoir de relever les contraventions et de les signaler aux industriels, qu'ils mettent en demeure de se conformer aux règlements. Il n'est pas besoin pour cela que l'inspecteur possède une compétence particulière dans chacune des industries qui s'exercent dans sacirconscription.

« Au surplus, il est sans exemple qu'un inspecteur ait refusé de donner les explications que pouvaient comporter ses instructions. En ce qui concerne les mesures de sécurité, la première réclamation est encore à se produire dans la ville où résident les industriels auteurs de la demande, et aucun de ceux-ci, malgré les nombreuses mises en demeure auxquelles le service a eu jusqu'ici recours, n'a usé de la faculté que lui a donnée la loi de déférer au ministre les injonctions de l'inspection. Il faut évidemment attribuer cette abstention à ce fait que les mises en demeure énumèrent minutieusement les organes dangereux qu'elles prescrivent de protéger. Les recours n'auraient pas manqué de se produire si l'inspection s'était écartée du cadre qui lui est tracé par la loi, ou si ses observations avaient présenté un caractère obscur ou ambigu. Le rôle des inspecteurs étant bien défini, on ne voit pas comment il pourrait y avoir, comme on l'a dit, désaccord entre eux et les Associations contre les accidents, puisque les uns se bornent à relever les articles de la loi ou des règlements qui ne sont pas appliqués et que les autres ont pour mission de rechercher et d'indiquer les moyens d'application.

« D'après cela, les Comités consultatifs ne paraîtraient pas devoir présenter une grande utilité. L'expérience permet d'affirmer que ce serait un organisme dangereux. Ces comités ont, en effet, existé de 1874 à 1892, sous le nom de Commissions locales, et celles-ci ont été supprimées par le législateur en raison des inconvénients qu'elles offraient. En effet, ou elles ne fonctionnaient pas, ce qui était fréquent, et c'était un rouage inutile, ou elles cherchaient à se substituer au service de l'inspection, dont elles paralysaient l'action sous prétexte de le contrôler. Celui qui avait la responsabilité se trouvait ainsi en tutelle. Composées d'industriels appelés à opérer dans la région où ils habitaient, dans les usines mêmes de leurs confrères, ces commissions ne pouvaient faire preuve d'une sévérité suffisante et étaient dénuées de toute autorité. Par contre, elles éveillaient les suspicions des industriels qui craignaient que leurs concurrents, au cours de leurs visites, ne découvrissent leurs méthodes, leurs modèles ou leurs moyens de fabrication. Les mêmes causes ne manqueraient pas de produire les mêmes effets. Il ne saurait dépendre, en tout cas, du ministère du commerce de rétablir une organisation que le législateur a récemment supprimée.

« Il est vrai qu'on a cru remédier à l'un des inconvénients que présenterait l'obligation imposée à un industriel de laisser visiter son établissement par l'un de ses concurrents, en proposant de rendre facultative la consultation des comités consultatifs. Or, il est à remarquer qu'en supprimant le principe de l'obligation, on renonce aux seuls avantages que le projet pourrait présenter. En effet, c'est justement à raison de leurs connaissances spéciales qu'on propose d'appeler les industriels dans le sein des comités. Or, si leur intervention n'était pas obligatoire, si les industriels pouvaient récuser ceux des membres qui exerceraient la même profession qu'eux, on n'y rencontrerait plus la compétence que l'on prétend y trouver.

« Il est certain qu'un fabricant d'étoffes de nouveautés ne laisserait pas un de ses concurrents pénétrer dans son atelier d'échantillonnage, alors qu'il en ouvre la porte sans hésitation à l'inspecteur du travail. La même difficulté se produirait non seulement dans les tissages, mais dans les filatures et les retorderies où sont étudiées à chaque saison des combinaisons nouvelles de fils, dans les ateliers de teinture et d'apprêts où les procédés et les façons de main varient d'une maison à l'autre. Il en résulterait que l'on exclurait forcément les hommes compétents des comités, qui ne seraient plus composés que d'ingénieurs ou bien d'industriels n'appartenant pas à l'industrie où des mesures de sécurité devraient être prescrites. C'est là une conséquence qui suffirait à elle seule à faire écarter le projet, s'il n'était condamné déjà par les raisons de principe que j'ai développées plus haut et par celles qui ont fait l'objet de ma lettre du 24 mai 1897. »

PROCÈS-VERBAUX

Art. 5. — *Les contraventions sont constatées par les procès-verbaux des inspecteurs, qui font foi jusqu'à preuve contraire.*

Les procès-verbaux sont dressés en double exemplaire, dont l'un est envoyé au préfet du département et l'autre envoyé au parquet.

Les dispositions ci-dessus ne dérogent point aux règles du droit commun quant à la constatation et à la poursuite des infractions commises à la présente loi.

L'article 5 reproduit textuellement les trois derniers paragraphes de l'article 20 de la loi du 2 novembre 1892. Tout ce qui a été dit à ce sujet pour la loi de 1892 est applicable aux procès-verbaux relatifs aux contraventions à la loi du 12 juin 1893 et aux règlements prévus à l'article 3.

MISE EN DEMEURE

Art. 6. — *Toutefois, en ce qui concerne l'application des règlements d'administration publique prévus par l'article 3 ci-dessus, les inspecteurs, avant de dresser procès-verbal, mettront les chefs d'industrie en demeure de se conformer aux prescriptions dudit règlement.*

Cette mise en demeure sera faite par écrit sur le registre de l'usine ; elle sera datée et signée, indiquera les contraventions relevées et fixera un délai à l'expiration duquel ces contraventions devront avoir disparu. Ce délai ne sera jamais inférieur à un mois.

Dans les quinze jours qui suivent cette mise en demeure, le chef d'industrie adresse, s'il le juge convenable, une réclamation au ministre du commerce et de l'industrie. Ce dernier peut, lorsque l'obéissance à la mise en demeure nécessite des transformations importantes portant sur le gros œuvre de

l'usine, après avis conforme du Comité des arts et manufac-
tures, accorder à l'industriel un délai dont la durée, dans
tous les cas, ne dépassera jamais dix-huit mois.

Notification de la décision est faite à l'industriel dans la
forme administrative ; avis en est donné à l'inspecteur.

Il résulte des termes mêmes de l'article 6 de la loi de
1893 que c'est à l'industriel lui-même que la mise en demeure doit être signifiée, alors même qu'elle nécessiterait
des transformations importantes portant sur le gros œuvre.
L'inspection n'a pas à savoir à quel titre il occupe les locaux où il exerce son industrie, ni à se préoccuper des recours que, comme locataire, il pourrait avoir contre le propriétaire. Ce sont là des contestations qui sont du domaine
exclusif de l'autorité judiciaire. (Lettre ministérielle du
16 décembre 1895.)

La question s'est posée de savoir dans quelle forme doit
être faite la mise en demeure. Suffit-il d'énumérer sur le
registre d'usine les articles du décret pour lesquels il existe
des contraventions ? Est-il, au contraire, nécessaire que la
mise en demeure renferme l'énumération détaillée des mécanismes et des organes dangereux de l'outillage ou des
causes d'insalubrité existantes ? Le Comité consultatif des
arts et manufactures, se basant sur le texte même de la loi,
a exprimé l'avis que la mise en demeure de l'inspecteur doit
viser les prescriptions des décrets qui n'ont pas été observées et préciser les contraventions qui ont été relevées.
L'article 6 porte, en effet, d'une part, que les inspecteurs
mettront les chefs d'industrie en demeure de se conformer
aux prescriptions du règlement, ce qui entraîne l'obligation
de les viser dans leur détail ; d'autre part, que la mise en
demeure indiquera les contraventions relevées, ce qui implique forcément que celles-ci seront articulées et formulées avec précision. Il importe, d'ailleurs, qu'une contravention soit parfaitement caractérisée pour pouvoir faire
l'objet de poursuites judiciaires ; on citerait nombre de

jugements qui ont été suivis d'acquittement motivés sur le fait que la mise en demeure n'avait pas été suffisamment précise. Ce mode de procéder, adopté par le M. le ministre, offrira l'avantage de fixer l'industriel sur les améliorations qu'il est tenu d'apporter à son outillage ou dans ses ateliers. Il n'aura pas à se plaindre de n'avoir pu, faute d'explications, se mettre en règle avec la loi et ne sera plus fondé à dire qu'une mise en demeure générale, par suite toujours menaçante, le met dans une situation intolérable que le législateur n'a jamais eu l'intention de lui créer. (Circulaire ministérielle du 13 avril 1898.)

La lettre ministérielle du 22 septembre 1898 à rappelé au service de l'inspection que, dans les mises en demeure, il ne doit désigner aucun dispositif protecteur, chapeau de sûreté ou autre, et doit se borner à exiger l'exécution des prescriptions de la loi.

Lorsqu'un établissement est soumis à la loi de 1892 et à celle de 1893, le registre d'inscription prévu pour la première de ces lois pourra tenir lieu du registre d'usine dont il est fait mention à l'article 6, paragraphe 2, de la loi du 12 juin 1893. Dans le cas où l'établissement est soumis uniquement à la loi de 1893, il y aura lieu simplement d'inscrire sur un registre quelconque qu'on doit faire constituer à cet effet, et que le patron devra représenter, les diverses observations. (Lettre ministérielle du 14 avril 1894.)

En même temps que les industriels sont mis en demeure de se conformer aux prescriptions des règlements d'administration publique rendus en vertu de l'article 3, les inspecteurs doivent leur faire connaître qu'ils peuvent, s'ils le jugent convenable, adresser dans les quinze jours une réclamation à M. le ministre du commerce et de l'industrie; passé ce délai de quinze jours, elle ne serait plus recevable. Cette réclamation a pour effet de laisser l'affaire en suspens tant qu'il n'aura pas été statué par le ministre, après avis du comité consultatif des arts et manufactures. (Instructions générales du 27 mars 1894.)

En cas de procès, entre locataire et propriétaire, tendant à déterminer celui des deux qui devra supporter les frais des travaux imposés par l'inspection, ceux-ci doivent être exécutés sans attendre l'issue du procès. (Lettre ministérielle du 18 novembre 1897.)

Tout industriel qui réclame contre une mise en demeure doit joindre à sa réclamation la copie de la mise en demeure qui lui a été signifiée, ainsi que les documents, notes, plans des ateliers et des machines, etc., qui seraient de nature à éclairer le comité. (Circulaire ministérielle du 24 novembre 1896.)

Le rapport que l'inspecteur départemental doit fournir à la suite des réclamations relatives aux mises en demeure doit reproduire *in extenso* le texte de la mise en demeure inscrite sur le registre d'usine. (Lettre ministérielle du 22 septembre 1898.)

Un architecte, désigné comme expert par le président du tribunal civil, avec la mission de rechercher à qui devait incomber la dépense occasionnée par les transformations que les industriels doivent effectuer et dont ils ne contestent pas l'utilité, demanda à M. le ministre du commerce et de l'industrie si les travaux prescrits par l'inspection devaient être effectués sans attendre l'issue du procès engagé entre ces industriels et leur propriétaire. Le ministre, d'accord avec le Comité consultatif des arts et manufactures, a estimé que l'observation des règlements concernant la santé des travailleurs ne saurait attendre l'issue d'un procès dont la durée est toujours problématique et qui ne saurait, quelle que soit la décision finale, modifier les précautions justement réclamées par le service de l'inspection. (Lettre ministérielle du 18 novembre 1897.)

PÉNALITÉS

Art. 7. — *Les chefs d'industrie, directeurs, gérants ou préposés, qui auront contrevenu aux dispositions de la pré-*

sente loi et des règlements d'administration publique relatifs à son exécution, seront poursuivis devant le tribunal de simple police et punis d'une amende de 5 fr. à 15 fr. L'amende sera appliquée autant de fois qu'il y aura de contraventions distinctes constatées par le procès-verbal, sans toutefois que le chiffre total des amendes puisse excéder 200 fr.

Le jugement fixera, en outre, le délai dans lequel seront exécutés les travaux de sécurité et de salubrité imposés par la loi.

Les chefs d'industrie sont civilement responsables des condamnations prononcées contre leurs directeurs, gérants ou préposés.

Art. 8. — Si, après une condamnation prononcée en vertu de l'article précédent, les mesures de sécurité ou de salubrité imposées par la présente loi ou par les règlements d'administration publique n'ont pas été exécutées dans le délai fixé par le jugement qui a prononcé la condamnation, l'affaire est, sur un nouveau procès-verbal, portée devant le tribunal correctionnel qui peut, après une nouvelle mise en demeure restée sans résultat, ordonner la fermeture de l'établissement.

Le jugement sera susceptible d'appel ; la cour statuera d'urgence.

Art. 9. — En cas de récidive, le contrevenant sera poursuivi devant le tribunal correctionnel et puni d'une amende de 5o fr. à 5oo fr., sans que la totalité des amendes puisse excéder 2,000 fr.

Il y a récidive, lorsque le contrevenant a été frappé, dans les douze mois qui ont précédé le fait qui est l'objet de la poursuite, d'une première condamnation pour infraction à la présente loi ou aux règlements d'administration publique relatifs à son exécution.

D'après le premier paragraphe de l'article 7, les industriels qui auront contrevenu une première fois aux dispositions de l'article 2 de la loi seront poursuivis devant le tri-

bunal de simple police et punis d'une amende de 5 fr. à
15 fr. Il en sera de même pour ceux qui, à l'expiration du
délai fixé par une première mise en demeure, ne se seront
pas conformés aux obligations contenues dans les règlements
d'administration publique et visées par ladite mise en demeure.

Quel sens doit-on attribuer au deuxième alinéa de ce
même paragraphe : « L'amende sera appliquée autant de
fois qu'il y aura de contraventions distinctes constatées par
le procès-verbal, sans toutefois que le chiffre total des
amendes puisse excéder 200 fr. » ?

Selon nous, il doit être relevé autant de contraventions
qu'il y a d'obligations inscrites dans la loi du 12 juin 1893
ou dans les règlements d'administration publique et non
exécutées.

D'après un jugement du tribunal de simple police de
Bollène, en date du 3 mai 1897, le chef d'industrie qui a
commis une infraction au décret du 10 mars 1894 encourt
autant de contraventions qu'il y a d'ouvriers employés dans
le milieu où les prescriptions d'hygiène ont été imparfaite-
ment exécutées. Il s'agit d'une filature de soie où l'industrie
avait établi des hottes en toile d'emballage qui ne recueil-
laient pas les buées d'une façon efficace et les versaient dans
l'atmosphère de l'atelier ; huit ouvrières ayant été employées
dans ces conditions, le tribunal a relevé huit contraventions
à l'article 6 du décret du 10 mars 1894. Cette décision nous
semble avoir fait une fausse interprétation des termes du
deuxième alinéa du premier paragraphe de l'article 7 :
« L'amende sera appliquée autant de fois qu'il y aura de
contraventions distinctes constatées par le procès-verbal. »
En effet, il ne faut pas perdre de vue que la loi du 12 juin
1893, que l'on a qualifiée avec beaucoup de justesse de loi
réelle, et par suite le décret du 10 mars 1894, édictent des
règles qui sont applicables aux établissements industriels
et non aux ouvriers. Il résulte de là que la diversité des prescriptions inobservées doit seulement entrer en ligne de

compte dans le nombre des contraventions constatées par le procès-verbal. Il n'y aurait donc pas lieu de faire intervenir le nombre des ouvriers pour établir combien de fois l'amende doit être appliquée. Aussi pensons-nous que cette décision isolée ne peut pas servir de règle à la jurisprudence.

Aux termes du deuxième paragraphe de l'article 7, le jugement qui sera rendu par le tribunal de simple police fixera le délai dans lequel seront exécutés les travaux de sécurité et de salubrité nécessaires. Cette prescription vise surtout les cas où il y aura des travaux de quelque importance à exécuter. Quand il s'agira, par exemple, d'une simple barrière à placer ou de toute autre mesure facilement et rapidement exécutable, il se pourra que le jugement néglige de fixer un délai après avoir prononcé l'amende. Dans ce cas, l'industriel a le devoir, sous peine d'un nouveau procès-verbal, de faire disparaître immédiatement la contravention constatée. (Instructions générales du 27 mars 1894.)

La disposition du troisième paragraphe : « Les chefs d'industrie sont civilement responsables des condamnations prononcées contre leurs directeurs, gérants ou préposés », signifie que la loi de 1893 n'a pas dérogé au principe que toute peine est personnelle et ne peut atteindre que l'auteur du fait incriminé. C'est en se basant sur cette disposition, qui figure textuellement dans l'article 26 de la loi du 2 novembre 1892, que, par une décision en date du 16 février 1895, un tribunal de simple police de Paris n'a établi, pour l'associé chargé exclusivement du placement et de la vente des produits d'une société, et constamment éloigné des ateliers et de l'usine, aucune responsabilité pénale ; la responsabilité civile est la seule qui peut être prononcée contre lui.

Lorsqu'un chef d'entreprise a complètement abandonné la direction d'une usine à un gérant et qu'il ne s'occupe ni du mode de recrutement du personnel, ni de l'organisation du travail, ni des réparations à effectuer aux ateliers, c'est le gérant qui est responsable. Toutefois, cette responsabilité n'atteint jamais un agent secondaire, tel qu'un contremaître. Dans le cas d'une compagnie industrielle, c'est le directeur de l'usine qui doit être poursuivi. (Bouquet, *Commentaires sur la loi du 2 novembre 1892.*)

Le fait, par le directeur général d'une entreprise, de soutenir, pour échapper à la responsabilité qui lui incombe, qu'il a sous ses ordres des sous-directeurs chargés de services spéciaux, et que la responsabilité des contraventions commises doit retomber sur ces sous-directeurs, n'est pas admis par les tribunaux : car si l'on consulte l'esprit et le texte de la loi, on y voit que cette distinction n'y figure nulle part et qu'au contraire, en employant le terme général de chef d'industrie, le législateur a voulu concentrer la responsabilité sur une personne unique placée à la tête de l'entreprise, et non la diviser pour la mettre à la charge de sous-agents n'agissant que sous la responsabilité du directeur général. (Cour de cassation, arrêt du 8 mai 1897.)

La loi rend responsables les manufacturiers, directeurs, gérants ou préposés chargés de la surveillance des travaux pour le compte de chefs d'industrie, à l'exclusion d'agents subalternes. Elle n'admet pas qu'un adjudicataire, offrant les garanties nécessaires que l'on fixe ou que l'on vise tout au moins dans le cahier des charges, puisse être remplacé, sans surveillance ni responsabilité de sa part, par des sous-traitants n'offrant pas les mêmes garanties. De même que l'adjudicataire est et doit rester responsable, jusqu'à parfaite exécution des travaux soumissionnés, vis-à-vis de la partie contractante, de même il doit répondre des infractions aux lois et aux règlements d'administration publique qui régissent l'industrie qu'il exerce, et il ne saurait pas plus s'y soustraire, en faisant exécuter ces travaux par des tiers entrepreneurs, qu'un chef d'usine ne saurait le faire en chargeant son personnel subalterne d'entreprises à la tâche dans l'intérieur de ses établissements. C'est donc à l'entrepreneur lui-même que la mise en demeure doit être faite et non aux sous-traitants. (Lettre ministérielle du 30 mai 1899.)

Les jugements en matière de simple police peuvent être attaqués par la voie de l'appel lorsque les amendes excèdent la somme de 5 fr., et lorsqu'un jugement prononce plusieurs amendes pour plusieurs contraventions, il y a lieu de les totaliser pour savoir si le jugement est susceptible d'appel. (Cour de cassation, arrêt du 18 décembre 1896.)

Le délai pour se pourvoir en cassation, en matière de simple police, est de trois jours francs, comme en matière de grand criminel, aussi bien à l'égard du ministère public qu'à l'égard du prévenu. (Code d'instruction criminelle, 3733, et arrêt de la Cour de cassation du 20 janvier 1883.)

La prescription pour les contraventions est acquise après un an pour la poursuite et deux ans pour la peine.

A l'expiration du délai fixé par le jugement, en vertu du paragraphe 2 de l'article 7, l'inspecteur ne négligera pas de se rendre dans l'usine en cause et, si les travaux ne sont pas exécutés, de dresser un nouveau procès-verbal. Dans ce cas, l'affaire sera portée devant le tribunal correctionnel, qui peut, après une nouvelle mise en demeure restée sans résultat, ordonner la fermeture de l'usine (art. 8). La fermeture de l'usine est certes une mesure très grave et qui se produira rarement ; le législateur l'a considérée comme s'imposant dans le cas où l'industriel se refuse à faire les travaux que la loi impose, alors surtout que le recours au ministre lui est ouvert dans l'article 6. Toutefois, cette mesure est trop grave pour qu'on en abandonne la disposition sans contrôle à un tribunal de premier ressort. Aussi l'alinéa 2 de l'article 8 réserve-t-il à la partie condamnée le droit d'interjeter appel, etc.; comme elle ne limite en rien les délais ordinaires, ceux-ci sont de dix jours à dater de la lecture du jugement (de la signification, s'il est rendu par défaut). Ces délais sont suspensifs, de même que l'appel lui-même, et le jugement ne pourra être exécuté qu'après leur expiration ou l'arrêt. Naturellement, seules les parties qui auront figuré en correctionnelle pourront appeler ; toutefois, il importe d'observer que l'administration pourra user de ce droit si elle a suc-

combé, la loi n'excluant pas ce cas et la société qu'elle
représente jouant ici le rôle de partie lésée. Il va sans dire
que les autres voies de recours restent ouvertes, la loi
n'ayant prévu l'appel que pour écarter toute interprétation
étroite de sa pensée. L'appel sera jugé d'urgence dans le
plus bref délai, les conséquences du jugement pouvant être
considérables aussi bien au point de vue de la société qu'au
point de vue de l'industriel.

C'est également devant le tribunal correctionnel qu'est
poursuivi l'industriel contrevenant en cas de récidive. Il y a
lieu de remarquer que les conditions de la récidive, telles
qu'elles sont fixées par la loi du 12 juin 1893, sont différentes et beaucoup plus larges que pour les infractions à la
loi du 2 novembre 1892. Pour cette dernière, il n'y a récidive qu'en cas de contravention identique, c'est-à-dire portant sur la même prescription ; en ce qui concerne la loi du
12 juin 1893, la récidive existe dès que, pendant les douze
mois, l'industriel a été condamné pour une violation quelconque, soit de la loi, soit des règlements d'administration
publique. (Instructions générales du 27 mars 1894.)

Pour le délai de récidive, le rapprochement de la date du
premier jugement et de la date de la nouvelle infraction
constatée par le procès-verbal suffit de préciser. (Cour de
cassation.)

Le Code d'instruction criminelle fixe à trois ans la prescription pour les délits.

Dans quel cas la loi du 26 mars 1891, dite loi Bérenger,
est-elle applicable ? Deux arrêts de la Cour de cassation, le
premier du 5 mars 1892, le deuxième du 29 juillet 1892,
ont décidé son inapplicabilité en matière de contraventions
de simple police. Ce n'est donc qu'aux condamnations prononcées en vertu des articles 9 et 12 que les tribunaux peuvent appliquer la loi Bérenger ; encore faut-il que l'inculpé
n'ait pas subi de condamnation antérieure à la prison pour
crime ou délit.

Tout condamné avec application de la loi Bérenger béné-

ficie d'un sursis qui n'est que provisoire, car s'il encourt
dans le délai de cinq ans, pour un crime ou un délit de droit
commun, une poursuite suivie de condamnation à l'emprisonnement ou à une peine plus grave, il perdra le bénéfice
de la loi ; la première peine sera alors exécutée sans qu'elle
puisse se confondre avec la seconde.

RAPPORTS ANNUELS

*Art. 10. — Les inspecteurs fourniront chaque année des
rapports circonstanciés sur l'application de la présente loi
dans toute l'étendue de leurs circonscriptions. Ces rapports
mentionneront les accidents dont les ouvriers ont été victimes et leurs causes. Ils contiendront les propositions relatives aux prescriptions nouvelles qui seraient de nature à
mieux assurer la sécurité du travail.*

*Un rapport d'ensemble, résumant ces communications,
sera publié tous les ans par les soins du ministre du commerce et de l'industrie.*

L'examen des rapports annuels que les inspecteurs devront fournir, en exécution de l'article 8, permettra d'établir
le nombre d'accidents inévitables et de ceux qui peuvent
être attribués au manque ou à l'insuffisance des dispositions
préventives, à la négligence, à l'absence de règlements de
travail ou à la désobéissance aux règlements existants. La
cause étant connue, le remède sera plus facile à trouver.

Le rapport d'ensemble, prévu au paragraphe 2 de l'article 8, a été présenté pour la première fois, en 1900, par
M. Millerand, ministre du commerce et de l'industrie.

DÉCLARATION D'ACCIDENT

*Art. 11. — Tout accident ayant occasionné une blessure
à un ou plusieurs ouvriers, survenu dans un des établisse-*

ments mentionnés à l'article 1ᵉʳ, sera l'objet d'une déclaration par le chef de l'entreprise ou, à son défaut et en son absence, par son préposé.

Cette déclaration contiendra le nom et l'adresse des témoins de l'accident ; elle sera faite dans les quarante-huit heures au maire de la commune, qui en dressera procès-verbal dans la forme à déterminer par un règlement d'administration publique. A cette déclaration sera joint, produit par le patron, un certificat de médecin indiquant l'état du blessé, les suites probables de l'accident et l'époque à laquelle il sera possible d'en connaître le résultat définitif.

Récépissé de la déclaration et du certificat médical sera remis, séance tenante, au déposant.

Avis de l'accident est donné immédiatement par le maire à l'inspecteur divisionnaire ou départemental.

Cet article cesse d'être applicable dans les cas visés par l'article 1ᵉʳ de la loi du 9 avril 1898, c'est-à-dire pour la presque totalité des accidents industriels. Il est alors remplacé par l'article 11 de la loi du 9 avril 1898, ainsi conçu :

« Tout accident ayant occasionné une incapacité de travail doit être déclaré, dans les quarante-huit heures, par le chef d'entreprise ou ses préposés, au maire de la commune, qui en dresse procès-verbal.

« Cette déclaration doit contenir les noms et adresses des témoins de l'accident. Il y est joint un certificat de médecin indiquant l'état de la victime, les suites probables de l'accident et l'époque à laquelle il sera possible d'en connaître le résultat définitif.

« La même déclaration pourra être faite par la victime ou ses représentants.

« Récépissé de la déclaration et du certificat du médecin est remis par le maire au déclarant.

« Avis de l'accident est donné immédiatement par le maire à l'inspecteur divisionnaire ou départemental du travail, ou à l'ingénieur ordinaire des mines chargé de la surveillance de l'entreprise. »

A la différence des dispositions correspondantes et presque identiques contenues dans l'article 11 de la loi du 12 juin 1893, l'article 11 de la loi de 1898 n'a pas délégué à un règlement d'administration publique le soin de déterminer la procédure des déclarations. Malgré cela, il a paru indispensable d'assurer l'exécution uniforme de la loi nouvelle sur ce point et un décret du 30 juin 1899, modifié légèrement par celui du 18 août de la même année, donne les types suivants de modèles de déclaration d'accident, de récépissé de cette déclaration, de procès-verbal du maire, d'avis au service d'inspection et de transmission de pièces à la justice de paix (cette dernière pièce n'étant nécessaire que dans le cas d'incapacité permanente de travail).

MODÈLES.

DÉCLARATION D'ACCIDENT DU TRAVAIL (^)

(Art. 11 de la loi du 9 avril 1898.)

(1) Indiquer les nom, prénoms, profession et adresse soit du chef d'entreprise, s'il fait la déclaration lui-même, soit de son préposé, en mentionnant son emploi dans l'entreprise, soit des représentants de la victime, en mentionnant à quel titre ils la représentent (père, mère, conjoint, enfant, mandataire, etc.).

Si la déclaration est faite par la victime elle-même, indiquer ici les renseignements ci-après sous le n° 3.

(2) Indiquer la nature de l'établissement et son adresse, ainsi que l'atelier où a eu lieu l'accident.

(3) Indiquer les nom, prénoms, âge, sexe, profession et adresse de la victime.

(4) Indiquer les noms, professions et adresses.

(5) Nom et adresse.

(6) Indiquer les conclusions du certificat médical en ce qui concerne les causes probables de l'accident.

Le soussigné (1),
déclare à M. le maire de la commune d
, canton de , arrondissement
de , département de
, conformément à l'article 11 de la loi du
9 avril 1898, qu'un accident ayant occasionné
une incapacité de travail est survenu le
, à heure , dans (2) ,
à (3)

L'accident s'est produit dans les circonstances
suivantes :

Les témoins de l'accident sont (4) :

Je joins à la présente déclaration un certificat
du docteur (5) constatant
que l'accident paraît devoir entraîner (6)

Fait à , le 190 .
(*Signature du déclarant.*)

(A) Cette déclaration doit être remise à la mairie dans les quarante-huit heures de l'accident.

DÉPARTEMENT

d

___

ARRONDISSEMENT

d

___

CANTON

d

(1) Nom et prénoms du maire.

(2) Nom et prénoms du déclarant.

(3) Nom, prénoms et adresse de la victime.

MODÈLE N° 2.

RÉPUBLIQUE FRANÇAISE

MAIRIE D

RÉCÉPISSÉ

DE DÉCLARATION D'ACCIDENT DU TRAVAIL

(Art. 11 de la loi du 9 avril 1898.)

Nous, soussigné (1)   ,
maire de la commune d   ,
donnons récépissé à M. (2)   ,
de la déclaration de l'accident survenu à (3)
          , qu'il a déposée ce jour à la mairie,
à   heure   , et du certificat médical qu'il a
joint, conformément à la loi, à ladite déclaration.

Fait à   , le   190   .

(*Signature.*)

DÉPARTEMENT

d

___

ARRONDISSEMENT

d

___

CANTON

d

MODÈLE Nº 3.

RÉPUBLIQUE FRANÇAISE

___

MAIRIE D

___

PROCÈS-VERBAL

DE DÉCLARATION D'ACCIDENT DU TRAVAIL

(Art. 11 de la loi du 9 avril 1898.)

___

(1) Nom et prénoms.

(2) Indiquer les nom, prénoms, profession et adresse soit du chef d'entreprise, s'il fait la déclaration lui-même, soit de son préposé, en mentionnant son emploi dans l'entreprise, soit des représentants de la victime, en mentionnant à quel titre ils la représentent (père, mère, conjoint, enfant, mandataire, etc.).

Si la déclaration est faite par la victime elle-même, indiquer ici les renseignements prévus ci-après sous le nº 4.

(3) Indiquer la nature de l'établissement et son adresse, ainsi que l'atelier où a eu lieu l'accident.

(4) Indiquer les nom, prénoms, âge, sexe, profession et adresse de la victime.

(5) Indiquer les noms, professions et adresses.

(6) Indiquer ici les conclusions du certificat médical en ce qui concerne les suites probables de l'accident.

(7) Rayer la première de ces deux formules si, d'après le certificat médical, l'accident ne paraît pas devoir entraîner la mort ou une incapacité permanente absolue ou partielle de travail.

Dans le cas contraire, rayer la seconde.

Nous, soussigné (1)   ,
maire de la commune d   ,
avons reçu le   , à   heure   , de
M. (2)   en exécution de l'article 11 de la loi du 9 avril 1898, une déclaration relative à un accident survenu le   ,
à   heure   , dans (3)   ,
à (4)   .

Cette déclaration constate :

1º Que l'accident s'est produit dans les circonstances suivantes :

2º Que les témoins de l'accident sont (5) :

A cette déclaration était joint un certificat du docteur (1)   ,
constatant que l'accident paraît devoir entraîner (6)   .

La déclaration et le certificat médical, dont récépissé a été délivré séance tenante au déclarant, ont été annexés au présent procès-verbal . . . .

{ pour la déclaration être classée aux archives de la mairie et le certificat médical être immédiatement transmis à la justice de paix avec copie de ladite déclaration (7).

pour être classés aux archives de la mairie (7).

Fait et arrêté le présent procès-verbal les jour, mois et an que dessus.

(*Signature du maire.*)

DÉPARTEMENT

d

ARRONDISSEMENT

d

CANTON

d

(1) Nom et prénoms.

(2) L'inspecteur départemental du travail, en résidence à
ou : l'ingénieur ordinaire des mines en résidence à

(3) Indiquer le nom, la qualité et l'adresse du déclarant.

(4) Indiquer la nature de l'établissement et son adresse, ainsi que l'atelier où a eu lieu l'accident.

(5) Indiquer les nom, prénoms, âge, sexe, profession et adresse de la victime.

(6) Indiquer les noms, professions et adresses.

(7) Indiquer les conclusions du certificat médical, en ce qui concerne les suites probables de l'accident.

MODÈLE Nº 4.

RÉPUBLIQUE FRANÇAISE

MAIRIE D

AVIS

DE DÉCLARATION D'ACCIDENT DU TRAVAIL

TRANSMIS AU SERVICE D'INSPECTION (ᴬ)

(Art. 11 de la loi du 9 avril 1898.)

Nous, soussigné (1)   ,
maire de la commune d   •   ,
avisons M. (2)   , que nous
avons reçu le   , à   heure   ,
de (3)   , une déclaration d'accident survenu le   , à
heure   , dans (4)   , à (5)

Cette déclaration constate :

1º Que l'accident s'est produit dans les circonstances suivantes :

2º Que les témoins de l'accident sont (6) :

Le certificat médical joint à ladite déclaration constate que l'accident paraît devoir entraîner (7)

Fait à   , le   190   .

(*Signature du maire.*)

(ᴬ) Cet avis doit être transmis par le maire le jour même de la réception de la déclaration d'accident, à moins que cette déclaration n'ait été faite qu'après midi. Dans ce cas, l'avis doit être transmis dans la *matinée* du lendemain.

DÉPARTEMENT

d ——

ARRONDISSEMENT

d ——

CANTON

d

‿‿‿‿‿

(1) Nom et prénoms.
(2) Date de la déclara-tion.
(3) Nom, adresse et qualité du déclarant.
(4) Date et heure de l'accident.
(5) Nom, prénoms et adresse de la victime.
(6) Désignation et adres-se de l'établissement.
(7) Spécifier la conclu-sion du certificat.

MODÈLE Nº 5.

‿‿‿‿‿

RÉPUBLIQUE FRANÇAISE

——

MAIRIE D

——

TRANSMISSION

DE PIÈCES A LA JUSTICE DE PAIX

POUR ENQUÊTE (^)

(Art. 11 de la loi du 9 avril 1898.)

——

Nous, soussigné (1),   ,
maire de la commune d   , trans-mettons avec la présente à M. le juge de paix du canton d   :

1º Une copie de la déclaration faite à notre mairie le (2)   , à   heure , par (3)   , au sujet d'un accident survenu le (4)   , à (5)   , dans (6)   ;

2º L'original du certificat médical joint à la déclaration susvisée, ledit certificat constatant que la blessure paraît devoir entraîner (7)

Fait à   , le   190 .

(Signature.)

(A) Cette transmission n'a lieu que lorsque, d'après le certificat médical, la blessure paraît devoir entraîner la *mort* ou une *incapacité permanente* absolue ou partielle de travail.

Elle doit alors être effectuée par le maire le jour même de la réception de la déclaration d'accident, à moins que cette déclaration n'ait été faite après midi. Dans ce cas, la transmission doit être effectuée dans la *matinée* du lendemain.

OBSTACLE A L'ACCOMPLISSEMENT DES DEVOIRS
DES INSPECTEURS DU TRAVAIL

Art. 12. — Seront punis d'une amende de 100 à 500 fr. et, en cas de récidive, de 500 à 1,000 fr., tous ceux qui auront mis obstacle à l'accomplissement des devoirs d'un inspecteur.

Les dispositions du Code pénal qui prévoient et répriment les actes de résistance, les outrages et les violences contre les officiers de la police judiciaire sont, en outre, applicables à ceux qui se rendront coupables de faits de même nature à l'égard des inspecteurs.

Deux jugements intéressants ont été rendus par les tribunaux correctionnels de Châlons-sur-Marne et d'Annecy, par application du premier paragraphe de l'article 12.

Le premier de ces tribunaux a admis (jugement du 15 décembre 1894) que le fait de refuser d'entendre les observations de l'inspecteur du travail sur le but de sa visite et de recevoir le registre des mises en demeure constitue un obstacle à l'accomplissement des fonctions de l'inspecteur.

Le second, dans un jugement en date du 18 juin 1895, a établi que le refus de laisser pénétrer l'inspecteur du travail dans les ateliers constitue aussi un obstacle à l'accomplissement de ses fonctions.

C'est à tort que quelques inspecteurs ont cru devoir viser l'article 6 dans les procès-verbaux dressés aux industriels qui refusent de leur présenter le registre d'usine sur lequel doivent être inscrites les mises en demeure. Le tribunal de simple police de Saint-Nazaire a bien admis, dans son jugement du 27 octobre 1896, que la non-possession du registre d'usine constitue une contravention à l'article 6, mais d'autres tribunaux ont acquitté les contrevenants par suite de la qualification inexacte de l'infraction. En effet, l'article 6 n'impose pas aux industriels, en termes impératifs et formels, l'obligation de représenter aux inspecteurs le document dont il s'agit et, en réalité, le défaut de présentation du registre d'usine constitue une infraction à l'article 12, en tant qu'il met obstacle à l'accomplissement des devoirs de l'inspecteur.

Actes de résistance, outrages et violences à l'égard des inspecteurs. — D'après le deuxième paragraphe de l'article 12, les dispositions du Code pénal, qui prévoient et répriment les actes de résistance, les outrages et les violences contre les officiers de police judiciaire, sont applicables à ceux qui se rendront coupables des faits de même nature à l'égard des inspecteurs.

Les dispositions dont il s'agit sont contenues dans les articles 224, 230, 231, 232 et 233.

Art. 224. — L'outrage fait par paroles, gestes ou menaces à tout officier ministériel ou agent dépositaire de la force publique, et à tout citoyen chargé d'un service public, dans l'exercice ou à l'occasion de l'exercice de ses fonctions, sera puni d'un emprisonnement de six jours à un mois et d'une amende de 16 fr. à 200 fr., ou de l'une de ces deux peines seulement.

Dans une décision du 27 août 1858, la Cour de cassation a décidé que l'outrage reçu dans l'exercice de la fonction conserve son caractère, quoique le prévenu ait eu l'intention d'outrager, non la personne publique, mais l'homme privé avec lequel il avait eu quelques démêlés.

. . . .

Art. 230. — Les violences et les voies de fait exécutées même sans armes et sans qu'il en soit résulté des blessures, dirigées contre un officier ministériel, un agent de la force publique, ou un citoyen chargé d'un ministère de service public, si elles ont eu lieu pendant qu'ils exerçaient leur ministère ou à cette occasion, seront punies d'un emprisonnement d'un mois au moins et de trois ans au plus et d'une amende de 16 fr. à 500 fr.

Le fait de cracher à la figure n'est pas une violence ou voie de fait, mais plutôt un outrage par gestes. La violence, dans ce cas, est plus morale que physique. (Cour de cassation, 5 janvier 1855.)

Art. 231. — Si les violences exercées ont été la cause d'effusion de sang, blessure ou maladie, la peine sera la réclusion ; si la mort s'en est suivie dans les quarante jours, le coupable sera puni des travaux forcés à perpétuité.

Art. 232. — Dans le cas même où ces violences n'auraient pas causé d'effusion de sang, blessures ou maladie, les coups seront punis de la réclusion, s'ils ont été portés avec préméditation ou guet-apens.

Art. 233. — Si les coups ont été portés ou les blessures faites avec intention de donner la mort, le coupable sera puni de mort.

Ces trois derniers articles ne s'appliquent évidemment que si l'inspecteur est blessé dans l'exercice ou à l'occasion de l'exercice de ses fonctions.

APPAREILS A VAPEUR

ART. 13. — *Il n'est rien innové en ce qui concerne la surveillance des appareils à vapeur.*

Les appareils à vapeur sont régis par les dispositions des décrets des 3o avril 188o et 29 juin 1886, dont la teneur suit :

1° Décret du 30 avril 1880.

Article 1er. — Sont soumis aux formalités et aux mesures prescrites par le présent règlement : 1° les générateurs de vapeur, autres que ceux qui sont placés à bord des bateaux ; 2° les récipients définis ci-après (titre IV).

TITRE I

MESURES DE SURETÉ RELATIVES AUX CHAUDIÈRES PLACÉES A DEMEURE.

Art. 2. — Aucune chaudière neuve ne peut être mise en service qu'après avoir subi l'épreuve réglementaire ci-après définie. Cette épreuve doit être faite chez le constructeur et sur sa demande.

Toute chaudière venant de l'étranger est éprouvée, avant sa mise en service, sur le point du territoire français désigné par le destinataire dans sa demande.

Art. 3. — Le renouvellement de l'épreuve peut être exigé de celui qui fait usage d'une chaudière :

1° Lorsque la chaudière, ayant déjà servi, est l'objet d'une nouvelle installation ;

2° Lorsqu'elle a subi une réparation notable ;

3° Lorsqu'elle est remise en service après un chômage prolongé.

A cet effet, l'intéressé devra informer l'ingénieur des mines de ces diverses circonstances. En particulier, si l'épreuve exige la démolition du massif du fourneau ou l'enlèvement de l'enveloppe de la chaudière et un chômage plus ou moins prolongé, cette épreuve pourra ne point être exigée lorsque des renseignements authentiques sur l'époque et les résultats de la dernière visite, intérieure et extérieure, constitueront une présomption suffisante en faveur du bon état de la chaudière. Pourront notamment être considérés comme renseignements probants, les certificats délivrés aux membres des associations de propriétaires d'appareils à vapeur par celle de ces associations que le ministre aura désignée.

Le renouvellement de l'épreuve est exigible également lorsque, à raison des conditions dans lesquelles une chaudière fonctionne, il y a lieu, par l'ingénieur des mines, d'en suspecter la solidité.

Dans tous les cas, lorsque celui qui fait usage d'une chaudière contestera la nécessité d'une nouvelle épreuve, il sera, après instruction où celui-ci sera entendu, statué par le préfet.

En aucun cas, l'intervalle entre deux épreuves consécutives n'est supérieur à dix années. Avant l'expiration de ce délai, celui qui fait usage d'une chaudière à vapeur doit lui-même demander le renouvellement de l'épreuve.

Art. 4. — L'épreuve consiste à soumettre la chaudière à une pression hydraulique supérieure à la pression effective qui ne doit point être dépassée dans le service. Cette pression d'épreuve sera maintenue pendant le temps nécessaire à l'examen de la chaudière dont toutes les parties doivent pouvoir être visitées.

La surcharge d'épreuve par centimètre carré est égale à la pression effective, sans jamais être inférieure à 1/2 kilogramme, ni supérieure à 6 kilogrammes.

L'épreuve est faite sous la direction de l'ingénieur des mines et en sa présence ou, en cas d'empêchement, en présence du garde-mine opérant d'après ses instructions.

Elle n'est pas exigée pour l'ensemble d'une chaudière dont les diverses parties, éprouvées séparément, ne doivent être réunies que par des tuyaux placés, sur tout leur parcours, en dehors du foyer et des conduits de flamme, et dont les joints peuvent être facilement démontés.

Le chef d'établissement où se fait l'épreuve fournit la main-d'œuvre et les appareils nécessaires à l'opération.

Art. 5. — Après qu'une chaudière ou partie de chaudière a été éprouvée avec succès, il y est apposé un timbre indiquant, en kilogrammes par centimètre carré, la pression effective que la vapeur ne doit pas dépasser.

Les timbres sont poinçonnés et reçoivent trois nombres indiquant le jour, le mois et l'année de l'épreuve.

Un de ces timbres est placé de manière à être toujours apparent après la mise en place de la chaudière.

Art. 6. — Chaque chaudière est munie de deux soupapes de sûreté, chargées de manière à laisser la vapeur s'écouler dès que sa pression effective atteint la limite maximum indiquée par le timbre réglementaire.

L'orifice de chacune des soupapes doit suffire à maintenir, celle-ci étant au besoin convenablement déchargée ou soulevée et quelle que soit l'activité du feu, la vapeur dans la chaudière à un degré de pression qui n'excède, pour aucun cas, la limite ci-dessus.

Le constructeur est libre de répartir, s'il le préfère, la section totale d'écoulement nécessaire des deux soupapes réglementaires entre un plus grand nombre de soupapes.

Art. 7. — Toute chaudière est munie d'un manomètre en bon état, placé en vue du chauffeur et gradué de manière à indiquer, en kilogrammes, la pression effective de la vapeur dans la chaudière.

Une marque très apparente indique sur l'échelle du manomètre la limite que la pression effective ne doit point dépasser.

La chaudière est munie d'un ajustage terminé par une bride de 0^m,04 de diamètre et 0^m,005 d'épaisseur, disposée pour recevoir le manomètre vérificateur.

Art. 8. — Chaque chaudière est munie d'un appareil de retenue, soupape ou clapets, fonctionnant automatiquement et placé au point d'insertion du tuyau d'alimentation qui lui est propre.

Art. 9. — Chaque chaudière est munie d'une soupape ou d'un robinet d'arrêt de vapeur, placé, autant que possible, à l'origine du tuyau de conduite de vapeur, sur la chaudière même.

Art. 10. — Toute paroi en contact par une de ses faces avec la flamme doit être baignée par l'eau sur la face opposée.

Le niveau de l'eau doit être maintenu, dans chaque chaudière, à une hauteur de marche telle, qu'il soit, en toute circonstance, à $0^m,06$ au moins au-dessus du plan pour lequel la condition précédente cesserait d'être remplie.

La position limite sera indiquée, d'une manière très apparente, au voisinage du tube de niveau mentionné à l'article suivant.

Les prescriptions énoncées au présent article ne s'appliquent point :

1° Aux surchauffeurs de vapeur distincts de la chaudière ;

2° A des surfaces relativement peu étendues et placées de manière à ne jamais rougir, même lorsque le feu est poussé à son maximum d'activité, telles que les tubes ou parties de cheminées qui traversent le réservoir de vapeur, en envoyant directement à la cheminée principale les produits de la combustion.

Art. 11. — Chaque chaudière est munie de deux appareils indicateurs du niveau de l'eau, indépendants l'un de l'autre et placés en vue de l'ouvrier chargé de l'alimentation.

L'un de ces deux indicateurs est un tube en verre, disposé de manière à pouvoir être facilement nettoyé et remplacé au besoin.

Pour les chaudières verticales de grande hauteur, le tube en verre est remplacé par un appareil disposé de manière à reporter, en vue de l'ouvrier chargé de l'alimentation, l'indication du niveau de l'eau dans la chaudière.

TITRE II.

ÉTABLISSEMENT DES CHAUDIÈRES A VAPEUR PLACÉES A DEMEURE.

Art. 12. — Toute chaudière à vapeur destinée à être employée à demeure ne peut être mise en service qu'après une déclaration adressée par celui qui fait usage du générateur, au préfet du département. Cette déclaration est enregistrée à sa date. Il en est donné acte. Elle est communiquée sans délai à l'ingénieur en chef des mines.

Art. 13. — La déclaration fait connaître avec précision :

1° Le nom et le domicile du vendeur de la chaudière ou l'origine de celle-ci ;

2° La commune et le lieu où elle est établie ;

3° La forme, la capacité et la surface de chauffe ;

4° Le numéro du timbre réglementaire ;

5° Un numéro distinctif de la chaudière, si l'établissement en possède plusieurs ;

6° Enfin, le genre d'industrie et l'usage auquel elle est destinée.

Art. 14. — Les chaudières sont divisées en trois catégories.

Cette classification est basée sur le produit de la multiplica-
tion du nombre exprimant, en mètres cubes, la capacité totale
de la chaudière (avec ses bouilleurs et ses réchauffeurs alimen-
taires, mais sans y comprendre les surchauffeurs de vapeur) par
le nombre exprimant, en degrés centigrades, l'excès de la température de l'eau correspondant à la pression indiquée par le
timbre réglementaire sur la température de 100 degrés, conformément à la table annexée au présent décret.

Si plusieurs chaudières doivent fonctionner ensemble dans un
même emplacement et si elles ont entre elles une communication quelconque, directe ou indirecte, on prend, pour former le
produit comme il vient d'être dit, la somme des capacités de ces
chaudières.

Les chaudières sont de la première catégorie quand le produit
est plus grand que 200 ; de la deuxième, quand le produit n'excède pas 200, mais surpasse 50 ; de la troisième, si le produit
n'excède pas 50.

Art. 15. — Les chaudières comprises dans la première catégorie doivent être établies en dehors de toute maison d'habitation et de tout atelier surmonté d'étages. N'est pas considérée
comme un étage, au-dessus de l'emplacement d'une chaudière,
une construction dans laquelle ne se fait aucun travail nécessi-
tant la présence d'un personnel à poste fixe.

Art. 16. — Il est interdit de placer une chaudière de première
catégorie à moins de 3 mètres d'une maison d'habitation.

Lorsqu'une chaudière de première catégorie est placée à moins
de 10 mètres d'une maison d'habitation, elle en est séparée par
un mur de défense.

Ce mur, en bonne et solide maçonnerie, est construit de manière à défiler la maison par rapport à tout point de la chaudière
distant de moins de 10 mètres, sans toutefois que sa hauteur dépasse de 1 mètre la partie la plus élevée de la chaudière. Son
épaisseur est égale au tiers au moins de sa hauteur, sans que
cette épaisseur puisse être inférieure à 1 mètre en couronne. Il
est séparé du mur de la maison voisine par un intervalle libre
de 0^m,30 de largeur au moins.

L'établissement d'une chaudière de première catégorie, à la
distance de 10 mètres ou plus d'une maison d'habitation, n'est
assujetti à aucune condition particulière.

Les distances de 3 mètres et de 10 mètres, fixées ci-dessus, sont réduites respectivement à 1^m,5o et à 5 mètres lorsque la chaudière est enterrée de façon que la partie supérieure de ladite chaudière se trouve à 1 mètre en contre-bas du sol du côté de la maison voisine.

Art. 17. — Les chaudières comprises dans la deuxième catégorie peuvent être placées dans l'intérieur de tout atelier, pourvu que l'atelier ne fasse pas partie d'une maison d'habitation.

Les foyers sont séparés des murs des maisons voisines par un intervalle libre de 1 mètre au moins.

Art. 18. — Les chaudières de troisième catégorie peuvent être établies dans un atelier quelconque, même lorsqu'il fait partie d'une maison d'habitation.

Les foyers sont séparés des murs des maisons voisines par un intervalle libre de 0^m,5o au moins.

Art. 19. — Les conditions d'emplacement prescrites pour des chaudières à demeure par les précédents articles, ne sont pas applicables aux chaudières pour l'établissement desquelles il aura été satisfait au décret du 25 janvier 1865, antérieurement à la promulgation du présent règlement.

Art. 20. — Si, postérieurement à l'établissement d'une chaudière, un terrain contigu vient à être affecté à la construction d'une maison d'habitation, celui qui fait usage de la chaudière devra se conformer aux mesures prescrites par les articles 16, 17 et 18, comme si la maison eût été construite avant l'établissement de la chaudière.

Art. 21. — Indépendamment des mesures générales de sûreté prescrites au titre Ier de la déclaration prévue par les articles 12 et 13, les chaudières à vapeur fonctionnant dans l'intérieur des mines sont soumises aux conditions que pourra prescrire le préfet, suivant le cas et sur le rapport de l'ingénieur des mines.

TITRE III.

CHAUDIÈRES LOCOMOBILES.

Art. 22. — Sont considérées comme locomobiles les chaudières à vapeur qui peuvent être transportées facilement d'un lieu dans un autre, n'exigent aucune construction pour fonctionner sur un point donné et ne sont employées que d'une manière temporaire à chaque station.

Art. 23. — Les dispositions des articles 2 à 11, inclusivement, du présent décret sont applicables aux chaudières locomobiles.

Art. 24. — Chaque chaudière porte une plaque sur laquelle sont gravés, en caractères très apparents, le nom et le domicile du propriétaire et un numéro d'ordre, si ce propriétaire possède plusieurs chaudières locomobiles.

Art. 25. — Elle est l'objet de la déclaration prescrite par les articles 12 et 13. Cette déclaration est adressée au préfet du département où est le domicile du propriétaire.

L'ouvrier chargé de la conduite devra représenter à toute réquisition le récépissé de cette déclaration.

TITRE IV.

CHAUDIÈRES DES MACHINES LOCOMOTIVES.

Art. 26. — Les machines à vapeur locomotives sont celles qui, sur terre, travaillent en même temps qu'elles se déplacent par leur propre force, telles que les machines des chemins de fer et des tramways, les machines routières, les rouleaux compresseurs, etc.

Art. 27. — Les dispositions des articles 2 et 8 inclusivement et celles des articles 11 et 27 sont applicables aux chaudières des machines locomotives.

Art. 28. — Les dispositions de l'article 25, paragraphe 1er, s'appliquent également à ces chaudières.

Art. 29. — La circulation des machines locomotives a lieu dans les conditions déterminées par des règlements spéciaux.

TITRE V.

RÉCIPIENTS.

Art. 30. — Sont soumis aux dispositions suivantes les récipients de formes diverses, d'une capacité de plus de 100 litres, au moyen desquels les matières à élaborer sont chauffées, non directement à feu nu, mais par de la vapeur empruntée à un générateur distinct, lorsque leur communication avec l'atmosphère n'est point établie par des moyens excluant toute pression effective nettement appréciable.

Art. 31. — Ces récipients sont assujettis à la déclaration prescrite par les articles 12 et 13.

Ils sont soumis à l'épreuve conformément aux articles 2, 3, 4 et 5.

Toutefois, la surcharge d'épreuve sera, dans tous les cas, égale à la moitié de la pression maximum à laquelle l'appareil doit fonctionner, sans que cette surcharge puisse excéder 4 kilogrammes par centimètre carré.

Art. 32. — Ces récipients sont munis d'une soupape de sûreté réglée par la pression indiquée par le timbre, à moins que cette pression ne soit égale ou supérieure à celle fixée pour la chaudière alimentaire,

L'orifice de cette soupape, convenablement déchargée ou soulevée au besoin, doit suffire à maintenir, pour tous les cas, la vapeur dans le récipient à un degré de pression qui n'excède pas la limite du timbre.

Elle peut être placée, soit sur le récipient lui-même, soit sur le tuyau d'arrivée de la vapeur, entre le robinet et le récipient.

Art. 33. — Les dispositions des articles 30, 31 et 32 s'appliquent également aux réservoirs dans lesquels de l'eau à haute température est emmagasinée, pour fournir ensuite un dégagement de vapeur ou de chaleur, quel qu'en soit l'usage.

Art. 34. — Un délai de six mois, à partir de la promulgation du présent décret, est accordé pour l'exécution des quatre articles qui précèdent.

TITRE VI.

DISPOSITIONS GÉNÉRALES.

Art. 35. — Le ministre peut, sur le rapport des ingénieurs des mines, l'avis du préfet et celui de la commission centrale des machines à vapeur, accorder dispense de tout ou partie des prescriptions du présent décret, dans tous les cas où, à raison de la forme, soit de la faible dimension des appareils, soit de la position spéciale des pièces contenant de la vapeur, il sera reconnu que la dispense ne peut pas avoir d'inconvénient.

Art. 36. — Ceux qui font usage de générateurs ou de récipients de vapeur veilleront à ce que ces appareils soient entretenus constamment en bon état de service.

A cet effet, ils tiendront la main à ce que des visites complètes, tant à l'intérieur qu'à l'extérieur, soient faites à des intervalles rapprochés pour constater l'état des appareils et assurer l'exécution, en temps utile, des réparations ou remplacements nécessaires.

Ils devront informer les ingénieurs des réparations notables faites aux chaudières et aux récipients en vue de l'exécution des articles 3 (1°, 2° et 3°), 31 et 32.

Art. 37. — Les contraventions au présent règlement sont constatées, poursuivies et réprimées conformément aux lois.

Art. 38. — En cas d'accident ayant occasionné la mort ou des blessures, le chef d'établissement doit prévenir immédiatement l'autorité chargée de la police locale et l'ingénieur des mines chargé de la surveillance. L'ingénieur se rend sur les lieux, dans le plus bref délai, pour visiter les appareils, en constater l'état et rechercher les causes de l'accident. Il rédige sur le tout :

1° Un rapport qu'il adresse au procureur de la République et dont une expédition est transmise à l'ingénieur en chef, qui fait parvenir son avis à ce magistrat;

2° Un rapport qui est adressé au préfet, par l'intermédiaire et avec l'avis de l'ingénieur en chef.

En cas d'accident n'ayant occasionné ni mort ni blessures, l'ingénieur des mines seul est prévenu ; il rédige un rapport qu'il envoie, par l'intermédiaire et avec l'avis de l'ingénieur en chef, au préfet.

En cas d'explosion, les constructions ne doivent point être réparées et les fragments de l'appareil rompu ne doivent point être déplacés ou dénaturés avant la constatation de l'état des lieux par l'ingénieur.

Art. 39. — Par exception, le ministre pourra confier la surveillance des appareils à vapeur aux ingénieurs ordinaires et aux conducteurs des ponts et chaussées, sous les ordres de l'ingénieur en chef des mines de la circonscription.

Art. 40. — Les appareils à vapeur qui dépendent des services spéciaux de l'État sont surveillés par les fonctionnaires et agents de ces services.

Art. 41. — Les attributions conférées aux préfets des départements par le présent décret sont exercées par le préfet de police dans toute l'étendue de son ressort.

2° Décret du 29 juin 1886.

Article 1er. — Lorsque plusieurs générateurs de vapeur, placés à demeure, sont groupés sur une conduite générale de vapeur en nombre tel que le produit formé tel qu'il est dit à l'article 14 du décret du 30 avril 1880, en prenant comme base du calcul le timbre réglementaire le plus élevé, dépasse le nombre 1800, lesdits générateurs sont répartis par séries correspondant chacune à un produit au plus égal à ce nombre ; chaque série est munie d'un clapet automatique d'arrêt, disposé de façon à éviter, en cas d'explosion, le déversement de la vapeur des séries restées intactes.

Art. 2. — Lorsqu'un générateur de première catégorie est chauffé par les flammes perdues d'un ou de plusieurs fours métallurgiques, tout le courant des gaz chauds doit, en arrivant au contact des tôles, être dirigé tangentiellement aux parois de la chaudière. A cet effet, si les rampants destinés à amener les flammes ne sont pas construits de façon à assurer ce résultat, les tôles exposées aux coups de feu sont protégées, en face des débouchés des rampants dans les carnaux par des murettes en matériaux réfractaires, distantes des tôles d'au moins $0^m,050$ et suffisamment étendues dans tous les sens pour que les courants de gaz chauds prennent des directions sensiblement tangentielles aux surfaces des tôles voisines avant de les toucher.

Art. 3. — Les dispositions de l'article 35 du décret du 30 avril 1880 sont applicables aux prescriptions du présent règlement.

CIRCONSTANCES ATTÉNUANTES

ART. 14. — *L'article 463 du Code pénal est applicable aux condamnations prononcées en vertu de la présente loi.*

En vertu de l'article 463 du Code pénal, lorsque la peine prononcée par la loi est un emprisonnement de six jours au moins et une amende de 500 fr. au moins, les tribunaux correctionnels peuvent réduire la peine jusqu'à six jours de prison et 16 fr. d'amende. Dans tous les autres cas, les juridictions compétentes peuvent réduire la peine même au-dessous de six jours d'emprisonnement et au-dessous de 16 fr. d'amende.

Pour les condamnations prononcées en vertu de la loi du 12 juin 1893, l'article 463 est applicable dans tous les cas, soit par le juge de simple police, soit par le tribunal correctionnel, tandis que, pour la loi du 2 novembre 1892, l'article 463 du Code pénal n'est applicable que pour les infractions relevant du tribunal correctionnel. Il résulte de là que le chiffre de l'amende prononcée par le juge de paix pour infraction à la loi de 1893 peut être abaissé jusqu'à 1 fr., contrairement à ce qui a lieu pour la loi de 1892, dont le taux de l'amende, en cas d'infraction jugée en simple police, ne peut être inférieur à 5 fr.

DISPOSITIONS DES LOIS ET RÈGLEMENTS
CONTRAIRES A LA LOI DE 1893

ART. 15. — *Sont et demeurent abrogées toutes les dispositions des lois et règlements contraires à la présente loi.*

En ce qui touche l'article 14 de la loi de 1892, qui indique les mesures à prendre en vue d'assurer l'hygiène et la sécurité des personnes protégées (ventilation, éclairage, protection des roues, courroies et engrenages, clôture des puits et ouvertures), la question s'est posée de savoir si cette partie de la loi du 2 novembre 1892 n'avait pas été abrogée par celle du 12 juin 1893. Certains tribunaux se sont prononcés dans le sens de l'affirmative et, comme la loi de 1893 exige, par son article 6, que les inspecteurs, avant de dresser procès-verbal, mettent les chefs d'industrie en demeure d'avoir à se conformer aux prescriptions réglementaires qu'elle édicte, ils ont acquitté les contrevenants à la loi de 1892, à qui des mises en demeure n'avaient pas été préalablement signifiées dans les conditions prescrites par la loi de 1893, au moyen d'une inscription sur le registre d'usine. Dans la pensée des juges, les articles 12, 13 et 14 de la loi de 1892 n'auraient constitué qu'un jalon, une pierre d'attente, jusqu'à la promulgation de la loi du 12 juin 1893 sur l'hygiène et la sécurité des travailleurs.

D'autres tribunaux ont adopté une jurisprudence contraire. Si les lois de 1892 et de 1893 ont des points de contact, elles sont, en effet, absolument indépendantes l'une de l'autre ; si elles renferment des dispositions similaires, elles en ont de dissemblables ; elles ont chacune une sphère d'action qui leur est propre et qui est déterminée par des règlements distincts, et on ne voit nulle part que le législateur ait voulu annuler la première par la seconde. C'est dans ce dernier sens qu'il a été statué par la Cour de cassation, dans un arrêt du 28 mars 1896. La Cour suprême a décidé que, « en attribuant à la disposition de la loi de 1893, qui accorde aux chefs d'industrie le bénéfice d'une mise en demeure préalable à toute poursuite, une portée générale, et en l'étendant des contraventions aux règlements d'administration publique, rendus en exécution de cette loi, aux prescriptions similaires de la loi de 1892, le jugement attaqué a tout à la fois faussement appliqué et violé tant la seconde que la première de ces deux lois ».

Ajoutons que c'est bien en ce sens que paraît devoir se fixer la jurisprudence de la Cour de cassation, car, par un second arrêt en date du 12 juin 1896, fortement motivé, elle a décidé que ni la loi de 1892, ni le décret-règlement du 13 mai 1893, rendu en vue de son exécution, n'ont été abrogés par la loi de 1893 et par le décret du 10 mars 1894, et que ces deux législations conservent leur autorité et puisent en elles-mêmes leur force exécutoire. (Rapport de la Commission supérieure en 1895.)

CHAPITRE II

COMMENTAIRE DU DÉCRET DU 10 MARS 1894

PROPRETÉ DES ATELIERS

ARTICLE 1ᵉʳ. — *Les emplacements affectés au travail dans les manufactures, fabriques, usines, chantiers, ateliers de tous genres et leurs dépendances seront tenus en état constant de propreté.*

Le sol sera nettoyé à fond au moins une fois par jour avant l'ouverture ou après la clôture du travail, mais jamais pendant le travail. Ce nettoyage sera fait soit par un lavage, soit à l'aide de brosses ou de linges humides si les conditions de l'industrie ou de la nature du revêtement du sol s'opposent au lavage.

Les murs et les plafonds seront l'objet de fréquents nettoyages ; les enduits seront refaits toutes les fois qu'il sera nécessaire.

La propreté est nécessaire dans les ateliers de tous genres. Elle contribue au bien-être de l'ouvrier et par là se répercute sur l'effet utile de son travail.

Le deuxième alinéa de l'article 1ᵉʳ demande que le sol soit nettoyé au moins une fois par jour, avant ou après le séjour des ouvriers, mais jamais pendant le travail. La raison de cette obligation est aisée à comprendre : dans beaucoup d'ateliers le travail devant commencer, par exemple, à 6 heures ou à 7 heures du matin, c'est pendant que les ouvriers s'installent à leur métier, à leur établi ou à leur machine, que l'un d'eux balaye le sol. Il s'élève alors une poussière plus ou moins dense et diversement composée selon les ateliers, mais qui peut contenir des parcelles de crachats desséchés. Il en résulte qu'un seul ouvrier phtisique suffit à contaminer un grand nombre de ses camarades et qu'on ne saurait trop se mettre en garde contre cette propagation de la tuberculose.

Ce nettoyage, fait avant l'arrivée des ouvriers ou après leur départ, doit être pratiqué suivant la nature de l'industrie et le revêtement du sol, soit par un lavage, soit au moyen d'un torchon, d'une éponge ou d'une brosse mouillés. Ce n'est pas là une prescription bien dure, ni dispendieuse et il n'en est pas qui soit mieux justifiée, ni qui puisse être plus utilement faite dans l'intérêt des ouvriers.

Le dernier alinéa exige que les murs et les plafonds soient l'objet de fréquents nettoyages et que les enduits soient refaits toutes les fois qu'il sera nécessaire. Sans cette précaution, les résidus des matières travaillées ne tardent pas à adhérer aux parois des plafonds et des murs, se détachent ensuite par la trépidation et se répandent dans les salles dont ils vicient l'atmosphère. Un industriel, mis en demeure de faire dans un délai de six mois les enduits des ateliers et des montées de l'escalier de l'usine qu'il exploitait, adressa une réclamation à M. le ministre du commerce et de l'industrie en prétendant que la blanchisserie au lait de chaux nécessiterait des frais considérables indépendamment de l'arrêt complet des ateliers pendant un certain laps de temps, et que, de plus, les cardes ne peuvent souffrir aucune humidité sous peine de perte totale des garnitures. Le comité consultatif, appelé à se prononcer, a fait remarquer que ces inconvénients peuvent être évités en protégeant les machines avec des feuilles de papier recouvertes de toiles d'emballage et en faisant enduire les murs les dimanches et jours de fête. Si l'on veut éviter le blanchiment les jours de fête, il est facile de faire procéder à ce travail pendant la semaine, en nettoyant chaque étage l'un après l'autre sans pour cela suspendre la marche de tout le matériel et en prenant les dispositions pour que l'arrêt de quelques machines, pendant le temps du blanchissage, ne nuise pas à l'ensemble et ne constitue pas un chômage réel quelque peu dommageable. Le même industriel objectait, d'autre part, que les cardes et les renvideurs sont placés très près des murs, de sorte que le blanchiment de ces derniers nécessiterait presque un déménagement. Le comité fit observer à ce sujet qu'il y a toujours entre les bâtis des métiers et le mur, suffisamment de place pour qu'un homme puisse y passer et qu'il est toujours facile de se servir même des bâtis pour disposer les échafaudages, dans le cas où l'on ne voudrait pas établir ceux-ci de toutes pièces suivant la place dont on dispose.

LOCAUX OU L'ON TRAVAILLE LES MATIÈRES ORGANIQUES

ART. 2. — Dans les locaux où l'on travaille des matières organiques altérables, le sol sera rendu imperméable et toujours bien nivelé, les murs seront recouverts d'un enduit permettant un lavage efficace.

En outre, le sol et les murs seront lavés aussi souvent qu'il sera nécessaire avec une solution désinfectante. Un lessivage à fond avec la même solution sera fait au moins une fois par an.

Les résidus putrescibles ne devront jamais séjourner dans les locaux affectés au travail et seront enlevés au fur et à mesure.

Cet article, en même temps que la propreté, vise la pureté de l'atmosphère qu'il entend protéger contre les odeurs plus ou moins désagréables ou nocives qui proviennent de la putréfaction.

Pour permettre un lavage efficace, les murs peuvent être stuckés, silicatés ou recouverts d'une couche épaisse de peinture à base de zinc.

Le lavage des murs avec une solution désinfectante peut être pratiquement réalisé avec le lait de chaux à 4 p. 100.

Les résidus industriels peuvent par leur putréfaction et leur fermentation nuire considérablement à l'organisme humain, même en ne tenant pas compte des maladies contagieuses dont ils sont quelquefois les agents de transmission. Voilà pourquoi les auteurs du décret ont exigé leur enlèvement rapide.

ATMOSPHÈRE DES ATELIERS

ART. 3. — *L'atmosphère des ateliers et de tous les autres locaux affectés au travail sera tenue constamment à l'abri de toute émanation provenant d'égouts, fossés, puisards, fosses d'aisances ou de toute autre source d'infection.*

Dans les établissements qui déverseront les eaux résiduaires ou de lavage dans un égout public ou privé, toute communication entre l'égout et l'établissement sera munie d'un intercepteur hydraulique fréquemment nettoyé et abondamment lavé au moins une fois par jour.

Les travaux dans les puits, conduites de gaz, canaux de fumée, fosses d'aisances, cuves ou appareils quelconques pouvant contenir des gaz délétères ne seront entrepris qu'après que l'atmosphère aura été assainie par une ventilation efficace. Les ouvriers appelés à travailler dans ces conditions seront attachés par une ceinture de sûreté.

Le voisinage des égouts, fossés, marais, puisards, fosses d'aisances, a une influence néfaste sur la santé de l'homme. Aussi est-il indispensable d'éloigner des ateliers ces sources d'infection. A cet effet on doit :

1° Assurer par des intercepteurs hydrauliques l'occlusion hermétique et permanente entre les égouts ou les fosses d'aisances et les ateliers ;

2° Éviter, par le drainage ou le défrichage, que des eaux superficielles chargées de matières organiques séjournent sur le sol avoisinant l'usine ;

3° Abandonner définitivement le système des puisards.

Les obligations du troisième paragraphe ont pour but d'éviter les nombreux accidents provenant de ce que les atmosphères contenant des gaz délétères n'avaient pas été préalablement assainies. La ceinture de sûreté permet au guetteur de retirer instantanément du milieu délétère l'ouvrier qui éprouve un commencement d'asphyxie.

CABINETS D'AISANCES ET URINOIRS

Art. 4. — *Les cabinets d'aisances ne devront pas communiquer directement avec les locaux fermés où seront employés des ouvriers. Ils seront éclairés, abondamment pourvus d'eau, munis de cuvettes avec inflexion siphoïde du tuyau de chute. Le sol, les parois seront en matériaux imperméables, les peintures seront d'un ton clair.*

Il y aura au moins un cabinet pour cinquante personnes et des urinoirs en nombre suffisant.

Aucun puits absorbant, aucune disposition analogue ne pourra être établie qu'avec l'autorisation de l'Administration supérieure et dans les conditions qu'elle aura prescrites.

La non-communication directe des cabinets avec les locaux affectés au travail et l'inflexion siphoïde du tuyau de chute ont pour but d'intercepter toute communication des fosses avec les ateliers.

Le revêtement du sol et des parois par une couche imperméable s'oppose à l'imprégnation de matières et d'urines décomposées que des lavages, même fréquents, seraient, sans cette précaution, impuissants à éliminer. L'imperméabilité du sol peut être obtenue par cimentage, asphaltage ou recouvrement de pierres non poreuses ; celle des parois à l'aide de couleurs à base de goudron appliquées à trois couches.

On a spécifié une teinte claire, car les teintes foncées dissimulent la malpropreté.

La proportionnalité d'un cabinet au moins pour cinquante

personnes est analogue à celle qui figure dans la plupart des législations étrangères.

C'est pour atténuer les causes d'insalubrité des puits absorbants que les auteurs du décret ont subordonné leur établissement à l'autorisation préalable de l'administration supérieure. Cette autorisation n'étant pas acquise de plein droit, l'administration peut la refuser si elle le croit utile. Dans le cas où elle l'accorde, elle prescrit les conditions à remplir. Si l'industriel ne s'y soumettait pas, il serait en contravention et l'autorisation pourrait bien lui être retirée.

AÉRAGE ET ÉCLAIRAGE

Art. 5. — Les locaux fermés affectés au travail ne seront jamais encombrés ; le cube d'air par ouvrier ne pourra être inférieur à 6 mètres cubes.

Ils seront largement aérés. Ces locaux, leurs dépendances et notamment les passages et escaliers seront convenablement éclairés.

Il est nécessaire d'assurer à chaque individu appelé à séjourner dans un local un espace suffisant pour que la respiration s'effectue dans de bonnes conditions : car, lorsqu'un trop grand nombre d'ouvriers sont occupés dans une même salle, toutes sortes d'odeurs se donnent libre cours, le rapport des principes nécessaires à la vie est altéré, l'humidité augmente et les bacilles de l'anémie et de la chlorose, ces deux avant-coureurs de la tuberculose, se développent avec une très grande rapidité.

Le comité consultatif d'hygiène de France avait proposé d'imposer aux chefs d'atelier de donner, en local fermé, un cube d'air de 8 mètres cubes à chaque ouvrier. Mise en pratique, cette disposition aurait entraîné la fermeture d'un très grand nombre d'ateliers situés dans les grandes villes. Aussi le comité consultatif des arts et manufactures estima, d'accord avec le service de l'inspection, que le cube de

6 mètres est plus conforme aux faits et plus rapproché de la limite au-dessous de laquelle un atelier doit être considéré comme encombré.

Aux termes de la lettre ministérielle du 4 juillet 1894, l'obligation pour les industriels d'éclairer convenablement les locaux affectés au travail n'implique pas l'obligation de l'éclairage à la lumière du jour. Les ateliers où il s'effectue toute la journée au moyen du gaz satisfont aux prescriptions de l'article 5. A ce sujet, le comité consultatif des arts et manufactures a fait remarquer que l'obligation de l'éclairage naturel eût rendu impraticables beaucoup d'industries qui s'exercent dans les caves ou locaux plus ou moins souterrains et que, d'ailleurs, si le décret du 10 mars 1894 avait voulu imposer cet éclairage, il l'eût dit en termes formels. Le comité a en conséquence émis l'avis, adopté par le ministre, que la seule condition imposée était un éclairage suffisant pour l'exécution du travail des ouvriers.

L'éclairage, soit naturel, soit artificiel, est une grosse question dans les ateliers. Sans éclairage, dit M. Napias, il n'est pas possible d'assurer la propreté sur laquelle insistent les articles 1 et 2, et c'est à ce titre surtout qu'il a été demandé l'éclairage des escaliers et passages, qui ne sont nettoyés, tenus propres et salubres, qu'à cette seule condition qu'ils ne soient pas obscurs. Ajoutons que l'éclairage n'est pas seulement une mesure d'hygiène indissolublement liée à l'aération, mais que c'est une mesure de sécurité : plusieurs lois étrangères n'ont pas hésité à prescrire le large éclairage naturel ou artificiel dans les locaux où le fonctionnement des parties mobiles d'une machine peut offrir du danger pour les ouvriers.

EVACUATION DES POUSSIÈRES, GAZ, VAPEURS ET BUÉES

ART. 6. — *Les poussières ainsi que les gaz incommodes, insalubres ou toxiques seront évacués directement au dehors de l'atelier au fur et à mesure de leur production.*

Pour les buées, vapeurs, gaz, poussières légères, il sera installé des hottes avec cheminées d'appel ou tout autre appareil d'élimination efficace.

Pour les poussières déterminées par les meules, les batteurs, les broyeurs et tous autres appareils mécaniques, il sera installé, autour des appareils, des tambours en communication avec une ventilation aspirante énergique.

Pour les gaz lourds, tels que vapeurs de mercure, de sulfure de carbone, la ventilation aura lieu per descensum; les tables ou appareils de travail seront mis en communication directe avec le ventilateur.

La pulvérisation des matières irritantes ou toxiques ou autres opérations, telles que le tamisage et l'embarillage de ces matières, se feront mécaniquement en appareils clos.

L'air des ateliers sera renouvelé de façon à rester dans l'état de pureté nécessaire à la santé des ouvriers.

Les cinq premiers paragraphes édictent les dispositions propres à remédier à la diffusion des poussières, des gaz, des vapeurs et des buées dans les ateliers de l'industrie. D'après un arrêt de la Cour de cassation en date du 27 mai 1898, les termes de l'article 6 sont généraux et absolus; mais à la différence des gaz dont ils ne prescrivent l'évacuation que s'ils sont incommodes, insalubres ou toxiques, ils prescrivent l'évacuation de toutes les poussières sans distinction.

L'obligation d'employer des appareils individuels tels que masques, respirateurs, a été négligée à dessein. Il est bon d'en recommander l'emploi, mais il n'a pas paru possible aux auteurs du décret d'en exiger l'usage, car il ne faut pas perdre de vue que la loi du 12 juin 1893, que l'on a qualifiée avec beaucoup de justesse de loi réelle, édicte des règles qui sont applicables aux établissements industriels et non aux ouvriers. Ce sont d'ailleurs presque toujours des moyens de protection insuffisants que ceux qui nécessitent à chaque instant la coopération volontaire de l'ouvrier; il ne s'y soumet qu'avec répugnance et même il met une sorte de point d'honneur à s'en affranchir ; les meilleurs moyens de le préserver des dégagements nuisibles sont ceux qui, par leur automatisme, laissent tout à fait en dehors le libre arbitre du travailleur.

Voici maintenant les avis les plus importants émis par le comité consultatif des arts et manufactures relativement à l'évacuation de certaines catégories de poussières :

1° Les établissements où s'utilisent les peaux de lapin sont de ceux que les poussières et les poils rendent particulièrement insalubres, et rentrent par conséquent dans la catégorie des industries auxquelles l'article 6 du décret du 10 mars 1894 est éminemment applicable. (Lettre ministérielle du 18 novembre 1896.)

2° La nécessité de ventiler les meules à émeri s'applique à tous les ateliers sans exception, quel que soit le nombre de meules. (Lettre ministérielle du 18 septembre 1896.)

3° Le troisième paragraphe de l'article 6, ne prévoyant pas d'exception, le comité estime que les prescriptions qu'il édicte d'une manière formelle sont applicables à tous les établissements où les meules occasionnent des poussières. L'enquête à laquelle il a été procédé démontre qu'il existe des installations où celles-ci sont enlevées au moyen d'une ventilation aspirante convenablement organisée. On peut citer à cet égard les installations des usines d'Imphy, de Baume-les-Dames, de Saint-Claude, de Chaumont, etc. (Circulaire ministérielle du 14 avril 1898.)

4° Pour le coupage des chiffons à la coupeuse mécanique, il est nécessaire d'établir une ventilation énergique avec hottes et cheminées d'appel, en raison de la grande quantité de chiffons que la machine peut déchiqueter sur un espace très restreint. La même solution devrait rigoureusement s'imposer pour le travail fait à la main. L'établissement des courants d'air peut, il est vrai, débarrasser l'atmosphère d'une partie des poussières, mais il constitue un autre danger pour l'ouvrière. Quant à l'emploi de masques protecteurs dont l'industriel voudrait prescrire l'emploi, il a certainement pour effet de réduire dans une grande mesure l'action des poussières sur les voies respiratoires ; mais, outre qu'il ne peut être obligatoirement imposé, il ne répond pas aux dispositions de l'article 6 du décret du 10 mars 1894, qui dit expressément que les poussières doivent être évacuées au dehors de l'atelier, au fur et à mesure de leur production. (Lettre ministérielle du 7 octobre 1898.)

5° Dans les peignages des déchets de soie, on doit évacuer non seulement les poussières légères, mais aussi les poussières lourdes composées de matières organiques et de débris de chrysalides du ver à soie. Ces poussières, qui rentrent dans la catégorie de celles qui sont visées par le paragraphe 3 de l'article 6 du décret du 10 mars 1894, ne peuvent être enlevées qu'à la condition d'installer autour des cardes des tambours en communication avec une ventilation aspirante énergique et s'exerçant *per descensum*. (Lettre ministérielle du 12 novembre 1898.)

6° Il n'y a pas lieu de prescrire la ventilation dans les ateliers de fabrication de boutons, où l'on travaille le corozo par voie humide, car la poussière tombe en majeure partie et ce qui reste suspendu dans l'air n'est pas suffisant pour en ternir la transparence. Il va de soi que l'article 6 serait applicable si, le travail ne se faisant plus au mouillé, des poussières venaient à se dégager librement. (Lettre ministérielle du 30 mai 1899.)

7° Si l'on considère que les tissus destinés à la confection des bérets sont faits avec des laines d'effilochage ayant subi des teintures variées, on conçoit aisément que les tondeuses qui travaillent de pareils tissus doivent dégager des poussières insalubres pour la santé des ouvriers ; que, par conséquent, il est nécessaire que les ateliers qui renferment ces tondeuses mécaniques soient bien aérés et ventilés. (Décision du 2 mars 1900.)

Le dernier paragraphe de l'article 6 exige que l'air des ateliers soit renouvelé de façon à rester dans l'état de pureté nécessaire à la santé des ouvriers.

Si l'air n'était pas renouvelé, l'homme aurait bientôt épuisé toute la provision d'oxygène et se trouverait placé dans une atmosphère d'azote, d'acide carbonique et de vapeur d'eau.

Le comité consultatif d'hygiène avait proposé, par la voix de son rapporteur, M. Napias, de prescrire dans chaque atelier une ventilation artificielle donnant un courant d'air de 24 mètres cubes par homme et par heure. Mais le comité consultatif des arts et manufactures, tenant compte de la difficulté de trouver un chiffre absolu et unique capable de donner dans tous les cas la ventilation désirable et aussi sans doute de l'impossibilité de vérifier pratiquement dans la majorité des cas la quantité d'air renouvelé, s'est borné à la prescription générale énoncée plus haut.

CONDENSATION OU DESTRUCTION DE DÉGAGEMENTS INSALUBRES

ART. 7. — *Pour les industries désignées par arrêté ministériel, après avis du comité consultatif des arts et manufactures, les vapeurs, les gaz incommodes et insalubres et les poussières seront condensés ou détruits.*

L'arrêté ministériel prévu à l'article 7 n'a pas été rendu.

PROPRETÉ INDIVIDUELLE

ART. 8. — *Les ouvriers ne devront pas prendre leurs repas dans les ateliers ni dans aucun local affecté au travail.*

Les patrons mettront à la disposition de leur personnel les moyens d'assurer la propreté individuelle, vestiaires avec lavabos, ainsi que l'eau de bonne qualité pour la boisson.

Le premier paragraphe de l'article 8 interdit de laisser les ouvriers prendre leurs repas dans les ateliers. Cette défense résulte de l'obligation, imposée par l'article 9, d'aérer les ateliers pendant les interruptions de travail. De plus, dans certaines professions où l'on fabrique ou bien où l'on emploie des substances toxiques, il n'est pas prudent de prendre ses repas dans l'atelier, où les poussières seraient ainsi plus aisément absorbées et trouveraient dans le tube digestif une voie plus rapide et plus sûre d'intoxication ; c'est, par exemple, ce qu'on peut dire de toutes les professions qui travaillent ou emploient le plomb.

Les moyens d'assurer la propreté des mains et du visage sont, surtout dans les établissements où l'on travaille des substances toxiques, le complément de la défense de prendre les repas dans l'atelier.

Enfin, en ce qui concerne les prescriptions de mettre à la disposition des ouvriers de l'eau de boisson de bonne qualité, elle n'a pas besoin d'être expliquée : aujourd'hui qu'on connaît les dangers de transmission de certaines maladies, et non des moins graves, par l'eau, nul n'a le droit de mettre à la disposition des gens qu'il emploie une eau suspecte. Le deuxième paragraphe de l'article 8 n'insiste pas, d'ailleurs, sur les moyens de faire provision d'eau de bonne qualité, et, suivant les cas, on pourra donner de l'eau de source, de l'eau stérilisée par l'ébullition ou par son passage à travers un filtre d'une efficacité constatée.

RENOUVELLEMENT DE L'AIR DANS LES ATELIERS

Art. 9. — *Pendant les interruptions de travail pour les repas, les ateliers seront évacués et l'air en sera entièrement renouvelé.*

La large ouverture des fenêtres pendant les interruptions du travail est une mesure d'hygiène essentielle ; il n'y a pas de meilleur mode d'aération, d'évacuation de cet air souillé par la présence d'un personnel nombreux et où pullulent si facilement les microorganismes quand il reste confiné.

ISOLEMENT DES MOTEURS — PASSAGES — EXCAVATIONS
ÉCHAFAUDAGES

ART. 10. — *Les moteurs à vapeur, à gaz, les moteurs électriques, les roues hydrauliques, les turbines ne seront accessibles qu'aux ouvriers affectés à leur surveillance. Ils seront isolés par des cloisons ou barrières de protection.*

Les passages entre les machines, mécanismes, outils mus par ces moteurs auront une largeur d'au moins 80 centimètres ; le sol des intervalles sera nivelé.

Les escaliers seront solides et munis de fortes rampes.

Les puits, trappes, cuves, bassins, réservoirs de liquides corrosifs ou chauds seront pourvus de solides barrières ou garde-corps.

Les échafaudages seront munis, sur toutes leurs faces, de garde-corps de 90 centimètres de haut.

Quelques jugements et divers avis du comité consultatif des arts et manufactures sont venus préciser le sens des obligations de l'article 10. Voici les plus importants :

Il faut entendre par la désignation *passage* les endroits situés entre les machines où peuvent passer et où parfois circulent effectivement un certain nombre d'ouvriers de l'usine. Par contre, il ne faut pas considérer comme l'un des passages visés par le décret du 10 mars 1894 les petits espaces laissés libres autour d'une machine et où l'ouvrier attaché spécialement à ladite machine peut pénétrer quelquefois, soit pour les nécessités de son travail, soit pour le nettoyage. (Lettre ministérielle du 24 décembre 1894.)

En ce qui concerne l'application du troisième paragraphe, le comité consultatif des arts et manufactures a émis l'avis que rien n'empêche d'établir aux escaliers des rampes mobiles qui pourront être déplacées au moment de procéder à certaines manutentions spéciales. (Décision ministérielle du 2 février 1900.)

Le paragraphe 4 de l'article 10 du décret du 10 mars 1894, relatif à la clôture des puits et trappes, n'est pas applicable aux panneaux ou écoutilles ménagés dans les ponts pour permettre le passage entre les étages, le chargement et le déchargement du navire. Ces panneaux sont en général fermés, mais il en est évidemment qui restent ouverts, tels que les trous d'homme. Il n'est ni possible, ni rationnel d'exiger que toutes ces ouvertures soient clôturées. Ce n'est pas une clôture qu'il faut pour ces ouvertures, mais une couverture complète et solide pour les grands panneaux et une couverture légère et mobile, un treillis en fer, par exemple, pour les trous d'homme. Il appartiendra ensuite aux constructeurs de prendre des mesures de précaution spéciales et convenables quand on découvrira les écoutilles pour procéder aux opérations de chargement et de déchargement. (Circulaire ministérielle du 25 juin 1896.)

La saillie de $0^m,60$ d'une cuve à savon est insuffisante. (Tribunal correctionnel de Marseille, jugement du 14 mai 1895 confirmé par arrêt de la cour d'appel d'Aix du 20 juin 1895.)

L'excavation au-devant du foyer du générateur doit être protégée par une solide barrière ou garde-fou. (Tribunal de simple police de Langon, jugement du 29 octobre 1897.)

Le paragraphe 5 de l'article 10 oblige l'entrepreneur de constructions à munir ses échafaudages, sur toutes leurs faces, de garde-corps de $0^m,90$ de haut et n'apporte aucune restriction à cette prescription ni pour la montée des matériaux, ni pour une autre cause. (Tribunal d'Amiens, jugement du 24 août 1895.)

Il n'est nullement impossible de trouver un moyen pratique et sûr d'adapter aux barres horizontales des échafaudages usités les pieds montants des garde-corps, sans être obligé de changer tout le système. Il suffirait, par exemple, de percer deux trous vers l'extrémité de chacune des barres pour recevoir deux boulons d'assemblage et deux trous correspondants dans les montants. Quant à la lisse supérieure du garde-corps, les intéressés trouveront eux-mêmes très aisément, comme on l'a fait maintes fois ailleurs, une disposition qui permettra au point convenable l'entrée facile des matériaux sur le plancher de l'échafaudage, sans exposer les ouvriers aux dangereuses chutes que le décret de 1894 a eu en vue d'éviter. (Avis du comité consultatif des arts et manufactures et lettre ministérielle du 20 avril 1897.)

Il convient de tenir la main à l'application du paragraphe 5 de l'article 10 dans les chantiers de constructions navales. En élargissant quelque peu les échafaudages actuels, en leur donnant une largeur de 1^m,30, par exemple, on aura tout l'espace nécessaire et on pourra établir facilement un garde-corps protecteur peu gênant, qui est d'autant plus nécessaire que la manœuvre du marteau oblige le riveur à s'écarter du bordage qu'il recouvre et à chercher plus loin, souvent sans trop y regarder, un point d'appui convenable. (Circulaire ministérielle du 25 juin 1896.)

Le paragraphe 5 est applicable à la protection des échafaudages servant à la construction de torpilleurs et de contre-torpilleurs ; le comité consultatif des arts et manufactures estime que ces garde-corps peuvent être mobiles de manière à être enlevés à certains moments lorsqu'il s'agit de border des pièces de fortes dimensions, des grandes plaques de tôle, par exemple, pourvu qu'ils soient assujettis et placés avec une solidité suffisante ; au surplus, rien ne lui paraît s'opposer à ce que, dans certains cas, les lisses de ces garde-corps soient remplacées par de fortes cordes ou chaînes tendues à différentes hauteurs entre les montants, maintenues fixes aux échafaudages ou adaptées à l'aide de coulisses leur donnant une résistance suffisante de manière à former comme un filet protecteur auquel les ouvriers pourraient au besoin se raccrocher. (Lettre ministérielle du 8 mai 1899.)

MONTE-CHARGES

ART. 11. — *Les monte-charges, ascenseurs, élévateurs seront guidés et disposés de manière que la voie de la cage du monte-charge et des contrepoids soit fermée ; que la fermeture du puits à l'entrée des divers étages ou galeries s'effectue automatiquement ; que rien ne puisse tomber du monte-charge dans le puits.*

Pour les monte-charges destinés à transporter le personnel, la charge devra être calculée au tiers de la charge admise pour le transport des marchandises, et les monte-charges seront pourvus de freins, chapeaux, parachutes ou autres appareils préservateurs.

Pour tout ce qui a trait aux causes d'accident des monte-charges et aux mesures à prendre pour les éviter, nous renvoyons le lecteur à notre ouvrage : *La Sécurité du travail dans l'industrie.*

Nous nous bornerons à citer le jugement suivant, rendu le 26 avril 1897 par le tribunal de simple police de Samer : « La barre de sûreté mobile disposée devant l'ouverture qui donne accès à un monte-charge n'est pas une mesure de sécurité suffisante. Il faut que la fermeture du monte-charge à l'entrée des divers étages s'effectue automatiquement. »

PARTIES DANGEREUSES DES MACHINES — MEULES

ART. 12. — *Toutes les pièces saillantes mobiles et autres parties dangereuses des machines, et notamment les bielles, roues, volants, les courroies et câbles, les engrenages, les cylindres et cônes de friction ou tous autres organes de transmission qui seraient reconnus dangereux seront munis de dispositifs protecteurs, tels que gaines et chémeaux de bois ou de fer, tambours pour les courroies et les bielles, ou de couvre-engrenage, garde-mains, grillages.*

Les machines-outils à instruments tranchants, tournant à grande vitesse, telles que machines à scier, fraiser, raboter, découper, hacher, les cisailles, coupe-chiffons et autres engins semblables seront disposés de telle sorte que les ouvriers ne puissent, de leur poste de travail, toucher involontairement les instruments tranchants.

Sauf le cas d'arrêt du moteur, le maniement des courroies sera toujours fait par le moyen de systèmes, tels que monte-courroie, porte-courroie, évitant l'emploi direct de la main.

On devra prendre autant que possible des dispositions telles qu'aucun ouvrier ne soit habituellement occupé à un travail quelconque dans le plan de rotation ou aux abords immédiats d'un volant, d'une meule ou de tout autre engin pesant et tournant à grande vitesse.

L'article 12, §§ 1 et 2, vise le danger des pièces mobiles des machines et machines-outils. C'est, sans contredit, l'un des plus importants du décret et son inobservation donnerait lieu à un nombre considérable d'accidents.

Les auteurs du décret sont restés dans les généralités et ne sont pas entrés dans les détails de précaution qui varient avec chaque industrie, afin de laisser une grande latitude aux industriels, dans le choix des moyens protecteurs. Un article d'un règlement, ajoute M. Napias, ne saurait, d'ailleurs, tout prévoir; il appartiendra aux inspecteurs de rechercher si l'esprit du règlement est appliqué, si la protection est suffisante.

Dans son rapport sur l'application, pendant l'année 1894, des lois réglementant le travail, M. Gouttes, inspecteur divisionnaire à Bordeaux, émettait le vœu que les prescriptions de l'article 12 fussent complétées par une disposition analogue à celle de l'article 8 de la loi danoise du 12 avril 1889, qui dit :

« Nul fournisseur ou débitant ne pourra délivrer aucune

des machines mentionnées dans la loi et reconnues dangereuses, sans les faire accompagner de leurs appareils de
protection. »

Il motivait ce vœu par la difficulté qu'éprouvent les dé-
tenteurs de ces machines pour placer des appareils protecteurs efficaces qui ne soient pas une cause de gêne dans
l'usage, en même temps que d'un aspect disgracieux.

D'autre part, M. Laporte, inspecteur divisionnaire de la
première circonscription, après avoir examiné cette question de très près, arrivait aux conclusions suivantes :

« Imposer au constructeur l'obligation de livrer les machines munies de tous leurs appareils protecteurs me semble
impossible. Il résulterait d'une pareille mesure un déplacement des responsabilités qui, en bonne justice, doivent être
encourues uniquement par l'employeur propriétaire de la
machine qu'il fait fonctionner à ses risques et périls. Car il
est bien évident que l'industriel reporterait sur le constructeur la responsabilité de l'accident survenu dans son atelier, en disant qu'il a acheté sa machine toute protégée et
qu'il n'est pour rien dans l'inefficacité des systèmes de protection employés. Alors les constructeurs, pour se mettre à
couvert, ne manqueraient pas de demander à l'État la vérification et le contrôle officiel de leurs machines au moment
de les livrer à l'acheteur, afin de ne pas être mis en cause
par celui-ci en cas d'accident. On comprend aisément quelle
lourde responsabilité ce serait pour les pouvoirs publics,
quand on sait qu'il y a des machines-outils des plus dangereuses qu'on n'a pas encore trouvé le moyen de protéger effi-
cacement. Et puis, telle machine installée dans de certaines
conditions peut être absolument inoffensive. Un volant, des
engrenages placés auprès d'un mur n'ont pas besoin d'être
garantis. A quoi bon, dès lors, obliger l'industriel à payer
au constructeur les frais d'appareils qui ne seront d'aucune
utilité ? Non, la protection préalable ne peut être imposée
par une loi. L'industriel doit rester libre d'appliquer lui-
même les systèmes qu'il juge les meilleurs et il doit être

seul responsable des accidents survenus par l'emploi des outils qu'il met dans la main de ses ouvriers. »

Au sujet du paragraphe 1ᵉʳ, nous citerons l'arrêt de la Cour de cassation du 27 mai 1898 : Le motif, que l'isolement complet d'un moteur enfermé dans une cage dont la clef n'est confiée qu'à l'ouvrier chargé de sa surveillance peut dispenser de se conformer à une mise en demeure prescrivant de protéger le volant du moteur, est une excuse arbitraire et illégale.

La question s'étant posée de savoir si le décret du 10 mars 1894 arme les inspecteurs du travail du droit de prescrire la protection des parties dangereuses des machines actionnées à la main dans les ateliers qui n'occupent que des ouvriers adultes, M. le ministre du commerce et de l'industrie a répondu (circulaire du 3 avril 1900) que les dispositions de l'article 12 confèrent incontestablement au service de l'inspection le pouvoir d'exiger la protection de ces sortes d'appareils ; cet article, aux termes duquel « toutes les pièces saillantes mobiles et autres parties dangereuses des machines seront munies de dispositifs protecteurs », vise les machines en général, sans faire de distinction entre les machines actionnées à la main et celles qui sont mises en mouvement par une force animale ou élémentaire.

La protection des machines à scier imposée par le deuxième paragraphe de l'article 12 a suscité un jugement du tribunal de simple police de Langon, en date du 29 octobre 1897, aux termes duquel les volants inférieurs des scies à ruban et les lames des scies circulaires doivent être protégées. En outre, le comité consultatif des arts et manufactures a émis les deux avis suivants :

Il n'est pas impossible d'établir des appareils protecteurs aux machines à scier, attendu que les couvre-lames, qui sont d'un prix peu coûteux, sont employés sans inconvénient dans beaucoup de scieries. Le fait que l'industriel n'a pas vu de scies circulaires garanties n'est pas une raison suffisante pour le dispenser d'améliorer l'installation de son usine ; c'est à lui du reste qu'incombe le soin de rechercher les moyens propres à satisfaire aux obligations qui lui sont imposées par le décret du 10 mars 1894. (Lettre ministérielle du 27 mai 1896.)

Il ne suffit pas de recouvrir les scies circulaires quand elles sont en repos. (Lettre ministérielle du 27 mai 1896.)

Le troisième paragraphe de l'article 12 exige que, sauf le cas d'arrêt du moteur, le maniement des courroies sera toujours fait par le moyen de systèmes, tels que monte-courroie, porte-courroie, évitant l'emploi direct de la main.

Il ressort d'un arrêt de la cour d'appel de Lyon du 6 janvier 1898 que l'affichage d'un avis interdisant le montage des courroies à la main pendant la marche du moteur ne suffit pas pour dégager la responsabilité d'un directeur d'usine.

Le paragraphe 4 de l'article 12 exige seulement qu'on prenne le maximum de précautions compatibles avec les nécessités de l'industrie. Lorsqu'il s'agit de meules travaillant par leur surface cylindrique, et lorsque l'ouvrier ne peut accomplir son travail qu'en poussant directement et normalement sur la pièce à façonner, il faut bien qu'il soit dans le plan de rotation. S'il s'agit de meules travaillant par leur face latérale, l'ouvrier qui s'en sert n'est pas placé dans le plan de rotation, mais il est aux abords immédiats. Le décret de 1894 n'a pas entendu proscrire ce genre de travail, malgré les dangers qu'il présente ; il a seulement voulu qu'on le rendît aussi peu dangereux que possible. Aussi, dès qu'il est bien établi qu'une amélioration est réalisable, l'adoption de ce perfectionnement devient un devoir. L'expérience prouve qu'il est possible de satisfaire entièrement aux prescriptions du décret sans rien sacrifier des facilités nécessaires à l'industrie. Il importe, d'ailleurs, d'installer les meules de tous genres de telle façon que les ouvriers étrangers au travail de ces meules ne se trouvent ni dans leur plan de rotation, ni à leurs abords immédiats. (Interprétation du comité consultatif des arts et manufactures contenue dans la circulaire ministérielle du 14 avril 1898.)

MISE EN TRAIN ET ARRÊT DES MACHINES

ART. 13. — *La mise en train et l'arrêt des machines devront toujours être précédés d'un signal convenu.*

Le signal qui doit précéder la mise en train des machines a pour but principal d'avertir les ouvriers qui se trouveraient en contact avec les transmissions ; il arrive en effet très souvent que l'on profite de l'arrêt de l'usine pour faire le graissage des transmissions ou pour effectuer une réparation à ces organes ; aussi faut-il que le personnel puisse s'éloigner à temps des transmissions auprès desquelles il se trouve. Ce signal doit s'entendre distinctement de toutes les parties de l'usine ; il doit être indépendant de celui de la rentrée des ouvriers et présenter avec lui une différence très caractéristique.

Le signal qui doit précéder l'arrêt de la machine à vapeur, par suite de la cessation du travail aux heures réglementaires, a pour but d'avertir les ouvriers que, le moteur allant s'arrêter, ils doivent débrayer leurs métiers.

FACULTÉ D'OBTENIR L'ARRÊT DU MOTEUR

ART. 14. — *L'appareil d'arrêt des machines motrices sera toujours placé sous la main des conducteurs qui dirigent ces machines.*

Les contremaîtres ou chefs d'atelier, les conducteurs de machines-outils, métiers, etc., auront à leur portée le moyen de demander l'arrêt des moteurs.

Il est nécessaire, ainsi que le demande l'article 14, que les conducteurs de machines-outils aient toujours à portée de leur main, sinon l'appareil destiné à déterminer les arrêts (robinets de commande, poignées, boutons, etc.), au moins le moyen de provoquer cet arrêt par un signal.

La question s'étant posée de savoir si un appel fait avec la voix pouvait être considéré comme constituant un des moyens exigés par l'article 14, § 2, le comité consultatif des arts et manufactures s'est prononcé dans le sens de l'affirmative ; mais il faut qu'il soit bien établi que, dans ce cas, le conducteur de la machine peut, d'une façon absolument certaine, entendre la voix des contremaîtres, chefs d'atelier, etc.

Dans les fabriques de produits chimiques, les vapeurs acides qui se dégagent rongent les fils électriques, et les sonneries d'appel basées sur l'emploi de l'électricité sont mises, au bout d'un certain temps, hors de service. Toutefois, ce motif ne peut pas dispenser un industriel de se conformer aux dispositions de l'article 14, car, d'après l'avis du comité consultatif des arts et manufactures, l'emploi d'un système d'avertisseurs électriques n'est pas indispensable ; il y a en effet divers autres systèmes, comme par exemple les avertisseurs à air dont les conduits en étain peuvent être noyés dans les murs et mis ainsi à l'abri de l'action des vapeurs acides.

Des propriétaires d'usines de force motrice ayant réclamé contre la mise en demeure faite par le service de l'inspection de mettre à la portée de chaque chef d'atelier le moyen de demander l'arrêt du moteur, le comité des arts et manufactures, appelé à donner son avis, a résolu la question que soulevait cette réclamation en faisant une distinction. Certains ateliers reçoivent la force motrice par une courroie traversant la cloison, le plancher ou le plafond et prenant la force sur une transmission extérieure ; un débrayage permet de faire passer la courroie sur une poulie folle et d'arrêter tout l'outillage. A l'égard de ces ateliers, l'application de l'article 14 est évidemment inutile. Mais, d'autres ateliers sont traversés par la transmission principale qui reçoit directement la force du moteur pour la communiquer à l'outillage. Là, le chef d'atelier peut encore, il est vrai, par le débrayage et la poulie folle, arrêter l'outillage ; mais il ne peut arrêter la transmission elle-même qui, dans certains ateliers, est placée à moins de deux mètres de hauteur, de telle façon que les poulies sont à la hauteur de la tête et qu'on les touche, en passant sur des piles ou des caisses de marchandises, comme il s'en trouve trop souvent dans ces petits ateliers. Il y a là un danger pouvant donner lieu à de fréquents accidents et, si un ouvrier se trouve enlevé, il faut que l'on puisse arrêter la transmission le plus promptement possible. Le comité consultatif a, en conséquence, émis l'avis, adopté par le ministre, qu'il soit mis à la disposition du chef d'atelier, sur les points de chaque étage où cela peut être utile, un moyen de demander l'arrêt immédiat du moteur. (Circulaire ministérielle du 15 novembre 1897.)

NETTOYAGE ET GRAISSAGE EN MARCHE
CALAGE DE L'EMBRAYAGE OU DU VOLANT

Art. 15. — Des dispositifs de sûreté devront être installés dans la mesure du possible pour le nettoyage et le graissage des transmissions ou mécanismes en marche.

En cas de réparation d'un organe mécanique quelconque, son arrêt devra être assuré par un calage convenable de l'embrayage ou du volant : il en sera de même pour les opérations de nettoyage qui exigent l'arrêt des organes mécaniques.

Préoccupé de prévenir les nombreux accidents qui atteignent les ouvriers occupés au graissage et au nettoyage des machines, le comité consultatif d'hygiène de France avait proposé d'étendre aux hommes adultes les dispositions de l'article 1er du décret du 13 mai 1893, qui interdit ces opérations pendant la marche aux enfants de moins de dix-huit ans, aux filles mineures et aux femmes. Cette obligation parut excessive aux auteurs du décret du 10 mars 1894 ; en effet, le graissage des organes d'une machine est une opération qui s'impose au mécanicien par intervalles réguliers et dont le rapprochement ou l'éloignement dépend de causes très diverses, impossibles à prévoir. De plus, si pendant le fonctionnement d'une usine employant de nombreux mécanismes, le graissage et le nettoyage ne peuvent être pratiqués à moins d'interruptions, l'enchaînement, la continuité des opérations seront détruits, les temps d'arrêt briseront la régularité que demande un travail économique et productif.

Aussi le législateur s'est-il borné à exiger dans les ateliers l'adoption de dispositifs de sûreté permettant de graisser et de nettoyer sans danger les mécanismes en marche. Parmi ces dispositifs on peut citer les graisseurs automatiques, les burettes à bascule, les brosses à long manche, les passerelles de service, etc.

Le deuxième paragraphe de l'article 15 exige que, lors de la réparation d'un organe mécanique quelconque ou d'un nettoyage qui ne peut se faire en marche, l'arrêt soit assuré par un calage convenable de l'embrayage ou du volant.

Deux cas sont à distinguer :

1° La réparation ou le nettoyage doit être fait au moteur ou à un organe relié directement à lui ;

2° Ces mêmes opérations s'appliquent à des organes tels qu'on peut facilement interrompre toute communication entre eux et le moteur.

Dans le premier cas, il est nécessaire d'obtenir l'arrêt absolu du moteur, car, sous l'action du poids de la manivelle et de la bielle et par le vide produit sur l'une des faces du piston, il peut arriver qu'une machine à vapeur, surtout si c'est une machine à condensation se remette d'elle-même en mouvement et fasse un demi et même trois quarts de tour quelques moments après avoir été arrêtée ; un moteur hydraulique peut aussi se remettre inopinément en marche par suite des fuites d'eau qui se produisent lorsque les vannes n'assurent pas une fermeture complète.

Pour éviter les accidents que détermine souvent cette mise

en marche accidentelle, il convient, après l'arrêt de la machine, de caler le volant. Aux petites machines, des leviers peuvent suffire ; mais le meilleur système consiste à utiliser un frein composé de sabots en bois dur qui peuvent être pressés contre la jante du volant, et empêcher tout mouvement de celui-ci.

Pour assurer l'immobilité des roues hydrauliques, on peut monter sur l'arbre moteur une poulie sur laquelle on fait agir un frein analogue au précédent.

Le deuxième cas est particulier aux mécanismes et métiers munis d'un débrayage. Le calage se fait en général avec des taquets en bois ou des goupilles de sûreté destinés à fixer invariablement le débrayage pendant l'arrêt. Malheureusement, l'ouvrier oublie trop souvent de placer ces goupilles à chaque arrêt du métier. Aussi serait-il à désirer que chaque machine ou métier soit pourvue d'un système de calage automatique agissant dans tous les cas indépendamment de la volonté du travailleur.

ÉVACUATION RAPIDE EN CAS D'INCENDIE

ART. 16. — *Les sorties des ateliers sur les cours, vestibules, escaliers et autres dépendances intérieures de l'usine doivent être munies de portes s'ouvrant de dedans en dehors. Ces sorties seront assez nombreuses pour permettre l'évacuation rapide de l'atelier ; elles seront toujours libres et ne devront jamais être encombrées de marchandises, de matières en dépôt ni d'objets quelconques.*

Le nombre des escaliers sera calculé de manière que l'évacuation de tous les étages d'un corps de bâtiment contenant des ateliers puisse se faire immédiatement.

Dans les ateliers occupant plusieurs étages, la construction d'un escalier incombustible pourra, si la sécurité l'exige, être prescrite par une décision du ministre du commerce, après avis du comité des arts et manufactures.

Les récipients pour l'huile ou le pétrole servant à l'éclairage seront placés dans des locaux séparés et jamais au voisinage des escaliers.

L'article 16 prescrit d'assurer l'évacuation rapide des usines et ateliers en cas d'incendie. La nécessité de l'application rigoureuse de cette prescription a été suffisamment prouvée par de nombreux accidents. Deux catastrophes récentes, les incendies du Bazar de la Charité et de la Comédie-Française en ont fait ressortir davantage l'importance.

Le paragraphe 1er exige que les sorties des ateliers sur les cours, vestibules, escaliers et autres dépendances intérieures de l'usine soient munies de portes s'ouvrant de dedans en dehors ; il faut en effet que si un incendie éclate subitement, l'affluence des ouvriers au voisinage des portes ne puisse empêcher de les ouvrir. Pour la même raison, les portes doivent être toujours libres et jamais encombrées de marchandises, de matières en dépôt ni d'objets quelconques.

D'après un avis du comité consultatif des arts et manufactures, il y a lieu de remarquer que le paragraphe 1er ne spécifie pas que toutes les sorties devront s'ouvrir de dedans en dehors. (Lettre ministérielle du 20 avril 1897.)

Aux termes du deuxième paragraphe de l'article 16, le nombre d'escaliers sera calculé de manière que l'évacuation de tous les étages d'un corps de bâtiment contenant des escaliers puisse se faire immédiatement.

Le comité consultatif d'hygiène, par la voie de son rapporteur M. Napias, a pensé que cette prescription générale devait suffire et qu'il serait excessif de décider par avance le nombre des escaliers d'après la longueur de l'atelier, comme on le fait en Russie par exemple. La dimension de l'atelier peut être en effet un élément trompeur, si l'on ne tient pas compte aussi de la nature des matières qu'on y travaille et surtout du nombre des ouvriers, comparés à la dimension et à la facilité des issues.

D'après le troisième paragraphe, la construction d'un

escalier incombustible peut, si la sécurité l'exige, être prescrite, dans les ateliers occupant plusieurs étages, par une décision du ministre du commerce, après avis du comité des arts et manufactures. L'application de cette obligation avait soulevé quelques difficultés lorsqu'il existe dans un même immeuble plusieurs ateliers relevant de patrons différents; or, il résulte de la lettre ministérielle du 15 février 1898 que la mise en demeure de l'inspection doit, dans ce cas, s'adresser aux divers chefs d'ateliers de l'immeuble dans lequel la construction de l'escalier incombustible a été reconnue indispensable; quant à la répartition de la dépense entre co-locataires ou co-propriétaires, c'est une question que les tribunaux peuvent seuls trancher en cas de désaccord entre les intéressés.

L'obligation de reléguer les récipients pour l'huile et le pétrole dans des locaux séparés et éloignés des escaliers s'explique d'elle-même. Il convient, en effet, d'amoindrir, surtout au voisinage des issues, les chances d'incendie assez nombreuses pendant les opérations de remplissage et d'allumage des lampes.

Certaines lois étrangères sur la sécurité du travail demandent que les ateliers possèdent des extincteurs ou autres appareils destinés à conjurer les périls d'incendie; les corporations allemandes ont inscrit cette obligation dans près d'un tiers de leurs règlements.

Le comité consultatif d'hygiène de France, appelé à donner son avis, n'a pas pensé que le règlement devait aller jusque-là.

« Ce qui intéresse la sécurité des ouvriers, dit le rapporteur, M. Napias, c'est que si le danger paraît, l'évacuation soit possible. Les appareils extincteurs, les pompes, sont évidemment très utiles pour sauvegarder les bâtiments, les marchandises, les matières premières, les machines. Mais il appartient à l'industriel de rechercher dans quelle mesure il a intérêt à installer ces appareils protecteurs de sa fortune, et nous n'avons pas à nous placer sur ce terrain, ni à envisager les choses à ce point de vue. Il est évident que nous souhaitons cependant que tous les ateliers, toutes les usines ou manufactures soient munis d'appareils extincteurs et que les ouvriers soient familiarisés avec leur emploi ; mais nous ne voyons pas là une prescription impérative au point de vue de la sécurité des ouvriers. »

La lettre ministérielle du 14 mai 1898, se basant sur les considérations précédentes, a fait connaître au service de l'inspection que son rôle doit se borner à assurer la sécurité des ouvriers en facilitant leur retraite, sans se préoccuper de sauvegarder les bâtiments ou les marchandises.

INSTALLATIONS ÉLECTRIQUES

Art. 17. — Les machines dynamos devront être isolées électriquement.

Elles ne seront jamais placées dans un atelier où des corps explosifs, des gaz détonants ou des poussières inflammables se manient ou se produisent.

Les conducteurs électriques placés en plein air pourront rester nus ; dans ce cas, ils devront être portés par des isolateurs de porcelaine ou de verre ; ils seront écartés des masses métalliques, telles que gouttières, tuyaux de descente, etc.

A l'intérieur des ateliers, les conducteurs nus, destinés à des prises de courant sur leur parcours, seront écartés des murs, hors de la portée de la main et convenablement isolés.

Les autres conducteurs seront protégés par des enveloppes isolantes.

Toutes précautions seront prises pour éviter l'échauffement des conducteurs à l'aide de coupe-circuits et autres dispositifs analogues.

Le premier paragraphe exige que les machines dynamos soient isolées électriquement. A cet effet, elles doivent être disposées sur des planchers isolés ou des tapis spéciaux isolants afin que les ouvriers qui ont à s'en approcher aient l'isolation indispensable à leur sécurité.

Les machines dynamos ne doivent pas être placées dans des locaux où il y aurait lieu de craindre des dangers d'explosion par l'inflammation de gaz ou de poussières.

Les paragraphes 3, 4 et 5 édictent les prescriptions relatives à l'isolement des conducteurs. Les conducteurs électriques placés en plein air peuvent rester nus à condition : 1° qu'ils soient portés par des isolateurs de porcelaine ou de verre ; 2° qu'ils soient écartés des masses métalliques, telles que gouttières, tuyaux de descente, tuyaux de gaz. Dans l'intérieur des ateliers, les conducteurs nus destinés à des prises de courant sur leur parcours doivent être écartés des murs, hors de la portée de la main et convenablement isolés. Quant aux autres conducteurs, ils doivent être protégés par des enveloppes isolantes en bois ou en caoutchouc.

Le dernier paragraphe de l'article 17 exige que toutes précautions soient prises pour empêcher l'échauffement des conducteurs à l'aide de coupe-circuits et autres dispositifs analogues. L'échauffement des conducteurs peut en effet provoquer des incendies que l'on évite en interposant des lames fusibles ou coupe-circuits automatiques sur les conducteurs du circuit. Si par suite d'un court circuit ou de toute autre cause, le conducteur vient à chauffer, le métal fusible fond et interrompt automatiquement la communication avant qu'un accident ait pu se produire. Les interrupteurs installés auprès de la machine dynamo et sur les principaux branchements permettent aussi de couper le circuit dans les principales parties de l'installation ; ces interrupteurs doivent être montés sur des supports isolants, incombustibles et indéformables (marbre, porcelaine ou ardoise).

VÊTEMENTS AJUSTÉS

Art. 18. — *Les ouvriers et ouvrières qui ont à se tenir*

près des machines doivent porter des vêtements ajustés et non flottants.

La nécessité des vêtements ajustés est incontestable et bien démontrée par le nombre considérable d'accidents dus aux habits trop amples.

D'après un jugement du tribunal de simple police de Lille du 16 février 1895, les patrons ont l'obligation de veiller à ce que les prescriptions de l'article 18 soient exécutées et d'empêcher les ouvriers de porter des vêtements flottants, car les prescriptions de la loi du 12 juin 1893 et du décret du 10 mars 1894 s'adressent aux patrons et non aux ouvriers.

DÉLAIS D'EXÉCUTION

ART. 19. — *Les délais d'exécution des travaux de transformation qu'implique le présent règlement sont fixés : à trois mois à compter de sa promulgation, pour les articles 2, § 1 ; 3, § 2 ; 4, §§ 1 et 2 ; 6, §§ 1, 2, 3, 4 et 5 ; 8, § 2 ; 11 ; 12, §§ 1, 2 et 3 ; 14, § 2 ; 15, § 1 ; 16, §§ 1 et 2 ; 17, et à un an pour les articles 5, § 1, et 10, § 2.*

CHAPITRE III

COMMENTAIRE DES PRESCRIPTIONS

RELATIVES A L'HYGIÈNE ET A LA SÉCURITÉ

DES ENFANTS, DES FILLES MINEURES ET DES FEMMES

**(Section V de la loi du 2 novembre 1892
et Décret du 13 mai 1893)**

I. — COMMENTAIRE DES ARTICLES 12, 13, 14, 15 ET 16

DE LA LOI DU 2 NOVEMBRE 1892

TRAVAUX DANGEREUX OU EXCÉDANT LES FORCES

ART. 12. — *Les différents genres de travail présentant des causes de danger, ou excédant les forces, ou dangereux pour la moralité, qui seront interdits aux femmes, filles et enfants, seront déterminés par des règlements d'administration publique.*

Les différents genres de travail présentant des causes de danger, ou excédant les forces, ou dangereux pour la moralité sont énumérés par les articles 1 à 13 du décret du 13 mai 1893. Ces articles seront examinés et commentés plus loin.

TRAVAUX DANS LES ÉTABLISSEMENTS INSALUBRES
OU DANGEREUX

ART. 13. — *Les femmes, filles et enfants ne peuvent être employés dans des établissements insalubres ou dangereux, où l'ouvrier est exposé à des manipulations ou à des émanations préjudiciables à sa santé, que sous les conditions spéciales déterminées par des règlements d'administration publique pour chacune de ces catégories de travailleurs.*

Les opérations et manipulations dangereuses ou insalubres visées par l'article 13 ont fait l'objet des trois tableaux A, B, C annexés au décret du 13 mai 1893.

CONDITIONS DE SÉCURITÉ ET DE SALUBRITÉ

ART. 14. — *Les établissements visés dans l'article 1er et leurs dépendances doivent être tenus dans un état constant de propreté, convenablement éclairés et ventilés. Ils doivent présenter toutes les conditions de sécurité et de salubrité nécessaires à la santé du personnel.*

Dans tout établissement contenant des appareils mécaniques, les roues, les courroies, les engrenages, ou tout autre organe pouvant offrir une cause de danger, seront séparés des ouvriers de telle manière que l'approche n'en soit possible que pour les besoins du service.

Les puits, trappes et ouvertures de descente doivent être clôturés.

Les prescriptions imposées par l'article 14, à la différence de celles contenues dans le décret du 10 mars 1894, n'exigent aucune mise en demeure comme préalable obligé du procès-verbal et de la poursuite.

Le législateur a voulu que les mesures d'hygiène et de

sécurité, prescrites pour protéger les jeunes travailleurs, fussent obligatoires par elles-mêmes, afin que la protection fût efficace et immédiate. Cette manière de voir a été consacrée par tous les arrêts de la Cour de cassation rendus en cette matière, ainsi que par les diverses circulaires ministérielles adressées au service de l'inspection du travail. (Arrêts de la Cour de cassation des 28 mars 1896, 12 juin 1896 et 8 janvier 1897. Circulaire ministérielle du 16 novembre 1900.)

DÉCLARATION DES ACCIDENTS

ART. 15. — *Tout accident ayant occasionné une blessure à un ou plusieurs ouvriers, survenu dans un des établissements mentionnés à l'article 1ᵉʳ, sera l'objet d'une déclaration par le chef de l'entreprise ou, à son défaut et en son absence, par son préposé.*

Cette déclaration contiendra le nom et l'adresse des témoins de l'accident; elle sera faite dans les quarante-huit heures au maire de la commune, qui en dressera procès-verbal dans la forme à déterminer par un règlement d'administration publique. A cette déclaration sera joint, produit par le patron, un certificat du médecin indiquant l'état du blessé, les suites probables de l'accident et l'époque à laquelle il sera possible d'en connaître le résultat définitif.

Récépissé de la déclaration et du certificat médical sera remis, séance tenante, au déposant.

Avis de l'accident est donné immédiatement par le maire à l'inspecteur divisionnaire ou départemental.

Ce qui a été dit, en étudiant l'article 11 de la loi du 12 juin 1893, est applicable à l'article 15 de la loi du 2 novembre 1892.

BONNES MŒURS

ART. 16. — *Les patrons ou chefs d'établissement doivent, en outre, veiller au maintien des bonnes mœurs et à l'observation de la décence publique.*

L'article 334 du Code pénal permet de poursuivre tout patron qui tolère chez lui un outrage aux bonnes mœurs ou à la décence, et il semble de prime abord qu'il était inutile de faire figurer dans la loi l'obligation de l'article 16. Mais ce double emploi n'est qu'apparent, attendu que les inspecteurs du travail n'ont pas qualité pour faire respecter les prescriptions du Code pénal et que, pour leur permettre de dresser procès-verbal en cas d'outrage aux bonnes mœurs et à la décence publique, il fallait leur en donner le pouvoir par un article spécial de la loi.

II. — COMMENTAIRE DU DÉCRET DU 13 MAI 1893

GRAISSAGE, NETTOYAGE, VISITE ET RÉPARATION DES MÉCANISMES

ARTICLE 1er. — *Il est interdit d'employer les enfants au-dessous de dix-huit ans, les filles mineures et les femmes au graissage, au nettoyage, à la visite ou à la réparation des machines ou mécanismes en marche.*

L'article 1er du décret interdit d'employer les enfants au-dessous de dix-huit ans, les filles mineures et les femmes au graissage, au nettoyage, à la visite ou à la réparation des machines ou mécanismes en marche.

Les dispositions pénales de cet article ne sont applicables aux patrons que lorsque ces derniers ont réellement employé un ouvrier à un travail interdit. Ils ne sauraient tomber sous le coup de la loi, lorsque c'est sans ordre et de son initiative personnelle que l'ouvrier s'est livré à cette besogne, une blessure en fût-elle résultée. (Tribunal de simple police de Paris, jugement du 4 mai 1899.)

Toutefois, d'après un jugement du tribunal de simple police de Reims, en date du 7 décembre 1895, le chef d'industrie qui emploie des enfants âgés de moins de dix-huit ans, dans ses ateliers, est tenu de prendre toutes les précautions utiles, d'exercer la surveillance nécessaire pour que les jeunes travailleurs soient garantis contre leur inexpérience et contre leur propre imprudence, surtout quand ils sont appelés, même pour un simple nettoyage, à manier des machines installées dans l'atelier.

Aux termes d'une circulaire ministérielle du 28 octobre 1900, l'interdiction d'occuper des enfants comme conducteurs ou aide-conducteurs de machines résulte implicitement de la prohibition d'employer des enfants au-dessous de dix-huit ans au graissage, au nettoyage, à la visite ou à la réparation des machines en marche, qui constituent une des fonctions du mécanicien ou de l'aide-mécanicien.

PARTIES DANGEREUSES DES MACHINES

Art. 2. — *Il est interdit d'employer les enfants au-dessous de dix-huit ans, les filles mineures et les femmes dans les ateliers où se trouvent des machines actionnées à la main ou par un moteur mécanique et dont les parties dangereuses ne sont point couvertes de couvre-engrenages, garde-mains et autres organes protecteurs.*

L'article 2 du décret du 13 mai 1893 interdit d'employer les enfants au-dessous de dix-huit ans, les filles mineures et les femmes dans les ateliers où se trouvent des machines actionnées à la main ou par un moteur mécanique *dont les parties dangereuses ne sont point couvertes* de couvre-engrenages, garde-mains et autres appareils protecteurs.

Cette disposition a soulevé dans la pratique certaines difficultés qui ont été soumises à l'examen du Comité consultatif des arts et manufactures.

Le Comité a fait remarquer que l'article 2 du décret du 13 mai 1893 ne dit pas que les parties dangereuses seront *enveloppées,* mais qu'elles seront *couvertes* d'organes protecteurs, de telle sorte que les ouvriers ne puissent, de leur poste de travail, toucher involontairement les instruments dangereux.

D'après le Comité, ces prescriptions ne doivent nullement empêcher l'ouvrier d'obtenir de l'appareil le résultat désirable ni rendre cet appareil inaccessible et impropre au travail auquel il est destiné. (Circulaire ministérielle du 1ᵉʳ février 1897.)

D'après un jugement du tribunal correctionnel d'Amiens, en date du 23 novembre 1896, le but que se proposent la loi du 2 novembre 1892 et l'article 2 du décret du 13 mai 1893, d'écarter pour le personnel protégé toute cause de danger et de le protéger contre sa propre imprudence, n'est pas atteint lorsque l'appareil est protégé par un recouvrement mobile que les ouvriers doivent ou peuvent enlever à volonté en se livrant à leur travail. Cette opinion n'a pas été admise par la Cour de cassation qui, par un arrêt du 27 février 1899, a annulé pour fausse application de l'article 2 du décret du 13 mai 1893, le jugement qui décide que les organes protecteurs exigés par ledit décret doivent être *fixes* et que s'il est impossible d'établir de tels organes, l'emploi des femmes doit être exclu.

SAUTILLEMENT SUR UNE PÉDALE — ROUES HORIZONTALES

ART. 3. — *Il est interdit d'employer les enfants au-des-*

sous de dix-huit ans à faire tourner des appareils en sautil-
lant sur une pédale.

Il est également interdit de les employer à faire tourner
des roues horizontales.

Le Comité consultatif des arts et manufactures a fait observer que les mots « sautiller sur une pédale » n'ont plus
guère d'application dans l'industrie. On pourrait toutefois les
définir, suivant lui, en disant que, pour sautiller, l'ouvrier
doit être debout avec les deux pieds sur la pédale du métier
afin de pouvoir l'actionner précisément en faisant ce mouvement alternatif qu'on appelle sautillement. Les cas où le
service aura à intervenir pour assurer l'exécution des règles
relatives à ce mode de travail seront donc fort rares. (Lettre
ministérielle du 12 janvier 1899.)

Il résulte d'une lettre ministérielle du 26 janvier 1897
que le polissage des boîtes de montre par brosse mécanique
actionnée par une pédale ne rentre pas dans la catégorie
des travaux interdits par le paragraphe 1er de l'article 3.

ROUES VERTICALES

ART. 4. — *Les enfants au-dessous de seize ans ne pour-*
ront être employés à tourner des roues verticales que pen-
dant une durée d'une demi-journée de travail divisée par un
repos d'une demi-heure au moins.

Il est également interdit d'employer les enfants au-dessous
de seize ans à actionner au moyen de pédales les métiers dits
« à la main ».

Les accidents provenant du travail des enfants employés
comme producteurs de force motrice n'ont rien de terri-
fiant, parce qu'ils ne sont pas immédiats. C'est pourtant
pour avoir été employés trop tôt et trop longtemps à tourner
une roue, à actionner une pédale, que plusieurs ouvriers
encore jeunes présentent des incurvations de la colonne

vertébrale et des membres, un excessif développement des bras ou des déformations des jambes ; il faut ajouter à cela une fatigue excessive qui les rend souvent incapables de gagner leur vie. Pour atténuer, sinon éviter ces accidents terribles, le décret du 13 mai 1893 a posé les interdictions de l'article 4.

Aux termes d'une lettre ministérielle du 20 mars 1894, chaque enfant ne doit pas tourner une roue verticale pendant plus d'une demi-journée, même en cas de la prolongation de la journée de travail accordée dans les corderies en plein air, en vertu de l'article 7 de la loi du 2 novembre 1892.

Le travail de polissage des boîtes de montre par brosse mécanique actionnée par une pédale n'exige qu'une faible dépense de force et ne rentre pas dans la catégorie des travaux interdits par l'article 4. (Lettre ministérielle du 26 janvier 1897.)

L'emploi des enfants de moins de seize ans, comme producteurs de force motrice aux métiers dits tricoteurs à la main, n'exige qu'une faible dépense de force et il n'y a pas lieu de le classer dans le nombre des travaux excédant la force des enfants. (Lettre ministérielle du 26 janvier 1897.)

SCIES CIRCULAIRES ET SCIES A RUBAN

ART. 5. — *Les enfants au-dessous de seize ans ne peuvent travailler aux scies circulaires ou aux scies à ruban.*

Les scies à ruban et surtout les scies circulaires sont les machines les plus dangereuses de l'industrie. Aussi, pour éviter de nombreux accidents dus à l'imprudence ou à l'étourderie des jeunes apprentis, le décret du 13 mai 1893 a interdit aux enfants de moins de seize ans de travailler aux machines à scier. L'interdiction du travail aux scies circulaires pour le jeune personnel s'applique-t-elle au travail du pousseur et à celui du tireur, ou bien seulement au travail du pousseur? A notre avis, le texte de l'article 5 du décret du 13 mai 1893 est général et comprend tous les travaux intimement liés aux scies circulaires ; si on n'avait laissé subsister l'interdiction que pour le pousseur, on aurait reproduit le texte de l'article 6 du décret du 13 mai 1875 rendu pour l'application de la loi de 1874, et qui interdisait seulement aux enfants de moins de seize ans de pousser la matière à scier contre la scie. D'ailleurs, le travail du tireur, bien que moins périlleux que celui qui consiste à diriger la matière contre la lame, n'en est pas moins exempt de danger. Car, fait remarquer le docteur Brémond, le travailleur qui tire à lui la planche, divisée par la scie circulaire, n'a pas seulement à la diriger, en la tenant des deux mains par ses arêtes extérieures, il est encore obligé de maintenir ladite planche sur la table de la scie. Si cette pression n'est pas faite convenablement, la planche risque de sauter et d'atteindre le visage ou la poitrine ; d'autres fois la planche faisant un brusque retour en arrière, les mains qui la soutiennent sont attirées vers la scie, et il en résulte des blessures allant jusqu'à la section complète des doigts.

CISAILLES ET AUTRES LAMES TRANCHANTES MÉCANIQUES

ART. 6. — *Les enfants au-dessous de seize ans ne peuvent être employés au travail des cisailles et autres lames tranchantes mécaniques.*

Quelles sont les machines à lames tranchantes ? On peut ranger dans cette catégorie toutes celles qui servent à sectionner ou à entailler les bois, les métaux, les peaux, le cuir, les étoffes, le papier, le carton, etc.

Parmi ces machines il faut citer :

1° Dans l'industrie du bois : les machines à raboter le bois, munies de lames métalliques, droites ou hélicoïdales, rappelant la lame des rabots ; les machines à planer, pourvues de lames rappelant celle de l'herminette ; les trancheuses droites agissant de haut en bas comme le couteau de la guillotine ; les machines à lamer le bois ou trancheuses à fibres, qui divisent les fibres du bois en étroits filaments, utilisés pour l'emballage ; les machines doubles à rainer, à languetter et à dresser ; les machines verticales à moulures, dites toupies ; les varlopeuses circulaires constituées par un plateau circulaire mobile armé de deux ou de quatre fers et devant lequel se trouve la table-support du bois à raboter ;

2° Dans le travail des métaux : les planeurs, les raboteurs, les fileteurs, les mortaiseurs et toutes autres variétés de tours ;

3° Dans les tanneries : les hache-tans, les refendeuses et les écharneuses mécaniques ;

4° Dans les manufactures de chaussures : les fraiseuses de talons et les fraiseuses de lisses ;

5° Dans les papeteries, ateliers de reliure et de cartonnage : les hache-pailles, les coupe-chiffons, les coupeuses à papier, les massicots, les découpoirs ;

6° Dans les fabriques d'apprêts : les tondeuses mécaniques composées de lames-couteaux en spirale ayant pour but de trancher les filaments au passage.

CUEILLAGE ET SOUFFLAGE DU VERRE

Art. 7. — Les enfants au-dessous de treize ans ne peuvent, dans les verreries, être employés à cueillir et à souffler le verre.

Au-dessus de treize ans jusqu'à seize ans, ils ne peuvent cueillir un poids de verre supérieur à 1,000 grammes. Dans les fabriques de bouteilles et de verre à vitre, le soufflage par la bouche est interdit aux enfants au-dessous de seize ans.

Dans les verreries où le soufflage se fait à la bouche, un embout personnel sera mis à la disposition de chaque enfant âgé de moins de dix-huit ans.

Les dispositions qui précèdent créent une situation spéciale et privilégiée aux verreries qui ont remplacé le soufflage à la bouche par le soufflage mécanique. On a voulu, par là, encourager les maîtres verriers qui ont adopté un perfectionnement si utile à la santé des ouvriers puisqu'il les dispense de l'effort pulmonaire qui rend si dangereuse la profession de verrier.

L'obligation de l'embout personnel a pour but d'éviter la possibilité de la contagion syphilitique qui existe chez les verriers qui se passent la canne à souffler le verre.

ROBINETS A VAPEUR

Art. 8. — *Il est interdit de préposer les enfants au-dessous de seize ans au service des robinets à vapeur.*

En vue d'éviter de fréquentes brûlures, l'article 8 du décret du 13 mai 1893 interdit de préposer les enfants au-dessous de seize ans au service des robinets à vapeur.

Les robinets dont il s'agit se rencontrent surtout dans les distilleries et dans les sucreries.

Le Comité consultatif des arts et manufactures et la Commission supérieure du travail ont pensé que l'interdiction de l'article 8 paraît impliquer la prohibition de confier à des enfants n'ayant pas atteint l'âge de seize ans le service des chaudières à vapeur ; M. le ministre du commerce et de l'industrie s'est rangé à cette conclusion, portée à la connaissance du service de l'inspection par la circulaire du 28 octobre 1900. Cette manière de voir est d'ailleurs conforme à un jugement du tribunal de simple police d'Épernay du 22 mars 1900 qui a condamné pour infraction à l'article 8 du décret du 13 mai 1893, un patron imprimeur dont le chauffeur était âgé de moins de seize ans.

LAMINAGE ET ÉTIRAGE DE LA VERGE DE TRÉFILERIE

ART. 9. — *Il est interdit d'employer des enfants de moins de seize ans, en qualité de doubleurs, dans les ateliers où s'opèrent le laminage et l'étirage de la verge de tréfilerie.*

Toutefois, cette disposition n'est pas applicable aux ateliers dans lesquels le travail des doubleurs est garanti par des appareils protecteurs.

Le laminage et l'étirage de la verge de tréfilerie dont il a été déjà parlé menacent les ouvriers, non seulement à cause du danger d'entraînement des cylindres cannelés, mais encore par la sortie irrégulière des barres ouvrées ou verges qui peut amener la brûlure, la fracture ou l'amputation d'un membre. De là, l'interdiction conditionnelle de l'article 9 du décret du 13 mai 1893 :

« Il est interdit d'employer des enfants de moins de seize ans, en qualité de doubleurs, dans les ateliers où s'opèrent le laminage et la verge de tréfilerie.

« Toutefois, cette disposition n'est pas applicable aux ateliers dans lesquels le travail des doubleurs est garanti par des appareils protecteurs. »

L'inspecteur divisionnaire de la 6e circonscription avait demandé que l'interdiction d'employer des enfants de moins de seize ans en qualité de doubleurs dans les ateliers où s'opèrent le laminage et l'étirage de la verge de tréfilerie fût étendue aux enfants employés au démêlage des fils de fer incandescents. Le Comité consultatif des arts et manufactures et la Commission supérieure du travail ont été d'accord pour reconnaître que ce sont là deux genres de travail qui n'ont rien de comparable, l'un exigeant un développement de force musculaire, l'autre seulement de l'agilité. Aussi les doubleurs sont-ils presque partout recrutés parmi les adultes ou les jeunes gens de plus de seize ans, tandis que les démêleurs sont des enfants qu'on choisit de préfé-

rence à cause de l'agilité qui leur est propre et qui est nécessaire pour éviter les accidents. Ces accidents, aujour-
d'hui très rares et sans gravité, ne pourraient que devenir
plus fréquents si on substituait les hommes aux enfants
pour ce genre d'opération.

ÉCHAFAUDAGES VOLANTS

Art. 10. — *Il est interdit d'employer des enfants de moins
de seize ans à des travaux exécutés à l'aide d'échafaudages
volants pour la réfection ou le nettoyage des maisons.*

Le décret du 31 octobre 1882 avait défendu aux cou-
vreurs et aux plombiers d'employer des enfants sur les
toits. Cette interdiction n'a pas été maintenue dans le règlement du 13 mai 1893. Le Comité consultatif des arts et
manufactures et la commission supérieure du travail ont
pensé que c'est précisément parce que le métier de cou-
vreur et de plombier est dangereux qu'il faut en autoriser
l'apprentissage dès le jeune âge. Il importe, en effet, d'ha-
bituer de bonne heure l'enfant à l'équilibre qu'exige le travail sur les toits, et à le mettre en garde dès sa jeunesse
contre les dangers résultant du vertige ou d'une imprudence. A l'interdiction d'employer des enfants sur les toits,
on a substitué celle de les occuper à des travaux exécutés à
l'aide d'échafaudages volants, pour la réfection ou le nettoyage des maisons. (Circulaire ministérielle du 15 mai
1893.)

SURCHARGES

Art. 11. — *Les jeunes ouvriers et ouvrières au-dessous de
dix-huit ans employés dans l'industrie ne peuvent porter,
tant à l'intérieur qu'à l'extérieur des manufactures, usines,*

ateliers et chantiers, des fardeaux d'un poids supérieur aux suivants :

Garçons au-dessous de 14 ans . . .   10 kilogrammes.
Garçons de 14 à 18 ans   15   —
Ouvrières au-dessous de 16 ans . .   5   —
Ouvrières de 16 à 18 ans   10   —

Il est interdit de faire traîner ou pousser par lesdits jeunes ouvriers et ouvrières, tant à l'intérieur des établissements industriels que sur la voie publique, des charges correspondant à des efforts plus grands que ceux ci-dessus indiqués.

Les conditions d'équivalence des deux genres de travail seront déterminées par arrêté ministériel.

Les statistiques officielles annuelles que les inspecteurs du travail dans l'industrie fournissent au ministère du commerce montrent qu'un grand nombre d'accidents survenus aux jeunes ouvriers sont dus à la manutention de fardeaux trop lourds. Tantôt c'est un porteur de mortier tombé d'une échelle qu'il gravissait avec un volet trop chargé ; tantôt un bobineur qui, en transportant une caisse de canettes, dont le poids varie entre 20 et 30 kilogrammes, laisse tomber la caisse sur ses pieds déchaussés. C'est tant pour éviter ces nombreux accidents que pour sauvegarder les lois du développement physiologique des jeunes travailleurs, qu'il a été fixé un maximum de charge pour les ouvriers des deux sexes de moins de dix-huit ans.

D'après le deuxième paragraphe de l'article 11 du décret, il est interdit de faire traîner ou pousser par lesdits ouvriers ou ouvrières, tant à l'intérieur des établissements industriels que sur la voie publique, des charges correspondant à des efforts plus grands que ceux indiqués au paragraphe 1er.

Les conditions d'équivalence des deux genres de travail ont été déterminées par l'arrêté ministériel du 31 juillet 1894 ainsi conçu :

La limite supérieure de la charge qui peut être traînée ou

poussée par les jeunes ouvriers et ouvrières au-dessous de dix-huit ans, tant à l'intérieur des établissements industriels que sur la voie publique, est fixée ainsi qu'il suit, véhicule compris.

1° Wagonnets circulant sur voie ferrée :

Garçons au-dessous de quatorze ans .	300 kilogrammes.
Garçons de quatorze à seize ans. . .	500 —
Ouvrières au-dessous de seize ans. .	150 —
Ouvrières de seize à dix-huit ans . .	300 —

2° Brouettes :

Garçons de quatorze à dix-huit ans .   40 kilogrammes.

3° Voitures à trois ou quatre roues, dites placières, pousseuses, pousse à main :

Garçons au-dessous de quatorze ans .	35 kilogrammes.
Garçons de quatorze à dix-huit ans .	60 —
Ouvrières au-dessous de seize ans. .	35 —
Ouvrières de seize à dix-huit ans . .	50 —

4° Charrettes à bras, dites haquets, brancards, charretons, voitures à bras, etc. :

Garçons de quatorze à dix-huit ans .   130 kilogrammes.

Le silence de l'arrêté au sujet de la manutention des brouettes par les filles âgées de moins de dix-huit ans équivaut à l'interdiction du roulage des brouettes par ces ouvrières.

Le décret du 13 mai 1893 a considéré que le fait de porter, traîner ou pousser des fardeaux devait, en principe, être considéré comme préjudiciable à la santé des jeunes ouvriers et ouvrières et de nature à nuire à leur développement ; néanmoins, afin de tenir compte, dans une certaine mesure, des nécessités industrielles, il a autorisé le transport des fardeaux d'un poids peu élevé, dont il a pris soin de déterminer le maximum. On peut donc affirmer qu'en matière de surcharges, la règle établie par le décret précité c'est l'interdiction, pour les enfants des deux sexes au-dessous de dix-huit ans. Les seules charges permises sont celles que ledit décret a pris soin d'autoriser expressément.

L'arrêté du 31 juillet 1894, rendu en vertu de ce décret, s'est inspiré des mêmes principes, et tout ce qu'il n'a pas autorisé demeure défendu. C'est d'ailleurs ainsi que l'a compris le Comité consultatif des arts et manufactures, chargé, par le règlement d'administration publique du 13 mai 1893, de la préparation dudit arrêté. Voici, notamment, comment s'exprime le rapporteur de ce comité, en ce qui concerne les brouettes : « Le mode de transport par brouette donne naissance à des trépidations constantes qui sont une cause de fatigue pour les muscles ; il est assez difficile de maintenir le dévers ; dans les dépressions des chemins, se produisent des chocs rendus plus brusques par le petit diamètre de la roue. L'insignifiance de la charge qui pourrait être autorisée, jointe aux considérations qui précèdent, nous conduit à penser qu'il n'y a pas lieu de permettre l'emploi de la brouette pour les jeunes gens au-dessous de quatorze ans et pour les jeunes ouvrières au-dessous de dix-huit ans. »

En ce qui concerne le traînage des fardeaux sans l'intermédiaire d'aucun véhicule, il est difficile de déterminer des équivalences d'efforts, attendu que les efforts seront constamment variables suivant la nature du sol, son inclinaison, etc. C'est une question qui peut être laissée à l'appréciation des inspecteurs dans les cas d'espèce qu'ils auront sous les yeux. Ils interdiront de traîner des fardeaux sans véhicule lorsque l'effort nécessaire leur paraîtra manifestement supérieur à celui qui est permis par l'article 11 du décret du 13 mai 1893. (Lettre ministérielle du 27 octobre 1894.)

Les contraventions à l'article 11 du décret du 13 mai 1893 et à l'arrêté ministériel du 31 juillet 1894 commises à l'extérieur des établissements industriels peuvent être constatées par les agents de police dans les villes et par les gendarmes ou les gardes champêtres dans les autres communes et faire l'objet de procès-verbaux. Connaissance de ces procès-verbaux doit être donnée à l'inspecteur du travail pour qu'il les fasse figurer dans ses statistiques. (Circulaire du 10 novembre 1894.)

L'arrêté du 31 juillet 1894 n'est pas applicable aux mines, minières et carrières. (Lettre ministérielle du 11 mai 1895.)

MACHINES A COUDRE MUES PAR DES PÉDALES

ART. 12. — *Il est interdit d'employer des filles au-dessous de seize ans au travail des machines à coudre mues par des pédales.*

L'interdiction de l'article 16 a pour but de préserver de l'ébranlement nerveux, provenant de la manœuvre des pédales, les jeunes filles de moins de seize ans. Il résulte, en effet, de nombreuses observations faites par plusieurs hygiénistes, que le mouvement alternatif des membres inférieurs sur les pédales de la machine à coudre détermine un frottement des deux cuisses, susceptible de se transmettre plus haut et d'entraîner une excitation génitale, dangereuse sous tous les rapports.

TRAVAUX CONTRAIRES AUX BONNES MŒURS
OU BLESSANT LA MORALITÉ

ART. 13. — *Il est interdit d'employer des enfants, des filles mineures ou des femmes à la confection d'écrits, d'imprimés, affiches, dessins, gravures, peintures, emblèmes, images ou autres objets dont la vente, l'offre, l'exposition, l'affichage ou la distribution sont réprimés par les lois pénales comme contraires aux bonnes mœurs.*

Il est également interdit d'occuper des enfants au-dessous de seize ans et des filles mineures dans les ateliers où se confectionnent des écrits, imprimés, affiches, gravures, peintures emblèmes, images ou autres objets qui, sans tomber sous l'application des lois pénales, sont cependant de nature à blesser leur moralité.

L'interdiction posée au premier paragraphe de l'article 13 vise la loi du 2 août 1882 dont l'article 1er est ainsi conçu :

« Est puni d'un emprisonnement de un mois à deux ans et d'une amende de 16 à 3,000 fr. quiconque aura commis le délit d'outrage aux bonnes mœurs, par la vente, l'offre, l'exposition, l'affichage ou la distribution gratuite sur la voie publique ou dans les lieux publics d'écrits, d'imprimés, autres que le livre, d'affiches, dessins, gravures, peintures, emblèmes ou images obscènes. »

Il y a lieu de remarquer que l'interdiction du paragraphe 2 ne s'applique pas aux filles et femmes de plus de dix-huit ans.

TABLEAU A

ART. 14. — *Dans les établissements où s'effectuent les travaux dénommés au tableau A annexé au présent décret, l'accès des ateliers affectés à ces opérations est interdit aux enfants au-dessous de dix-huit ans, aux filles mineures et aux femmes.*

Le tableau A contient la nomenclature des travaux industriels les plus insalubres et les plus dangereux, ils sont interdits à toutes les catégories de travailleurs que la loi du 2 novembre 1892 a entendu protéger, c'est-à-dire aux enfants au-dessous de dix-huit ans, aux filles et aux femmes de tout âge.

Dans certains cas particuliers, le comité consultatif des arts et manufactures a été appelé à se prononcer sur la portée de certaines interdictions. Voici deux avis intéressants partagés par le ministre :

1° Bien que le laminage du laiton ne soit pas nominativement désigné au tableau A, il paraît devoir être compris dans la désignation de « laminage de plomb, du zinc et du cuivre », et, comme tel, être interdit aux enfants de moins de dix-huit ans. (Lettre ministérielle du 20 mars 1894.)

2° L'interdiction d'employer des enfants de moins de dix-huit ans, des filles mineures et des femmes à l'aiguisage et au polissage des métaux ne s'applique pas à ces travaux lorsqu'ils sont exécutés par voie humide. (Lettre ministérielle du 25 avril 1894.)

Quelques modifications ont été apportées au tableau A par les décrets des 20 avril 1899 et 3 mai 1900.

Le décret du 20 avril 1899 a supprimé l'article « Triperies annexes des abattoirs » qui figurait dans le décret du 13 mai 1893.

Le décret du 3 mai 1900 a supprimé l'article « Fonte et laminage du plomb, du zinc et du cuivre » et a ajouté à la nomenclature du tableau A les deux articles suivants :

TRAVAUX	RAISONS DE L'INTERDICTION.
Fonte et laminage du plomb. . . .	Maladies spéciales dues aux émanations.
Traitement des minerais de plomb, zinc et cuivre pour obtention des métaux bruts	Émanations nuisibles.

TABLEAU B

ART. 15. — *Dans les établissements où s'effectuent les travaux dénommés au tableau B annexé au présent décret, l'accès des ateliers affectés à ces opérations est interdit aux enfants au-dessous de dix-huit ans.*

Le tableau B contient la nomenclature des industries dangereuses dans lesquelles l'emploi des enfants au-dessous de dix-huit ans est seul interdit. Les interdictions formulées dans ce tableau sont motivées par la nécessité d'un travail prudent et attentif, que l'enfant ne saurait fournir, en raison de la légèreté naturelle de son âge.

On a permis l'emploi des filles et des femmes au-dessus de dix-huit ans, parce qu'en raison de leur patience, de leur attention, de l'habileté de leurs mains, 'de la douceur et de la souplesse de leurs mouvements, on a une sécurité relative plus grande qu'avec les hommes adultes.

Les poudres dites de sûreté, au nitrate d'ammoniaque et à la nitronaphtaline, sont des poudres de mine, contenant des produits nitrés et rentrant implicitement et explicitement dans la série des libellés contenus au tableau B.

Les interdictions de ce tableau sont applicables à l'encartouchage des poudres de sûreté qui, pour être moins sensibles que les autres poudres nitrées, n'en sont pas moins susceptibles, en cas d'imprudence ou de gaminerie, de déterminer des accidents graves. Mais, s'il ne s'agit que d'employer des enfants au-dessous de dix-huit ans à découper des papiers ou à faire des boîtes dans des ateliers autres que ceux d'encartouchage, il n'y a là rien qui ne soit licite. Aux termes de l'article 15 du décret précité, dans les établissements où s'effectuent les travaux dénommés au tableau B, l'accès des ateliers affectés à ces opérations est interdit aux enfants au-dessous de dix-huit ans. Par contre, l'entrée des enfants n'est pas interdite dans les ateliers où l'encartouchage des poudres n'est pas effectué, et il est permis de les employer, dans ces ateliers, à des travaux aussi inoffensifs que le découpage et le collage du papier et du carton. (Lettre ministérielle du 24 janvier 1894.)

TABLEAU C

Art. 16. — *Le travail des enfants, filles mineures et femmes n'est autorisé dans les ateliers dénommés au tableau C annexé au présent décret que sous les conditions spécifiées audit tableau.*

Le tableau C indique les établissements dans lesquels l'emploi des enfants, des filles mineures et des femmes est autorisé, mais sous certaines conditions et seulement à certains travaux. (Circulaire du 15 mai 1893.)

Le terme « chiffons » employé dans le tableau C, annexé au décret du 13 mai 1893, ne saurait comprendre les retaillons et autres chiffons neufs et il n'y a pas lieu de s'opposer à l'emploi des enfants au-dessous de dix-huit ans au triage et à la manipulation de ces retaillons sous la condition que ces matières seront déposées et travaillées en local séparé. (Circulaire ministérielle du 18 novembre 1895.)

L'emploi des enfants de moins de dix-huit ans n'est interdit que lorsqu'ils opèrent sur des chiffons bruts et secs; le comité consultatif des arts et manufactures ne croit pas dès lors que le travail aux chiffons humides, après qu'ils ont été lessivés et dégraissés à la sortie de l'essoreuse, leur soit interdit. (Lettre ministérielle du 15 avril 1897.)

Le Conseil d'État a refusé de comprendre les ateliers de vernissage des poteries par trempage au nombre des établissements classés au tableau C du décret du 13 mai 1893. (Lettre ministérielle du 25 juin 1897.)

Il ne semble pas que l'interdiction portée au tableau C (les enfants au-dessous de dix-huit ans, les filles mineures et les femmes ne seront pas employés dans les ateliers où se fait l'application des enduits de caoutchouc, en raison des vapeurs nuisibles de sulfure de carbone et de benzine qui s'en degagent) s'applique au collage des bandes sur les étoffes ou vêtements de caoutchouc. (Décision ministérielle du 21 novembre 1899.)

Quelques modifications ont été apportées au tableau C par les décrets des 21 juin 1897, 20 avril 1899 et 3 mai 1900.

D'après le décret du 21 juin 1897, les enfants au-dessous de dix-huit ans ne doivent pas être employés dans les ateliers de cardage des déchets de soie, où les poussières se dégagent librement.

Le décret du 20 avril 1899 a ajouté au mot « Abattoirs publics », qui figurait à la nomenclature du tableau C, les mots « et annexes », de telle sorte que dans les abattoirs publics et les annexes, les enfants de moins de seize ans ne peuvent pas être employés à cause du danger d'accidents et de blessures.

En vertu du décret du 3 mai 1900, l'interdiction d'employer, dans les fonderies de deuxième fusion, les enfants au-dessous de seize ans à enlever les crasses au moment de la coulée, à cause du danger de brûlures, a été remplacée par l'interdiction suivante : « Dans les fonderies de deuxième fusion de fer, de zinc et de cuivre, les enfants au-dessous de seize ans ne seront pas employés à la coulée du métal. »

LIVRE III

RÉPARATION CIVILE
DES ACCIDENTS

TEXTES RELATIFS A LA RESPONSABILITÉ
DES ACCIDENTS INDUSTRIELS

1° **Loi du 9 avril 1898 concernant les responsabilités des accidents dont les ouvriers sont victimes dans leur travail.**

TITRE Ier

Indemnités en cas d'accidents.

Article 1er. — Les accidents survenus par le fait du travail, ou à l'occasion du travail, aux ouvriers et employés occupés dans l'industrie du bâtiment, les usines, manufactures, chantiers, les entreprises de transport par terre et par eau, de chargement et de déchargement, les magasins publics, mines, minières, carrières, et, en outre, dans toute exploitation ou partie d'exploitation dans laquelle sont fabriquées ou mises en œuvre des matières explosives, ou dans laquelle il est fait usage d'une machine mue par une force autre que celle de l'homme ou des animaux, donnent droit, au profit de la victime ou de ses représentants, à une indemnité à la charge du chef d'entreprise, à la condition que l'interruption de travail ait duré plus de quatre jours.

Les ouvriers qui travaillent seuls d'ordinaire ne pourront être assujettis à la présente loi par le fait de la collaboration accidentelle d'un ou de plusieurs de leurs camarades.

Art. 2. — Les ouvriers et employés désignés à l'article précédent ne peuvent se prévaloir, à raison des accidents dont ils sont victimes dans leur travail, d'aucunes dispositions autres que celles de la présente loi.

Ceux dont le salaire annuel dépasse deux mille quatre cents francs (2,400 fr.) ne bénéficient de ces dispositions que jusqu'à concurrence de cette somme. Pour le surplus, ils n'ont droit qu'au quart des rentes ou indemnités stipulées à l'article 3, à moins de conventions contraires quant au chiffre de la quotité.

Art. 3. — Dans les cas prévus à l'article 1er, l'ouvrier ou l'employé a droit :

Pour l'incapacité absolue et permanente, à une rente égale aux deux tiers de son salaire annuel;

Pour l'incapacité partielle et permanente, à une rente égale à la moitié de la réduction que l'accident aura fait subir au salaire;

Pour l'incapacité temporaire; à une indemnité journalière égale à la moitié du salaire touché au moment de l'accident, si l'incapacité de travail a duré plus de quatre jours et à partir du cinquième jour.

Lorsque l'accident est suivi de mort, une pension

est servie aux personnes ci-après désignées, à partir du décès, dans les conditions suivantes :

A. Une rente viagère égale à 20 p. 100 du salaire annuel de la victime pour le conjoint survivant non divorcé ou séparé de corps, à la condition que le mariage ait été contracté antérieurement à l'accident.

En cas de nouveau mariage, le conjoint cesse d'avoir droit à la rente mentionnée ci-dessus; il lui sera alloué, dans ce cas, le triple de cette rente à titre d'indemnité totale.

B. Pour les enfants, légitimes ou naturels, reconnus avant l'accident, orphelins de père ou de mère, âgés de moins de seize ans, une rente calculée sur le salaire annuel de la victime à raison de 15 p. 100 de ce salaire s'il n'y a qu'un enfant, de 25 p. 100 s'il y en a deux, de 35 p. 100 s'il y en a trois, et 40 p. 100 s'il y en a quatre ou un plus grand nombre.

Pour les enfants orphelins de père et mère, la rente est portée pour chacun d'eux à 20 p. 100 du salaire.

L'ensemble de ces rentes ne peut, dans le premier cas, dépasser 40 p. 100 du salaire ni 60 p. 100 dans le second.

C. Si la victime n'a ni conjoint ni enfant dans les termes des paragraphes A et B, chacun des ascendants et descendants qui étaient à sa charge recevra une rente viagère pour les ascendants et payable jusqu'à 16 ans pour les descendants. Cette rente sera égale à 10 p. 100 du salaire annuel de la victime, sans que le montant total des rentes ainsi allouées puisse dépasser 30 p. 100.

Chacune des rentes prévues par le paragraphe C est, le cas échéant, réduite proportionnellement.

Les rentes constituées en vertu de la présente loi

sont payables par trimestre : elles sont incessibles et insaisissables.

Les ouvriers étrangers victimes d'accidents qui cesseront de résider sur le territoire français recevront, pour toute indemnité, un capital égal à trois fois la rente qui leur avait été allouée.

Les représentants d'un ouvrier étranger ne recevront aucune indemnité si, au moment de l'accident, ils ne résidaient pas sur le territoire français.

Art. 4. — Le chef d'entreprise supporte en outre les frais médicaux et pharmaceutiques et les frais funéraires. Ces derniers sont évalués à la somme de cent francs (100 fr.) au maximum.

Quant aux frais médicaux et pharmaceutiques, si la victime a fait choix elle-même de son médecin, le chef d'entreprise ne peut être tenu que jusqu'à concurrence de la somme fixée par le juge de paix du canton, conformément aux tarifs adoptés dans chaque département pour l'assistance médicale gratuite.

Art. 5. — Les chefs d'entreprise peuvent se décharger, pendant les trente, soixante ou quatre-vingt-dix premiers jours à partir de l'accident, de l'obligation de payer aux victimes les frais de maladie et l'indemnité temporaire, ou une partie seulement de cette indemnité, comme il est spécifié ci-après, s'ils justifient :

1° Qu'ils ont affilié leurs ouvriers à des sociétés de secours mutuels et pris à leur charge une quote-part de la cotisation qui aura été déterminée d'un commun accord, et en se conformant aux statuts-types approuvés par le ministre compétent, mais qui ne devra pas être inférieure au tiers de cette cotisation ;

2° Que ces sociétés assurent à leurs membres, en cas de blessures, pendant trente, soixante ou quatre-vingt-dix jours, les soins médicaux et pharmaceutiques et une indemnité journalière.

Si l'indemnité journalière servie par la société est inférieure à la moitié du salaire quotidien de la victime, le chef d'entreprise est tenu de lui verser la différence.

Art. 6. — Les exploitants de mines, minières et carrières peuvent se décharger des frais et indemnités mentionnés à l'article précédent moyennant une subvention annuelle versée aux caisses ou sociétés de secours constituées dans ces entreprises en vertu de la loi du 29 juin 1894.

Le montant et les conditions de cette subvention devront être acceptés par la société et approuvés par le ministre des travaux publics.

Ces deux dispositions seront applicables à tous autres chefs d'industrie qui auront créé en faveur de leurs ouvriers des caisses particulières de secours en conformité du titre III de la loi du 29 juin 1894. L'approbation prévue ci-dessus sera, en ce qui le concerne, donnée par le ministre du commerce et de l'industrie.

Art. 7. — Indépendamment de l'action résultant de la présente loi, la victime ou ses représentants conservent, contre les auteurs de l'accident autres que le patron ou ses ouvriers et préposés, le droit de réclamer la réparation du préjudice causé, conformément aux règles du droit commun.

L'indemnité qui leur sera allouée exonérera à due concurrence le chef d'entreprise des obligations mises à sa charge.

Cette action contre les tiers responsables pourra même être exercée par le chef d'entreprise, à ses risques et périls, aux lieu et place de la victime ou de ses ayants droit, si ceux-ci négligent d'en faire usage.

Art. 8. — Le sàlaire qui servira de base à la fixation de l'indemnité allouée à l'ouvrier âgé de moins de seize ans ou à l'apprenti victime d'un accident ne sera pas inférieur au salaire le plus bas des ouvriers valides de la même catégorie occupés dans l'entreprise.

Toutefois, dans le cas d'incapacité temporaire, l'indemnité de l'ouvrier, âgé de moins de seize ans, ne pourra pas dépasser le montant de son salaire.

Art. 9. — Lors du règlement définitif de la rente viagère, après le délai de revision prévu à l'article 19, la victime peut demander que le quart au plus du capital nécessaire à l'établissement de cette rente, calculé d'après les tarifs dressés pour les victimes d'accident par la caisse des retraites pour la vieillesse, lui soit attribué en espèces.

Elle peut aussi demander que ce capital, ou ce capital réduit du quart au plus comme il vient d'être dit, serve à constituer sur sa tête une rente viagère réversible, pour moitié au plus, sur la tête de son conjoint. Dans ce cas, la rente viagère sera diminuée de façon qu'il ne résulte de la réversibilité aucune augmentation de charges pour le chef d'entreprise.

Le tribunal en chambre du conseil statuera sur ces demandes.

Art. 10. — Le salaire servant de base à la fixation des rentes s'entend, pour l'ouvrier occupé dans l'entreprise pendant les douze mois écoulés avant l'accident, de la rémunération effective qui lui a été allouée pendant ce temps, soit en argent, soit en nature.

Pour les ouvriers occupés pendant moins de douze mois avant l'accident, il doit s'entendre de la rémunération effective qu'ils ont reçue depuis leur entrée dans l'entreprise, augmentée de la rémunération moyenne qu'ont reçue, pendant la période nécessaire pour compléter les douze mois, les ouvriers de la même catégorie.

Si le travail n'est pas continu, le salaire annuel est calculé tant d'après la rémunération reçue pendant la période d'activité que d'après le gain de l'ouvrier pendant le reste de l'année.

TITRE II

Déclaration des accidents et enquête.

Art. 11. — Tout accident ayant occasionné une incapacité de travail doit être déclaré, dans les quarante-huit heures, par le chef d'entreprise ou ses préposés, au maire de la commune, qui en dresse procès-verbal.

Cette déclaration doit contenir les noms et adresses des témoins de l'accident. Il est joint un certificat de médecin indiquant l'état de la victime, les suites probables de l'accident et l'époque à laquelle il sera possible d'en connaître le résultat définitif.

La même déclaration pourra être faite par la victime ou ses représentants.

Récépissé de la déclaration et du certificat du médecin est remis par le maire au déclarant.

Avis de l'accident est donné immédiatement par le maire à l'inspecteur divisionnaire ou départemental du travail ou à l'ingénieur ordinaire des mines chargé de la surveillance de l'entreprise.

L'article 15 de la loi du 2 novembre 1892 et l'article 11 de la loi du 12 juin 1893 cessent d'être applicables dans les cas visés par la présente loi.

Art. 12. — Lorsque, d'après le certificat médical, la blessure paraît devoir entraîner la mort ou une incapacité permanente absolue ou partielle du travail, le maire transmet immédiatement copie de la déclaration et le certificat médical au juge de paix du canton où l'accident s'est produit.

Dans les vingt-quatre heures de la réception de cet avis le juge de paix procède à une enquête à l'effet de rechercher :

1° La cause, la nature et les circonstances de l'accident;

2° Les personnes victimes et le lieu où elles se trouvent;

3° La nature des lésions;

4° Les ayants droit pouvant, le cas échéant, prétendre à une indemnité;

5° Le salaire quotidien et le salaire annuel des victimes.

Art. 13. — L'enquête a lieu contradictoirement dans les formes prescrites par les articles 35, 36, 37, 38 et 39 du Code de procédure civile, en présence des parties intéressées ou celles-ci convoquées d'urgence par lettre recommandée.

Le juge de paix doit se transporter auprès de la victime de l'accident qui se trouve dans l'impossibilité d'assister à l'enquête.

Lorsque le certificat médical ne lui paraîtra pas suffisant, le juge de paix pourra désigner un médecin pour examiner le blessé.

Il peut aussi commettre un expert pour l'assister dans l'enquête.

Il n'y a pas lieu, toutefois, à nomination d'expert dans les entreprises administrativement surveillées, ni dans celles de l'État placées sous le contrôle d'un service distinct du service de gestion, ni dans les établissements nationaux où s'effectuent des travaux que la sécurité publique oblige à tenir secrets. Dans ces divers cas, les fonctionnaires chargés de la surveillance ou du contrôle de ces établissements ou entreprises et, en ce qui concerne les exploitations minières, les délégués à la sécurité des ouvriers mineurs transmettent au juge de paix, pour être joint au procès-verbal d'enquête, un exemplaire de leur rapport.

Sauf les cas d'impossibilité matérielle dûment constatés dans le procès-verbal, l'enquête doit être close dans le plus bref délai et, au plus tard, dans les dix jours à partir de l'accident. Le juge de paix avertit, par lettre recommandée, les parties de la clôture de l'enquête et du dépôt de la minute au greffe, où elles pourront, pendant un délai de cinq jours, en prendre connaissance et s'en faire délivrer une expédition, affranchie du timbre et de l'enregistrement. A l'expiration de ce délai de cinq jours, le dossier de l'enquête est transmis au président du tribunal civil de l'arrondissement.

Art. 14. — Sont punis d'une amende de un à quinze francs (1 à 15 fr.) les chefs d'industrie ou leurs préposés qui ont contrevenu aux dispositions de l'article 11.

En cas de récidive dans l'année, l'amende peut être élevée de seize à trois cents francs (16 à 300 fr.).

L'article 463 du Code pénal est applicable aux contraventions prévues par le présent article.

TITRE III

Compétence. — Juridictions. — Procédure. — Revision.

Art. 15. — Les contestations entre les victimes d'accidents et les chefs d'entreprise, relatives aux frais funéraires, aux frais de maladie ou aux indemnités temporaires, sont jugées en dernier ressort par le juge de paix du canton où l'accident s'est produit, à quelque chiffre que la demande puisse s'élever.

Art. 16. — En ce qui touche les autres indemnités prévues par la présente loi, le président du tribunal de l'arrondissement convoque, dans les cinq jours à partir de la transmission du dossier, la victime ou ses ayants droit et le chef d'entreprise, qui peut se faire représenter.

S'il y a accord des parties intéressées, l'indemnité est définitivement fixée par l'ordonnance du président, qui donne acte de cet accord.

Si l'accord n'a pas lieu, l'affaire est renvoyée devant le tribunal qui statue comme en matière sommaire, conformément au titre XXIV du livre II du Code de procédure civile.

Si la cause n'est pas en état, le tribunal sursoit à statuer et l'indemnité temporaire continuera à être servie jusqu'à la décision définitive.

Le tribunal pourra condamner le chef d'entreprise à payer une provision, sa décision sur ce point sera exécutoire nonobstant appel.

Art. 17. — Les jugements rendus en vertu de la présente loi sont susceptibles d'appel selon les règles du droit commun. Toutefois, l'appel devra être interjeté dans les quinze jours de la date du jugement s'il est contradictoire et, s'il est par défaut, dans la quinzaine à partir du jour où l'opposition ne sera plus recevable.

L'opposition ne sera plus recevable en cas de jugement par défaut contre partie, lorsque le jugement aura été signifié à la personne passé le délai de quinze jours à partir de cette signification.

La cour statuera d'urgence dans le mois de l'acte d'appel. Les parties pourront se pourvoir en cassation.

Art. 18. — L'action en indemnité prévue par la présente loi se prescrit par un an à dater du jour de l'accident.

Art. 19. — La demande en revision de l'indemnité, fondée sur une aggravation ou une atténuation de l'infirmité de la victime ou son décès par suite des conséquences de l'accident, est ouverte pendant trois ans à dater de l'accord intervenu entre les parties ou de la décision définitive.

Le titre de pension n'est remis à la victime qu'à l'expiration des trois ans.

Art. 20. — Aucune des indemnités déterminées par la présente loi ne peut être attribuée à la victime qui a intentionnellement provoqué l'accident.

Le tribunal a le droit, s'il est prouvé que l'accident est dû à une faute inexcusable de l'ouvrier, de diminuer la pension fixée au titre Ier.

Lorsqu'il est prouvé que l'accident est dû à la faute inexcusable du patron ou de ceux qu'il s'est substitués dans la direction, l'indemnité pourra être majorée, mais sans que la rente ou le total des rentes allouées puisse dépasser soit la réduction soit le montant du salaire annuel.

Art. 21. — Les parties peuvent toujours, après détermination du chiffre de l'indemnité due à la victime de l'accident, décider que le service de la pension sera suspendu et remplacé, tant que l'accord subsistera, par tout autre mode de réparation.

Sauf dans le cas prévu à l'article 3, § A, la pension ne pourra être remplacée par le paiement d'un capital que si elle n'est pas supérieure à 100 fr.

Art. 22. — Le bénéfice de l'assistance judiciaire est accordé de plein droit, sur le visa du procureur de la République, à la victime de l'accident ou à ses ayants droit, devant le tribunal.

A cet effet, le président du tribunal adresse au procureur de la République, dans les trois jours de la comparution des parties prévue par l'article 16, un extrait de son procès-verbal de non-conciliation ; il y joint les pièces de l'affaire.

Le procureur de la République procède comme il est prescrit à l'article 13 (§ 2 et suivants) de la loi du 22 janvier 1851.

Le bénéfice de l'assistance judiciaire s'étend de plein droit aux instances devant le juge de paix, à tous les actes d'exécution mobilière et immobilière, et à toute contestation incidente à l'exécution des décisions judiciaires.

TITRE IV

Garanties.

Art. 23. — La créance de la victime de l'accident ou de ses ayants droit relative aux frais médicaux, pharmaceutiques et funéraires, ainsi qu'aux indemnités allouées à la suite de l'incapacité temporaire de travail, est garantie par le privilège de l'article 2101 du Code civil et y sera inscrite sous le n° 6.

Le paiement des indemnités pour incapacité permanente de travail ou accident suivi de mort est garanti conformément aux dispositions des articles suivants.

Art. 24. — A défaut, soit par les chefs d'entreprise débiteurs, soit par les sociétés d'assurances à primes fixes ou mutuelles, ou les syndicats de garantie liant solidairement tous leurs adhérents, de s'acquitter, au moment de leur exigibilité, des indemnités mises à leur charge à la suite d'accidents ayant entraîné la mort ou une incapacité permanente de travail, le paiement en sera assuré aux intéressés par les soins de la caisse nationale des retraites pour la vieillesse au moyen d'un fonds spécial de garantie constitué comme il va être dit et dont la gestion sera confiée à ladite caisse.

Art. 25. — Pour la constitution du fonds spécial de garantie, il sera ajouté au principal de la contribution des patentes des industriels visés par l'article 1er, quatre centimes (o fr. o4 c.) additionnels. Il sera perçu sur les mines une taxe de cinq centimes (o fr. o5 c.) par hectare concédé.

Ces taxes pourront, suivant les besoins, être majorées ou réduites par loi de finances.

Art. 26. — La caisse nationale des retraites exercera un recours contre les chefs d'entreprise débiteurs, pour le compte desquels des sommes auront été payées par elle, conformément aux dispositions qui précèdent.

En cas d'assurance du chef d'entreprise, elle jouira, pour le remboursement de ses avances, du privilège de l'article 2102 du Code civil sur l'indemnité due par l'assureur et n'aura plus de recours contre le chef d'entreprise.

Un règlement d'administration publique déterminera les conditions d'organisation et de fonctionnement du service conféré par les dispositions précédentes à la caisse nationale des retraites et, notamment, les formes du recours à exercer contre les chefs d'entreprise débiteurs ou les sociétés d'assurances et les syndicats de garantie, ainsi que les conditions dans lesquelles les victimes d'accidents ou leurs ayants droit seront admis à réclamer à la caisse le paiement de leurs indemnités.

Les décisions judiciaires n'emporteront hypothèque que si elles sont rendues au profit de la caisse des retraites exerçant son recours contre les chefs d'entreprise ou compagnies d'assurances.

Art. 27. — Les compagnies d'assurances mutuelles ou à primes fixes contre les accidents, françaises ou étrangères, sont soumises à la surveillance et au contrôle de l'État et astreintes à constituer des réserves ou cautionnements dans les conditions déterminées par un règlement d'administration publique.

Le montant des réserves ou cautionnements sera affecté par privilège au paiement des pensions et indemnités.

Les syndicats de garantie seront soumis à la même surveillance et un règlement d'administration publique déterminera les conditions de leur création et de leur fonctionnement.

Les frais de toute nature résultant de la surveillance et du contrôle seront couverts au moyen de contributions proportionnelles au montant des réserves ou cautionnements, et fixés annuellement, pour chaque compagnie ou association, par arrêté du ministre du commerce.

Art. 28. — Le versement du capital représentatif des pensions allouées en vertu de la présente loi ne peut être exigé des débiteurs.

Toutefois, les débiteurs qui désireront se libérer en une fois pourront verser le capital représentatif de ces pensions à la caisse nationale des retraites, qui établira à cet effet, dans les six mois de la promulgation de la présente loi, un tarif tenant compte de la mortalité des victimes d'accidents ou de leurs ayants droit.

Lorsqu'un chef d'entreprise cesse son industrie, soit volontairement, soit par décès, liquidation judiciaire ou faillite, soit par cession d'établissement, le capital représentatif des pensions à sa charge devient exigible de plein droit et sera versé à la caisse nationale des retraites. Ce capital sera déterminé au jour de son exigibilité, d'après le tarif visé au paragraphe précédent.

Toutefois, le chef d'entreprise ou ses ayants droit peuvent être exonérés du versement de ce capital, s'ils fournissent des garanties qui seront à déterminer par un règlement d'administration publique.

TITRE V

Dispositions générales.

Art. 29. — Les procès-verbaux, certificats, actes de notoriété, significations, jugements et autres actes faits ou rendus en vertu et pour l'exécution de la présente loi, sont délivrés gratuitement, visés pour timbre et enregistrés gratis lorsqu'il y a lieu à la formalité de l'enregistrement.

Dans les six mois de la promulgation de la présente

loi, un décret déterminera les émoluments des greffiers de justice de paix pour leur assistance et la rédaction des actes de notoriété, procès-verbaux, certificats, significations, jugements, envoi de lettres recommandées, extraits, dépôts de la minute d'enquête au greffe, et pour tous les actes nécessités par l'application de la présente loi, ainsi que les frais de transport auprès des victimes et d'enquête sur place.

Art. 30. — Toute convention contraire à la présente loi est nulle de plein droit.

Art. 31. — Les chefs d'entreprise sont tenus, sous peine d'une amende de un à quinze francs (1 à 15 fr.) de faire afficher dans chaque atelier la présente loi et les règlements d'administration relatifs à son exécution.

En cas de récidive dans la même année, l'amende sera de seize à cent francs (16 à 100 fr.).

Les infractions aux dispositions des articles 11 et 31 pourront être constatées par les inspecteurs du travail.

Art. 32. — Il n'est point dérogé aux lois, ordonnances et règlements concernant les pensions des ouvriers, apprentis et journaliers appartenant aux ateliers de la marine et celles des ouvriers immatriculés des manufactures d'armes dépendant du ministère de la guerre.

Art. 33. — La présente loi ne sera applicable que trois mois après la publication officielle des décrets d'administration publique qui doivent en régler l'exécution.

Art. 34. — Un règlement d'administration publique déterminera les conditions dans lesquelles la présente loi pourra être appliquée à l'Algérie et aux colonies.

2° Décret du 28 février 1899 portant règlement d'administration publique pour l'exécution de l'article 26 de la loi du 9 avril 1898.

TITRE Ier

Conditions dans lesquelles les victimes d'accidents ou leurs ayants droit sont admis à réclamer le paiement de leurs indemnités.

Article Ier. — Tout bénéficiaire d'une indemnité liquidée en vertu de l'article 16 de la loi du 9 avril 1898, à la suite d'un accident ayant entraîné la mort ou une incapacité permanente de travail, qui n'aura pu obtenir le paiement, lors de leur exigibilité, des sommes qui lui sont dues, doit en faire la déclaration au maire de la commune de sa résidence.

Art. 2. — La déclaration est faite soit par le bénéficiaire de l'indemnité ou son représentant légal, soit par un mandataire ; elle est exempte de tous frais.

Art. 3. — La déclaration doit indiquer :

1° Les nom, prénoms, âge, nationalité, état civil, profession, domicile du bénéficiaire de l'indemnité ;

2° Les nom et domicile du chef d'entreprise débiteur ou la désignation et l'indication du siège de la société d'assurances ou du syndicat de garantie qui aurait dû acquitter la dette à ses lieu et place ;

3° La nature de l'indemnité et le montant de la créance réclamée ;

4° L'ordonnance ou le jugement en vertu duquel agit le bénéficiaire ;

5° Le cas échéant, les nom, prénoms, profession et domicile du représentant légal du bénéficiaire ou du mandataire.

Art. 4. — La déclaration, rédigée par les soins du maire, est signée par le déclarant.

Le maire y joint toutes les pièces qui lui sont remises par le réclamant à l'effet d'établir l'origine de la créance, ses modifications ultérieures et le refus de paiement opposé par le débiteur : chef d'entreprise, société d'assurances ou syndicat de garantie.

Art. 5. — Récépissé de la déclaration et des pièces qui l'accompagnent est remis par le maire au déclarant.

La déclaration et les pièces produites à l'appui sont transmises par le maire au directeur général de la Caisse des dépôts et consignations dans les vingt-quatre heures.

Art. 6. — Le directeur général de la Caisse des dépôts et consignations adresse, dans les quarante-huit heures à partir de sa réception, le dossier au juge de paix du domicile du débiteur, en l'invitant à convoquer celui-ci d'urgence par lettre recommandée.

Art. 7. — Le débiteur doit comparaître au jour fixé par le juge de paix soit en personne, soit par mandataire.

Il lui est donné connaissance de la réclamation formulée contre lui.

Procès-verbal est dressé par le juge de paix des déclarations faites par le comparant, qui appose sa signature sur le procès-verbal.

Art. 8. — Le comparant qui ne conteste ni la réalité ni le montant de la créance est invité par le juge de paix soit à s'acquitter par-devant lui, soit à expédier au réclamant la somme due au moyen d'un mandat-carte et à communiquer au greffe le récépissé de cet envoi.

Cette communication doit être effectuée au plus tard le deuxième jour qui suit la comparution devant le juge de paix.

Le juge de paix statue sur le paiement des frais de convocation.

Il constate, s'il y a lieu, dans son procès-verbal la libération du débiteur.

Art. 9. — Dans le cas où le comparant, tout en reconnaissant la réalité ou le montant de sa dette, déclare ne pas être en état de s'acquitter immédiatement, le juge de paix est autorisé, si les motifs invoqués paraissent légitimes, à lui accorder pour sa libération un délai qui ne peut excéder un mois.

Dans ce cas, en vue du paiement immédiat prévu à l'article 13 ci-dessous, le procès-verbal dressé par le juge de paix constate la reconnaissance de dette et l'engagement pris par le comparant de se libérer dans le délai qui lui a été accordé au moyen soit d'un versement entre les mains du caissier de la Caisse des dépôts et consignations à Paris ou des préposés de la caisse dans les départements, soit de l'expédition d'un mandat-carte payable au caissier général à Paris.

Art. 10. — Si le comparant déclare ne pas être débiteur du réclamant ou n'être que partiellement son débiteur, le juge de paix constate dans son procès-verbal le refus total ou partiel de paiement et les motifs qui en ont été donnés.

Il est procédé pour l'acquittement de la somme non contestée suivant les dispositions des articles 8 et 9, tous droits restant réservés pour le surplus.

Art. 11. — Au cas où le débiteur convoqué ne

comparaît pas au jour fixé, le juge de paix procède dans la huitaine à une enquête à l'effet de rechercher :

1° Si le débiteur convoqué n'a pas changé de domicile ;

2° S'il a cessé son industrie soit volontairement, soit par cession d'établissement, soit par suite de faillite ou de liquidation judiciaire, et, dans ce cas, quel est le syndic ou le liquidateur, soit par suite de décès et, dans l'affirmative, par qui sa succession est représentée.

Le procès-verbal dressé par le juge de paix constate la non-comparution et les résultats de l'enquête.

Art. 12. — Dans les deux jours qui suivent soit la libération immédiate du débiteur, soit sa comparution devant le juge de paix au cas où il a refusé le paiement ou obtenu un délai, soit la clôture de l'enquête dont il est question en l'article précédent, le juge de paix adresse au directeur général de la Caisse des dépôts et consignations le dossier et y joint le procès-verbal par lui dressé.

Art. 13. — Dès la réception du dossier, s'il résulte du procès-verbal par le juge de paix que le débiteur n'a pas contesté sa dette, mais ne s'en est pas libéré, ou si les motifs invoqués pour refuser le paiement ne paraissent pas légitimes, le directeur général de la Caisse des dépôts et consignations remet au réclamant ou lui adresse, par mandat-carte, la somme à laquelle il a droit. Il fait parvenir également au greffier de la justice de paix le montant de ses déboursés et émoluments.

Il est procédé de même si le débiteur ne s'est pas présenté devant le juge de paix et si la réclamation du bénéficiaire de l'indemnité paraît justifiée.

Art. 14. — Dans le cas où les motifs invoqués par le

comparant pour refuser le paiement paraissent fondés ou, en cas de non-comparution, si la réclamation formulée par le bénéficiaire ne semble pas suffisamment justifiée, le directeur général de la Caisse des dépôts et consignations renvoie, par l'intermédiaire du maire, au réclamant le dossier par lui produit en lui laissant le soin d'agir contre la personne dont il se prétend le créancier, conformément aux règles du droit commun.

Le montant des déboursés et émoluments du greffier est, en ce cas, acquitté par les soins du directeur général et imputé sur les fonds de garantie.

TITRE II

Du recours de la caisse des retraites pour le recouvrement de ses avances et pour l'encaissement des capitaux exigibles.

Art. 15. — Le recours de la caisse nationale des retraites est exercé aux requête et diligence du directeur général de la Caisse des dépôts et consignations, dans les conditions énoncées aux articles suivants.

Art. 16. — Dans les cinq jours qui suivent le paiement fait au bénéficiaire de l'indemnité et au greffier de la justice de paix, conformément aux articles 13 et 14, ou à l'expiration du délai dont il est question à l'article 9, si le remboursement n'a pas été opéré dans ce délai, le directeur général de la Caisse des dépôts et consignations informe le débiteur, par lettre recommandée, du paiement effectué pour son compte.

La lettre recommandée fait en même temps connaître que, faute par le débiteur d'avoir remboursé dans un délai de quinzaine le montant de la somme payée, d'après un des modes prévus au dernier alinéa de l'article 9, le recouvrement sera poursuivi par la voie judiciaire.

Art. 17. — A l'expiration du délai imparti par le deuxième alinéa de l'article 16 ci-dessus, il est délivré par le directeur général de la Caisse des dépôts et consignations, à l'encontre du débiteur qui ne s'est pas acquitté, une contrainte pour le recouvrement.

Art. 18. — La contrainte décernée par le directeur général de la Caisse des dépôts et consignations est visée et déclarée exécutoire par le juge de paix du domicile du débiteur.

Elle est signifiée par ministère d'huissier.

Art. 19. — L'exécution de la contrainte ne peut être interrompue que par une opposition formée par le débiteur et contenant assignation donnée au directeur général de la Caisse des dépôts et consignations devant le tribunal civil du domicile du débiteur.

Art. 20. — L'instance à laquelle donne lieu l'opposition à contrainte est suivie dans les formes et délais déterminés par l'article 65 de la loi du 22 frimaire an VII sur l'enregistrement.

Art. 21. — Les frais de poursuites et dépens de l'instance auxquels a été condamné le débiteur débouté de son opposition sont recouvrés par le directeur général de la Caisse des dépôts et consignations au moyen d'un état de frais taxé sur sa demande et rendu exécutoire par le président du tribunal.

Art. 22. — Lorsque le capital représentatif d'une pension est, conformément aux termes de l'article 28 de la loi du 9 avril 1898, devenu exigible par suite de la faillite ou de la liquidation judiciaire du débiteur, le directeur général de la Caisse des dépôts et consignations représentant la caisse nationale des retraites pour la vieillesse demande l'admission au passif pour le montant de sa créance.

Il est procédé, dans ce cas, conformément aux dispositions des articles 491 et suivants du Code de commerce et de la loi du 4 mars 1889 sur la liquidation judiciaire.

Art. 23. — En cas d'exigibilité du capital par suite d'une des circonstances prévues en l'article 28 de la loi du 9 avril 1898 autre que la faillite ou la liquidation judiciaire du débiteur, le directeur général de la Caisse des dépôts et consignations, par lettre recommandée, met en demeure le débiteur ou ses représentants d'opérer dans les deux mois qui suivront la réception de la lettre le versement à la caisse nationale des retraites du capital exigible, à moins qu'il ne soit justifié que les garanties prescrites par le décret du 28 février 1899, portant règlement d'administration publique en exécution de l'article 28 de la loi ci-dessus visée, ont été fournies.

Art. 24. — Si, à l'expiration du délai de deux mois, le versement n'a pas été effectué ou les garanties exigées n'ont pas été fournies, il est procédé au recouvrement dans les mêmes conditions et suivant les formes énoncées aux articles 17 à 21 du présent décret.

Art. 25. — En dehors des délais fixés par les dispositions qui précèdent, le directeur général de la Caisse des dépôts et consignations peut accorder au débiteur tous délais ou toutes facilités de paiement.

Le directeur général peut également transiger.

TITRE III

Organisation du fonds de garantie.

Art. 26. — Le fonds de garantie institué par les articles 24 et 25 de la loi du 9 avril 1898 fait l'objet d'un compte spécial ouvert dans les écritures de la Caisse des dépôts et consignations.

Art. 27. — Le ministre du commerce adresse au Président de la République un rapport annuel, publié au *Journal Officiel*, sur le fonctionnement général du fonds de garantie visé par les articles 24 à 26 de la loi du 9 avril 1898.

Art. 28. — Les recettes du fonds de garantie comprennent :

1° Les versements effectués par le Trésor public, représentant le montant des taxes recouvrées en conformité de l'article 25 de la loi du 9 avril 1898;

2° Les recouvrements effectués sur les débiteurs d'indemnités dans les conditions prévues aux titres I et II du présent décret;

3° Les revenus et arrérages et le produit du remboursement des valeurs acquises en conformité de l'article 30 du présent décret;

4° Les intérêts du fonds de roulement prévu au deuxième alinéa du même article.

Art. 29. — Les dépenses du fonds de garantie comprennent :

1° Les sommes payées aux bénéficiaires des indemnités;

2° Les sommes versées sur des livrets individuels à la caisse nationale des retraites pour la vieillesse et représentant les capitaux de pensions exigibles dans les cas prévus par l'article 28, § 3, de la loi du 9 avril 1898;

3° Le montant des frais de toute nature auxquels donne lieu le fonctionnement du fonds de parantie.

Art. 3o. — Les ressources du fonds de garantie sont employés dans les conditions prescrites par l'article 22 de la loi du 20 juillet 1886.

Les sommes liquides reconnues nécessaires pour assurer le fonctionnement du fonds de garantie sont bonifiées d'un intérêt calculé à un taux égal à celui qui est adopté pour le compte courant ouvert à la Caisse des dépôts et consignations dans les écritures du Trésor public.

3° Décret du 28 février 1899 portant règlement d'administration publique pour l'exécution de l'article 27 de la loi du 9 avril 1898.

TITRE Ier

Sociétés d'assurances mutuelles ou à primes fixes.

CHAPITRE Ier. — CAUTIONNEMENTS ET RÉSERVES

Article 1er. — Toutes les sociétés qui pratiquent, dans les termes de la loi du 9 avril 1898, l'assurance mutuelle ou à primes fixes contre le risque des accidents de travail ayant entraîné la mort ou une incapacité permanente sont astreintes, pour ce risque, aux dispositions du présent titre.

Art. 2. — Indépendamment des garanties spécifiées aux articles 2 et 4 du décret du 22 janvier 1868 et de la réserve mathématique, les sociétés anonymes d'assurances françaises ou étrangères à primes fixes doivent justifier de la constitution préalable d'un cautionnement fixé d'après les bases que détermine le ministre, sur l'avis du comité consultatif prévu à l'article 16 ci-après, et affecté, par privilège, au paiement des pensions et indemnités, conformément à l'article 27 de la loi.

Art. 3. — Le cautionnement est constitué, dans les quinze jours de la notification de la décision du ministre, à la Caisse des dépôts et consignations en valeurs énumérées au troisième paragraphe de l'article 8 ci-dessous. Il est revisé chaque année. Les titres sont estimés au cours moyen de la Bourse de Paris au jour du dépôt.

Art. 4. — Le cautionnement est versé au lieu où la société a son siège principal, dans les conditions déterminées par les lois et règlements en vigueur sur la consignation des valeurs mobilières.

Les intérêts des valeurs déposées peuvent être retirés par la société. Il en est de même, en cas de remboursement des titres avec primes ou lots, de la différence entre le prix de remboursement et le cours moyen à la Bourse de Paris, au jour fixé pour le remboursement, de la valeur sortie au tirage.

Le montant des remboursements, déduction faite de cette différence, doit être immédiatement remployé en achat de valeurs visées au troisième paragraphe de l'article 8, sur l'ordre de la société, ou d'office en rentes sur l'État, si la société n'a pas donné d'ordre dans les quinze jours de la notification de remboursement faite, sous pli recommandé, par la Caisse des dépôts et consignations.

Il en est de même pour les fonds provenant d'aliéna-
tions de titres demandées par la société.

Art. 5. — Les valeurs déposées ou les valeurs acquises en remploi de ces valeurs ne peuvent être
retirées que : 1° dans le cas où le cautionnement
exigible a été fixé, pour l'année courante, à un chiffre
inférieur à celui de l'année précédente et jusqu'à concurrence de la différence ; 2° dans le cas où la société
ayant versé à la caisse nationale des retraites les capitaux constitutifs des rentes et indemnités assurées justifie qu'elle a complètement rempli toutes ses obligations. Dans les deux cas, une décision du ministre du
commerce est nécessaire.

Art. 6. — Indépendamment des garanties spécifiées
à l'article 29 du décret du 22 janvier 1868, les sociétés
d'assurances mutuelles sont soumises aux dispositions
des articles 2, 3, 4 et 5 ci-dessus.

. Toutefois, le cautionnement qu'elles auront à verser
est réduit de moitié pour celles de ces sociétés dont
les statuts stipulent :

1° Que la Société ne peut assurer que tout ou partie
des risques prévus par l'article 3 de la loi du 9 avril
1898 ;

2° Qu'elle assure exclusivement soit les ouvriers
d'une seule profession, soit les ouvriers de professions
appartenant à un même groupe d'industries, d'après
une classification générale arrêtée à cet effet par le
ministre du commerce, après avis du comité consultatif ;

3° Que le maximum de contribution annuelle dont
chaque sociétaire est passible pour le paiement des
sinistres est au moins double de la prime totale fixée
par son contrat pour l'assurance de tous les risques,
et triple de la prime partielle déterminée par le ministre

du commerce, après avis du comité consultatif, pour les mêmes professions et pour les risques définis à l'article 23 de la loi.

Art. 7. — Les sociétés anonymes d'assurances à primes fixes et les sociétés mutuelles d'assurances sont tenues de justifier, dès la deuxième année d'exploitation, de la constitution d'une *réserve mathématique* ayant pour minimum de valeur le montant des capitaux représentatifs des rentes et indemnités à servir à la suite d'accidents ayant entraîné la mort ou une incapacité permanente.

Les capitaux représentatifs sont calculés d'après un barême minimum déterminé par le ministre du commerce, après avis du comité consultatif.

Art. 8. — Le montant de la réserve mathématique est arrêté chaque année, la société entendue, par le ministre du commerce et à l'époque qu'il détermine.

Cette réserve reste aux mains de la société. Elle ne peut être placée que dans les conditions suivantes :

1° Pour les deux tiers au moins de la fixation annuelle, en valeurs de l'État ou jouissant d'une garantie de l'État ; en obligations négociables et entièrement libérées des départements, des communes et des chambres de commerce ; en obligations foncières et communales du Crédit foncier ;

2° Jusqu'à concurrence du tiers au plus de la fixation annuelle, en immeubles situés en France et en premières hypothèques sur ces immeubles, pour la moitié au maximum de leur valeur estimative ;

3° Jusqu'à concurrence d'un dixième, confondu dans le tiers précédent, en commandites industrielles ou en prêts à des exploitations industrielles de solvabilité notoire.

Pour la fixation prévue au paragraphe 1er du présent article, les valeurs mobilières sont estimées à leur prix d'achat. Si leur valeur totale descend au-dessous de ces prix de plus d'un dixième, un arrêté du ministre du commerce oblige la société à parfaire la différence en titres nouveaux, dans un délai qui ne peut être inférieur à deux ans, ni supérieur à cinq ans.

Les immeubles sont estimés à leur prix d'achat ou de revient ; les prêts hypothécaires, les commandites industrielles ou les prêts à des sociétés industrielles, aux prix établis par actes authentiques.

Art. 9. — Si les sociétés visées aux articles 2 et 6 ci-dessus ne font point elles-mêmes le service des rentes et indemnités attribuables aux termes de l'article 3 de la loi du 9 avril 1898, pour les accidents ayant entraîné la mort ou une incapacité permanente de travail et si elles opèrent immédiatement le versement des capitaux constitutifs de ces rentes et indemnités à la caisse nationale de retraites, il n'y a pas lieu pour elles à constitution de réserve mathématique.

Si ces sociétés versent seulement, dans les conditions susdésignées, une partie des capitaux constitutifs dont il s'agit, leur réserve mathématique est réduite proportionnellement.

CHAPITRE II. — Surveillance et Contrôle

Art. 10. — Les sociétés visées à l'article 1er qui assurent d'autres risques que celui résultant de l'application de la loi du 9 avril 1898 pour le cas de mort ou d'incapacité permanente ou qui assurent concurremment un risque analogue dans des pays étrangers doivent établir, pour les opérations se rattachant à ce risque en France, une gestion et une comptabilité absolument distinctes.

Art. 11. — Toutes les sociétés doivent communiquer immédiatement au ministre du commerce dix exemplaires de tous les règlements, tarifs, polices, prospectus et imprimés distribués ou utilisés par elles.

Les polices doivent :

1° Reproduire textuellement les articles 3, 9 et 30 de la loi du 9 avril 1898;

2° Spécifier qu'aucune clause de déchéance ne pourra être opposée aux ouvriers créanciers;

3° Stipuler que les contrats se trouveraient résiliés de plein droit dans le cas où la société cesserait de remplir les conditions fixées par la loi et le présent décret.

Art. 12. — Les sociétés doivent produire au ministre du commerce, aux dates fixées par lui :

1° Le compte rendu détaillé annuel de leurs opérations, avec des tableaux financiers et statistiques annexes dans les conditions déterminées par arrêté ministériel, après avis du comité consultatif. Ce compte rendu doit être délivré par les sociétés intéressées à toute personne qui en fait la demande, moyennant paiement d'une somme qui ne peut excéder un franc;

2° L'état des salaires assurés et l'état des rentes et indemnités correspondant au risque spécifié à l'article 1er, ainsi que tous autres états ou documents manuscrits que le ministre juge nécessaires à l'exercice du contrôle.

Art. 13. — Elles sont soumises à la surveillance permanente de commissaires-contrôleurs, sous l'autorité du ministre du commerce, et peuvent être en outre contrôlées par toute personne spécialement déléguée à cet effet par le ministre.

Art. 14. — Les commissaires-contrôleurs sont recrutés, dans les conditions déterminées, par arrêté du ministre du commerce, après avis du comité consultatif.

Ils prêtent serment de ne pas divulguer les secrets commerciaux dont ils auraient connaissance dans l'exercice de leurs fonctions.

Ils sont spécialement accrédités, pour des périodes fixées, auprès des sociétés qu'ils ont mission de surveiller.

Ils vérifient, au siège des sociétés, l'état des assurés et des salaires assurés, les contrats intervenus, les écritures et pièces comptables, la caisse, le portefeuille, le calcul des réserves et tous les éléments de contrôle propres, soit à établir les opérations dont résultent des obligations pour les sociétés, soit à constater la régulière exécution tant des statuts que des prescriptions contenues dans le décret du 22 janvier 1868, dans le présent décret et dans les arrêtés ministériels qu'il prévoit.

Ils se bornent à ces vérifications et constatations, sans pouvoir donner aux sociétés aucune instruction ni apporter à leur fonctionnement aucune entrave.

Ils rendent compte au ministre du commerce, qui, seul, prescrit, dans les formes et délais qu'il fixe, les redressements nécessaires.

Art. 15. — A l'aide des rapports de vérification et des contre-vérifications auxquelles il peut faire procéder soit d'office, soit à la demande des sociétés intéressées, le ministre du commerce présente chaque année au Président de la République un rapport d'ensemble établissant la situation de toutes les sociétés soumises à la surveillance.

Il adresse, le cas échéant, à chacune des sociétés les

injonctions nécessaires et la met en demeure de s'y conformer.

Art. 16. — Il est constitué auprès du ministre du commerce un « comité consultatif des assurances contre les accidents du travail » dont l'organisation est réglée par arrêté du ministre.

Ce comité doit être consulté dans les cas spécifiés par le présent décret et par les décrets du même jour, rendus en exécution des articles 26 et 28 de la loi du 9 avril 1898, il peut être saisi par le ministre de toutes les autres questions relatives à l'application de ladite loi.

Art. 17. — Le décret du 22 janvier 1868 demeure applicable aux sociétés régies par le présent décret, en toutes celles de ses dispositions qui ne lui sont pas contraires.

Art. 18. — Chaque année, avant le 1er décembre, le ministre du commerce arrête, après avis du comité consultatif, et publie au *Journal Officiel* la liste des sociétés mutuelles ou à primes fixes, françaises ou étrangères, qui fonctionnent dans les conditions prévues par les articles 26 et 27 de la loi du 9 avril 1898 et par le présent décret.

Art. 19. — Dès que, après fixation du cautionnement, dans les conditions déterminées par les articles 2 et 6 ci-dessus, chaque société actuellement existante aura effectué à la Caisse des dépôts et consignations le versement du montant de ce cautionnement, mention de cette formalité sera faite au *Journal Officiel* par les soins du ministre du commerce, en attendant la publication de la première liste générale prévue à l'article 18.

Il en sera de même ultérieurement pour les sociétés

constituées après publication de la liste générale annuelle.

Art. 20. — Les sociétés étrangères doivent accréditer auprès du ministre du commerce et de la Caisse des dépôts et consignations un agent spécialement préposé à la direction de toutes les opérations faites en France pour les assurances visées à l'article 1er.

Cet agent représente seul la société auprès de l'administration. Il doit être domicilié en France.

TITRE II

Syndicats de garantie.

Art. 21. — Les syndicats de garantie prévus par la loi du 9 avril 1898 lient solidairement tous leurs adhérents pour le paiement des rentes et indemnités attribuables en vertu de la même loi à la suite d'accidents ayant entraîné la mort ou une incapacité permanente.

La solidarité ne prend fin que lorsque le syndicat de garantie a liquidé entièrement ses opérations, soit directement, soit en versant à la Caisse nationale des retraites l'intégralité des capitaux constitutifs de rentes et indemnités dues.

La liquidation peut être périodique.

Art. 22. — Ces syndicats de garantie doivent comprendre au moins cinq mille ouvriers assurés et dix chefs d'entreprise adhérents, dont cinq ayant au moins chacun trois cents ouvriers.

Art. 23. — Le fonctionnement de chaque syndicat est réglé par des statuts, qui doivent être soumis, avant toute opération, à l'approbation du Gouvernement.

Il est statué, par décret rendu en Conseil d'État, sur le rapport du ministre du commerce, après avis du comité consultatif des assurances contre les accidents du travail, au vu des statuts souscrits et des pièces justifiant des conditions et des engagements prévus aux articles 21 et 22 ci-dessus.

Art. 24. — Le décret portant approbation des statuts règle :

1° Le fonctionnement de la surveillance et du contrôle dans des conditions analogues à celles que détermine le chapitre II du titre Ier du présent décret;

2° Les conditions dans lesquelles l'approbation peut être révoquée et les mesures à prendre, en ce cas, pour le versement des capitaux constitutifs des pensions et indemnités en cours.

Art. 25. — Les contributions pour frais de surveillance sont fixées d'après le montant du cautionnement auquel serait astreinte une société d'assurances pour le même chiffre de salaires assurés.

4° Décret du 28 février 1899 portant règlement d'administration publique pour l'exécution de l'article 28 de la loi du 9 avril 1898.

Article 1er. — Lorsqu'un chef d'entreprise cesse son industrie dans les cas prévus par l'avant-dernier alinéa de l'article 28 de la loi du 9 avril 1898, ce chef d'entreprise ou ses ayants droit peuvent être exonérés du versement à la caisse nationale des retraites du capital représentatif des pensions à leur charge s'ils justifient :

1° Soit du versement de ce capital à une des sociétés visées à l'article 18 du décret du 28 février 1899,

portant règlement d'administration publique en exécution de l'article 27 de la loi ci-dessus visée ;

2° Soit de l'immatriculation d'un titre de rente pour l'usufruit au nom des titulaires de pensions, le montant de la rente devant être au moins égal à celui de la pension ;

3° Soit du dépôt à la Caisse des dépôts et consignations, avec affectation à la garantie des pensions, de titres spécifiés au paragraphe 3 de l'article 8 du décret précité. La valeur de ces titres, établie d'après le cours moyen de la Bourse de Paris au jour du dépôt, doit correspondre au chiffre maximum qu'est susceptible d'atteindre le capital constitutif exigible par la caisse nationale des retraites. Elle peut être revisée tous les trois ans à la valeur actuelle des pensions, d'après le cours moyen des titres au jour de la revision ;

4° Soit de l'affiliation du chef d'entreprise à un syndicat de garantie liant solidairement tous ses membres et garantissant le paiement des pensions ;

5° Soit, en cas de cession d'établissement, de l'engagement pris par le cessionnaire, vis-à-vis du directeur général de la Caisse des dépôts et consignations, d'acquitter les pensions dues et de rester solidairement responsable avec le chef d'entreprise.

Art. 2. — Des arrêtés du ministre du commerce, pris après avis du comité consultatif des assurances contre les accidents, règlent les mesures nécessaires à l'application du présent décret,

ÉCONOMIE DE LA LOI DU 9 AVRIL 1898

La législation nouvelle sur les accidents du travail a fait l'objet d'un assez grand nombre de commentaires spéciaux examinant article par article les prescriptions de la loi du 9 avril 1898 et des règlements d'administration publique rendus pour assurer son exécution. Aussi nous nous bornerons, après avoir dégagé les principes dont s'est inspiré le législateur et les conséquences essentielles qu'il en a déduites, à développer les points intéressant particulièrement les ouvriers et les chefs d'industrie. Nous laisserons de côté tout ce qui a trait au cautionnement, réserve, surveillance et contrôle des compagnies d'assurances.

La loi du 9 avril 1898 a apporté au principe de notre droit civil une modification profonde en matière d'accidents du travail. Jusqu'au 1ᵉʳ juillet 1899, date de la mise en application de cette loi, les articles 1382 et suivants du Code civil réglaient seuls la question de responsabilité des patrons, qui reposait tout entière sur l'idée de faute, c'est-à-dire que l'ouvrier victime de l'accident ou ses ayants droit, en cas de décès, n'obtenaient une indemnité qu'à la condition de prouver qu'il y avait faute du patron ou de ses préposés.

Cet état de choses plaçait l'ouvrier blessé dans une douloureuse situation. Victime de sa propre imprudence, si l'on peut appeler de ce nom l'insouciance inévitable qu'amènent avec soi l'habitude du péril et l'intensité croissante du travail, il se voyait refuser par la loi tout dédommagement. Victime d'un de ces cas fortuits qui n'engagent aucune responsabilité définie et qui représentent plus de la moitié des accidents industriels, il était privé de tout recours.

Victime même d'une négligence ou d'une faute caractérisée du patron, il lui fallait en faire la preuve judiciaire, dans le dénuement qui suit l'accident, malgré son inexpérience de la procédure, malgré les difficultés qu'il éprouve à obtenir les témoignages de camarades appelés à déposer contre leurs patrons. Bref, sur dix accidents, à peine un ou deux donnaient-ils ouverture à une pleine réparation. Aussi, sous le régime de l'article 1382, l'ouvrier était, dans les trois quarts des cas, déchu de tout droit à indemnité.

Ce fait suffit pour démontrer que l'application du droit commun ne répondait plus aux conditions du travail et aux risques résultant de la tranformation de l'industrie et du développement de l'outillage. A une situation nouvelle il fallait un droit nouveau. Brisant avec les formules anciennes, le législateur y a pourvu en introduisant dans cette matière le principe du risque professionnel et de l'indemnité partielle et forfaitaire.

En vertu du risque professionnel, le chef d'industrie est de plein droit responsable de l'accident en dehors de toute idée de faute. C'est parce que le chef de l'exploitation profite des bonnes chances, que la loi met à sa charge les mauvaises chances, les risques de l'industrie, de la profession. L'individu qui groupe autour de lui d'autres activités, qui s'entoure d'ouvriers et de machines, crée un organisme dont le fonctionnement ne va pas sans frottement et peut causer des dommages, abstraction faite de toute faute à la charge de celui qui le dirige ; ces dommages, ces accidents inévitables qui constituent des dangers inhérents à l'entreprise, qui n'ont d'autre cause que le développement, dans une direction licite, de l'activité humaine, constituent précisément dans leur ensemble le risque professionnel ; et qui donc supporterait ce risque, sinon celui dans l'intérêt duquel fonctionne l'organisme qu'il a créé ?

L'indemnité n'est que partielle, c'est-à-dire qu'elle reste inférieure à la réparation totale du préjudice causé. On a craint que la réparation totale du préjudice ne fît supporter des charges trop lourdes à l'industrie. Enfin cette indemnité est forfaitaire, c'est-à-dire qu'elle est établie à forfait d'après un tarif qui a pour base le salaire de la victime.

Tels sont les principes généraux de la loi du 9 avril 1898. Nous allons maintenant examiner :

1° Le domaine d'application de la loi ;

2° La fixation des indemnités ;

3° La déclaration des accidents et la procédure ;

4° L'affichage de la loi et des décrets.

§ 1er. — Domaine d'application de la loi.

Le domaine d'application de la loi du 9 avril 1898 est défini par l'article 1er ainsi conçu :

Les accidents survenus par le fait du travail, ou à l'occasion du travail, aux ouvriers et employés occupés dans l'industrie du bâtiment, les usines, manufactures, chantiers, les entreprises de transport par terre et par eau, de chargement et de déchargement, les magasins publics, mines, minières, carrières et, en outre, dans toute exploitation ou partie d'exploitation dans laquelle sont fabriquées ou mises en œuvre des matières explosives, ou dans laquelle il est fait usage d'une machine mue par une force autre que celle de l'homme ou des animaux, donnent droit, au profit de la victime ou de ses représentants, à une indemnité à la charge du chef d'entreprise, à la condition que l'interruption de travail ait duré plus de quatre jours.

Les ouvriers qui travaillent seuls d'ordinaire ne pourront être assujettis à la présente loi par le fait de la collaboration accidentelle d'un ou de plusieurs de leurs camarades.

L'accident tel qu'il faut l'entendre consiste dans une lésion corporelle provenant de l'action soudaine d'une cause extérieure ; la loi ne s'applique donc pas aux maladies professionnelles provenant d'une cause lente et durable, telle que l'absorption de poussières, de gaz ou de vapeurs qui, sans occasionner un empoisonnement immédiat, sont nuisibles à la santé.

L'accident n'entraîne l'application du risque professionnel

que lorsqu'il est survenu par le fait ou à l'occasion du travail, c'est-à-dire lorsque la lésion subie par la victime a une cause inhérente au travail, ou qu'elle s'y rattache par un lien plus ou moins étroit.

Les établissements assujettis à la loi comprennent :

1° L'industrie du bâtiment, c'est-à-dire toutes les industries qui se rattachent à la construction des édifices, taille de pierre, maçonnerie, charpente, menuiserie, couverture, peinture, vitrerie, serrurerie, etc. ;

2° Les usines et manufactures, c'est-à-dire les établissements où s'effectuent soit la préparation des matières premières en vue de leur application à des usages industriels, soit la fabrication d'objets déterminés.

En vain arguerait-on de l'absence du mot *atelier*, employé dans d'autres lois, à la suite des mots *usines* et *manufactures*, pour soustraire la petite industrie, l'atelier de menuisier ou de modiste, au régime du risque professionnel (Circulaire ministérielle du 24 août 1899);

3° Les chantiers, c'est-à-dire le groupement dans un emplacement déterminé, d'un certain nombre d'ouvriers employés à la préparation des matériaux, à des terrassements ou à des travaux quelconques, en vue de la construction d'édifices, de ponts, de canaux, de routes, etc. ;

4° Les entreprises de transport par terre et par eau, c'est-à-dire les entreprises comprenant tous les transports : transports par route, roulage, camionnage, transports par chemins de fer, navigation fluviale ou canaux, flottage par radeaux, remorquage, transports par tramways, etc. ;

5° Les entreprises de chargement et de déchargement. Il résulte des travaux préparatoires de la loi que l'on n'a entendu viser que le chargement et le déchargement des navires dans les ports ;

6° Les magasins publics, c'est-à-dire les docks, magasins généraux, monts-de-piété, salles de vente publique et entrepôts de douane ;

7° Les mines, minières et carrières ;

8° Les exploitations ou parties d'exploitations dans lesquelles sont fabriquées ou mises en œuvre des matières explosives, c'est-à-dire où s'effectuent seulement la fabrication et les manipulations industrielles. Le seul emploi des matières explosives ne doit pas donner lieu à l'application de la loi, il faut qu'il y ait manipulation, mise en œuvre. Ainsi la loi ne s'appliquerait pas à un établissement par cela seul qu'on y ferait usage du gaz ou de l'acétylène comme mode d'éclairage ;

9° Les exploitations ou parties d'exploitations dans lesquelles il est fait usage d'une machine mue par une force autre que celle de l'homme ou des animaux. Il faut que la machine soit actionnée par un moteur inanimé (moteur à vapeur, moteur à gaz, moteur hydraulique, moteur électrique, etc.) pour que l'exploitation rentre dans la catégorie de celles où la loi est applicable.

Si l'usage de la machine mue par une force élémentaire a lieu dans une partie de l'exploitation bien délimitée, cette partie d'exploitation est seule soumise au risque professionnel ; mais les ouvriers qui y sont attachés peuvent se prévaloir des dispositions de la loi nouvelle pour tous les accidents dont ils sont victimes par le fait ou à l'occasion du travail, alors même que la cause en serait étrangère au fonctionnement de la machine.

Avis du comité consultatif des assurances contre les accidents. — Voici maintenant, par ordre de date, les avis les plus importants émis par le comité consultatif des assurances contre les accidents du travail, à la suite de demandes tendant à l'interprétation de l'article 1er de la loi du 9 avril 1898 :

1° La loi du 9 avril 1898 s'applique exclusivement aux industries ou exploitations annexes y dénommées où un chef d'entreprise, employant et salariant des ouvriers ou employés, réalise des fabrications ou des manutentions dans le but d'un gain. Dès lors, une université, employant pour des recherches scientifiques des ouvriers dans ses laboratoires, ne tombe pas, de ce chef, sous le coup de la loi du 9 avril 1898 (Avis du 31 mai 1899);

2° Aucune énonciation de la loi ne semble permettre de considérer les voyageurs de commerce comme appelés à bénéficier de ses dispositions (Avis du 31 mai 1899);

3° L'alcool, malgré les risques spéciaux que sa manutention peut entraîner, ne saurait être assimilé à une matière explosible au sens de la loi (Avis du 31 mai 1899);

4° Les entrepôts de bois, même sans sciage permanent, constituent également des « chantiers ». Ce mot, employé dans l'article 1er de la loi, paraît devoir garder le sens étendu que lui assigne la langue usuelle et ne pouvoir être spécialement appliqué aux chantiers de travaux publics ou privés, déjà compris dans l'expression générale « industrie du bâtiment » (Avis du 21 juin 1899);

5° Pour le transport des bois abattus confié à des transporteurs moyennant forfait ou sur prix d'unité, la responsabilité des accidents du travail incombe auxdits transporteurs, qui assument les « entreprises de transport » visées par l'article 1er de la loi; il en serait de même pour le flottage des bois, s'il en était traité aux mêmes conditions; au contraire, l'exploitant industriel des coupes de bois confiant le service du flottage à ses propres ouvriers est responsable des accidents à eux survenus, au même titre que pour les ouvriers employés à l'exploitation proprement dite (Avis du 12 juillet 1899);

6° La location de futailles, comportant arrimage et réparation des fûts à louer et, le cas échéant, fabrication de futailles neuves, paraît sans conteste rentrer dans la catégorie des « manufactures » ou des « chantiers » visés par l'article 1er de la loi (Avis du 12 juillet 1899);

7° Les associations de propriétaires d'appareils à vapeur et autres sociétés de prévention contre les accidents industriels semblent soumises, en ce qui concerne leurs inspecteurs et préposés, à la loi du 9 avril 1898, soit qu'elles

apparaissent comme agents collectifs des industriels personnellement assujettis et prenant à frais communs les mesures qu'ils devraient autrement prendre à leur compte, soit
qu'elles apparaissent, au regard de ces industriels, comme
des tiers ayant traité avec eux pour assurer la sécurité des
appareils dans leurs exploitations respectives et, à ce titre,
comme de véritables « chefs d'entreprise » (Avis du 12 juillet 1899) ;

8° L'expression « entreprises de transport par terre ou
par eau » contenue dans l'article 1er de la loi du 9 avril
1898 s'applique notamment à toutes entreprises de transport par mer, en dehors des cas spécialement prévus par
la loi du 21 avril 1898, ayant pour objet la création d'une
caisse de prévoyance entre les marins français contre les
risques et accidents de leur profession. La loi du 9 avril
1898 est dès lors applicable : 1° aux inscrits maritimes victimes d'accidents en dehors de leur embarquement et au
cours de travaux visés par ladite loi ; 2° aux non-inscrits
maritimes employés à bord des paquebots, embarcations et
tous bâtiments autres que les bâtiments de guerre ou de
plaisance. L'armateur responsable dans les termes de la loi
du 9 avril 1898 ne saurait se décharger de cette responsabilité par l'application de l'article 216 du Code de commerce,
la charge du risque professionnel incombant, non au capi-
taine, mais à l'entreprise de transport (Avis du 24 janvier
1900) ;

9° Les ostréiculteurs, lorsqu'ils n'exploitent pas la fabrication de boîtes ou paniers d'emballage ou bien toute autre
fabrication annexe, ne paraissent pas assujettis à la loi de
1898 (Avis du 24 janvier 1900) ;

10° Les boulangers et les charcutiers sont assujettis à la
loi du 9 avril 1898 toutes les fois que leur exploitation n'est
pas exclusivement limitée au débit de produits reçus tout
préparés pour la vente (Avis du 24 janvier 1900);

11° Les boucheries avec tuerie sont assujetties à la loi
du 9 avril 1898 (Avis du 24 janvier 1900) ;

12° Les professions de maréchal ferrant et de charron-forgeron, comportant des transformations industrielles, sont assujetties à la loi du 9 avril 1898 (Avis du 24 janvier 1900);

13° Les employés occupés dans une exploitation assujettie à la loi du 9 avril 1898 sont appelés au bénéfice de ses dispositions dans les mêmes conditions que les ouvriers (Avis du 24 janvier 1900);

14° Les travaux de construction, de réfection et d'entretien des routes, s'ils sont confiés à l'entreprise privée, emportent l'assujettissement des entrepreneurs à la loi du 9 avril 1898. Dès lors, les départements et les communes se trouvent soumis, pour les mêmes travaux exécutés en régie, aux mêmes responsabilités, et les cantonniers du service vicinal sont appelés au bénéfice de la loi susvisée (Avis du 7 mars 1900);

15° Les entreprises assujetties ayant leur siège en France et détachant des ouvriers en pays étranger pour des travaux temporaires sont responsables des accidents survenus, à l'étranger, auxdits ouvriers dans les termes de la loi du 9 avril 1898 (Avis du 7 mars 1900);

16° La loi du 9 avril 1898 est applicable aux laboratoires qui se chargent d'analyses industrielles moyennant rétribution (Avis du 7 mars 1900);

17° Les établissements de bains ne sont assujettis à la loi que lorsqu'ils font usage d'une machine mue par une autre force que celle de l'homme ou des animaux. Dans ce cas, ils sont responsables des accidents survenus à tout leur personnel, à moins qu'une portion de ce personnel ne soit confinée dans des parties d'exploitation indépendante de celle qui utilise la machine (Avis du 7 mars 1900);

18° Les couturiers et les fabricants de dentelles et de broderies à la main, opérant des transformations d'ordre industriel, dirigent des manufactures au sens de la loi du 9 avril 1898 et sont dès lors assujettis à cette loi (Avis du 7 mars 1900);

19° L'entreprise de fabrication de caisses pour emballages

constitue une manufacture au sens de la loi du 9 avril 1898 (Avis du 21 mars 1900) ;

20° La ferronnerie, comportant des transformations industrielles, constitue une manufacture au sens de la loi du 9 avril 1898 (Avis du 4 avril 1900) ;

21° Les métreurs-vérificateurs, occupant leurs employés dans l'industrie du bâtiment, sont assujettis à la loi susvisée (Avis du 4 avril 1900) ;

22° Les peintres en voiture, concourant à une fabrication industrielle, exploitent une manufacture au sens de la loi du 9 avril 1900 (Avis du 4 avril 1900) ;

23° La carrosserie et la sellerie comportant des transformations d'ordre industriel constituent des manufactures au sens de la loi du 9 avril 1898 (Avis du 4 avril 1900) ;

24° Les négociants en vins en gros sont assujettis à la loi du 9 avril 1898 (Avis du 4 avril 1900) ;

25° Les hôtels ou auberges ne sont point assujettis comme tels à la loi du 9 avril 1898. Ils y sont assujettis comme entrepreneurs de transport et seulement pour cette entreprise lorsqu'ils assurent le transport de leurs clients ou d'autres voyageurs moyennant rétribution (Avis du 4 avril 1900) ;

26° L'ébénisterie, comportant des transformations industrielles, constitue une manufacture au sens de la loi du 9 avril 1898 (Avis du 4 avril 1900) ;

27° Les tapissiers sont assujettis à la loi du 9 avril 1898 toutes les fois que leur exploitation n'est pas exclusivement limitée au débit d'objets reçus tout fabriqués pour la vente (Avis du 4 avril 1900) ;

28° Les approvisionnements de fer en gros sont assimilables aux approvisionnements de bois et constituent comme eux des « chantiers » au sens de la loi du 9 avril 1898 (Avis du 30 mai 1900) ;

29° Les sécheries de morues, comportant des transformations d'ordre industriel, constituent des « manufactures » au sens de la loi du 9 avril 1898 (Avis du 24 octobre 1900) ;

30° Les marchands de bestiaux ne sont point assujettis à

la loi de 1898 lorsqu'ils n'entreprennent pas le transport de bestiaux pour des tiers (Avis du 24 octobre 1900) ;

31° Les pharmaciens ne sont assujettis à la loi de 1898 que lorsqu'ils fabriquent eux-mêmes des matières premières pharmaceutiques ou des spécialités. (Avis du 24 octobre 1900.)

§ 2. — Fixation des indemnités [1].

Les accidents peuvent avoir des conséquences plus ou moins graves. La loi les a classés dans quatre catégories, selon qu'ils entraînent : 1° une incapacité absolue et permanente ; 2° une incapacité partielle et permanente ; 3° la mort de la victime ; 4° une incapacité temporaire.

Tout d'abord, le chef d'entreprise supporte les frais médicaux et pharmaceutiques, et, le cas échéant, les frais funéraires.

Les frais médicaux et pharmaceutiques sont payés en entier par le patron, lorsque ce dernier a désigné le médecin ou que la victime est soignée dans un hôpital. Rien ne s'oppose d'ailleurs à ce que l'ouvrier choisisse lui-même son médecin ; mais, pour éviter des abus, la loi a décidé que, dans ce cas, le chef d'entreprise ne serait plus tenu que jusqu'à concurrence de la somme fixée par le juge de paix, conformément aux tarifs adoptés dans chaque département en exécution de la loi du 15 juillet 1893 sur l'assistance médicale gratuite.

Les frais funéraires sont évalués à une somme de cent francs, au maximum.

A ce premier élément de réparation vient s'en joindre un autre, de beaucoup le plus important, qui consiste dans

---

[1] Pour ce qui a trait à la fixation des indemnités, nous reproduisons presque textuellement les termes de la circulaire de M. le garde des sceaux du 10 juin 1899.

l'allocation de pensions ou d'indemnités fixées d'après un tarif réglé par les articles 3, 8 et 10 de la loi.

L'article 3 fixe le taux de la pension ou de l'indemnité eu égard au salaire et en tenant compte des conséquences de l'accident. Les articles 8 et 10 sont relatifs à la détermination du salaire, qui sert de base à la pension ou à l'indemnité.

Pour le taux des pensions ou indemnités, il convient de distinguer selon que l'accident est classé, en raison de sa gravité, dans une des quatre catégories indiquées ci-dessus.

Incapacité absolue et permanente. — C'est l'incapacité qui rend l'ouvrier impotent et l'empêche de se livrer à tout jamais à un travail utile. C'est, par exemple, la perte de la vue.

La victime reçoit une pension viagère égale aux deux tiers de son salaire annuel.

Incapacité partielle et permanente. — Dans ce cas, la capacité de la victime ne disparaît pas complètement ; elle est seulement diminuée.

La pension allouée est égale à la moitié de la réduction que l'accident aura fait subir au salaire.

Décès de la victime. — La mort de l'ouvrier laisse généralement sa famille sans ressources. La loi vient à son secours en distinguant trois catégories d'ayants droit :

1° Le conjoint ;

2° Les enfants ;

3° Les ascendants et les descendants autres que les enfants.

Le conjoint survivant, non divorcé ni séparé de corps, reçoit une pension viagère égale à 20 p. 100 du salaire annuel de la victime, à la condition que le mariage ait été contracté avant l'accident. Un nouveau mariage lui fait perdre le droit à la pension ; mais il lui est alors alloué, à titre d'indemnité totale, une somme égale au triple de cette pension.

En ce qui concerne les enfants, la loi donne les mêmes droits aux enfants légitimes et aux enfants naturels reconnus avant l'accident. A tous ceux qui sont mineurs au-dessous de seize ans, elle assure une pension qui leur est servie jusqu'à ce qu'ils aient atteint cet âge.

Cette pension varie suivant que les ayants droit restent orphelins de père et de mère ou qu'ils ont encore un de leurs auteurs.

Dans le premier cas, chacun des enfants reçoit une rente calculée sur le salaire de la victime, à raison de 20 p. 100. L'ensemble de ces rentes ne saurait dépasser 60 p. 100 du salaire.

Dans le second cas, la rente est de 15 p. 100 du salaire s'il n'y a qu'un enfant, de 25 p. 100 s'il y en a deux, de 35 p. 100 s'il y en trois et de 40 p. 100 s'il y en a quatre ou un plus grand nombre. Cette rente s'ajoute à celle allouée au conjoint survivant ; on peut donc arriver à une allocation totale représentant 60 p. 100 du salaire ; ce chiffre n'est jamais dépassé.

Si la victime laisse des enfants d'un premier lit concourant avec le conjoint survivant, il semble que les pensions leur revenant doivent être, s'il y a lieu, réduites à 40 p. 100, de telle sorte que le conjoint conserve sa rente sans diminution et que la charge du débiteur ne dépasse pas le chiffre maximum de 60 p. 100 du salaire.

Dans l'hypothèse où il y aurait à la fois des enfants nés les uns d'un premier et les autres d'un second mariage de la victime, la pension du conjoint survivant serait encore respectée ; la pension allouée à chaque groupe d'enfants en conformité des dispositions de la loi subirait une réduction proportionnelle destinée à ramener l'allocation totale dans la limite du maximum ci-dessus indiqué.

Les ascendants et les descendants n'ont droit à une pension qu'à une double condition. Il faut :

1° Qu'il n'y ait pas de conjoint survivant, ni d'enfants mineurs de seize ans ;

2° Que les réclamants aient été à la charge de la victime au moment de l'accident. Il faut de plus que les descendants n'aient pas atteint l'âge de seize ans.

Il est alloué à chacun des ayants droit une rente égale à 10 p. 100 du salaire annuel de la victime, sans que le total puisse être supérieur à 30 p. 100. Si ce chiffre était dépassé, chaque rente subirait une réduction proportionnelle.

La présence d'un conjoint divorcé ou séparé de corps n'enlèverait pas aux ascendants ou aux descendants leur droit à une indemnité. Il en serait de même dans le cas où la victime laisserait des enfants tous âgés de plus de seize ans.

La question de savoir si les ascendants ou les descendants étaient à la charge de la victime relève de l'appréciation des tribunaux : c'est une pure question de fait.

Les représentants de l'ouvrier étranger n'ont rien à réclamer s'ils ne résidaient pas en France au moment où l'accident s'est produit. Mais, cette condition étant remplie, le service de la pension leur serait continué même s'ils retournaient plus tard dans leur pays.

Incapacité temporaire. — La loi ne distingue pas entre l'incapacité partielle et l'incapacité absolue. L'indemnité à allouer à la victime pendant le temps que dure son état d'invalidité est toujours la moitié du salaire touché au moment de l'accident.

L'indemnité n'est due que si l'incapacité de travail a duré plus de quatre jours et seulement à partir du cinquième jour. On a voulu éviter ainsi des simulations qui sont toujours plus faciles en matière d'accidents légers.

J'ai déjà indiqué qu'il n'est rien alloué à la victime qui a intentionnellement provoqué l'accident, mais la faute inexcusable du patron ou de l'ouvrier est ici sans influence sur le chiffre de l'indemnité. C'est seulement lorsqu'il s'agit de fixer la pension, due en cas de décès ou d'incapacité permanente, absolue ou partielle, que les tribunaux sont autorisés à prendre en considération la faute inexcusable du patron ou de l'ouvrier pour majorer ou diminuer le chiffre de la pension.

Aucune convention ne peut soustraire le chef d'industrie à la stricte exécution des obligations que la loi lui impose (art. 30). Toutefois, les articles 5 et 6 dérogent à ce principe.

L'article 5 permet au chef d'entreprise de se décharger, pendant les trente, soixante ou quatre-vingt-dix premiers jours de l'accident, de l'obligation de payer aux victimes les frais de maladie et l'indemnité temporaire, à la condition de justifier :

1° Qu'il a affilié ses ouvriers à une société de secours mutuels dont les statuts renferment les clauses spéciales comprises dans un statut-type approuvé par le ministre de l'intérieur ;

2° Qu'il a pris à sa charge une quote-part de la cotisation, fixée d'un commun accord entre lui et ses ouvriers, mais qui ne doit jamais être inférieure au tiers de cette cotisation ;

3° Que la société assure à ses membres, en cas de blessures, pendant trente, soixante ou quatre-vingt-dix jours, les soins médicaux et pharmaceutiques et une indemnité journalière.

Si l'indemnité journalière servie par la Société est inférieure à la moitié du salaire quotidien de la victime, le chef d'entreprise est tenu de lui verser la différence.

L'article 6 de la loi, répondant au même ordre d'idées, vise plus spécialement les exploitants des mines, minières ou carrières.

Une loi du 29 juin 1894 a prévu et réglé, pour les entreprises d'exploitation de mines, minières ou carrières, la constitution de caisses ou de sociétés de secours. Les chefs d'entreprise sont tenus de contribuer par une quote-part égale à la moitié des cotisations des ouvriers. Il leur suffira, pour se décharger des frais et indemnités mentionnés dans l'article 5 de la loi du 9 avril 1898, de verser à ces caisses une subvention annuelle. Le montant et les conditions de la subvention devront être acceptés par les sociétés et approuvés par le ministre des travaux publics.

Dans un dernier paragraphe, l'article 6 décide que les dispositions que nous venons d'analyser et qui sont relatives aux exploitants de mines, minières ou carrières, s'appliqueront à tous autres chefs d'industrie, lorsque ceux-ci auront créé, en faveur de leurs ouvriers, des caisses particulières de secours en conformité du titre III de la loi du 29 juin 1894. Dans ce cas, le montant et les conditions de la subvention annuelle destinée à les exonérer seront soumis à l'approbation du ministre du commerce et de l'industrie.

Salaire de base. — La détermination du salaire qui sert de base à l'indemnité varie selon que l'accident a entraîné la mort de l'ouvrier ou une incapacité permanente, ou qu'il a seulement pour effet d'infliger à la victime une incapacité temporaire. J'envisagerai successivement ces deux hypothèses.

Accident suivi de mort ou d'une incapacité permanente. — L'indemnité est alors accordée sous la forme d'une pension annuelle ; elle doit donc avoir pour base le salaire annuel.

Le salaire s'entend de tout ce qui est alloué à l'ouvrier en représentation de son travail, soit en argent, soit en nature. La partie du salaire payée en nature est évaluée selon l'usage du lieu.

Lorsque l'ouvrier a été employé dans l'industrie pendant les douze mois qui ont précédé l'accident, le salaire comprend, aux termes de l'article 10, « la rémunération effective qui lui a été allouée pendant ce temps ».

L'emploi des mots « rémunération effective » soulève une difficulté. Doit-on en conclure qu'en cas de chômage de l'ouvrier, par exemple pour cause de maladie, il n'y aurait pas à tenir compte du salaire que la victime aurait pu gagner pendant la durée du chômage ? Cette solution, rigoureusement conforme au texte, peut être combattue par des arguments tirés des travaux préparatoires. Dans son rapport au Sénat, M. Thévenet a exprimé l'opinion qu'on remplacera le salaire qui a manqué pendant l'interruption du travail, par une appréciation qui aura pour base le salaire gagné pendant le reste de l'année.

Quoi qu'il en soit, les juges de paix devront avoir soin, en procédant à l'enquête prévue par les articles 12 et 13, de recueillir des renseignements sur la durée et les causes des chômages éprouvés par l'ouvrier pendant les douze derniers mois.

Lorsque l'ouvrier est occupé depuis moins de douze mois dans une industrie fonctionnant régulièrement toute l'année, le salaire annuel s'entend de la rémunération effective qu'il a reçue depuis son entrée dans l'établissement, augmentée de la rémunération moyenne qu'ont reçue, pendant la période nécessaire pour compléter les douze mois, les ouvriers de la même catégorie.

Certaines industries, comme les fabriques de sucre, ne travaillent qu'une partie de l'année. Il en est d'autres qui, ouvertes toute l'année, ne fonctionnent pas pendant tous les jours de la semaine. Dans ces divers cas, on obtient le salaire de base en ajoutant au salaire alloué à l'ouvrier le gain qu'il a réalisé pendant le temps du chômage. Ce gain comprend non seulement ce que l'ouvrier a pu gagner en travaillant pour autrui, mais encore les bénéfices qu'il a réalisés en travaillant pour son propre compte, par exemple en cultivant son champ s'il est propriétaire.

La loi renferme des dispositions spéciales applicables au cas où la victime est un ouvrier mineur de seize ans, dont la rémunération est généralement minime, ou un apprenti qui ne touche pas de salaire. Le chiffre de la pension est alors établi en prenant pour base le salaire le plus bas des ouvriers valides de la même catégorie occupés dans l'entreprise.

Accident suivi d'une incapacité temporaire. — L'ouvrier atteint d'une incapacité temporaire a droit à une indemnité quotidienne pendant la durée du chômage qui lui est imposé. C'est le salaire touché au moment de l'accident qui sert de base à cette indemnité.

Lorsque le salaire varie d'un jour à l'autre, ce qui peut se produire fréquemment, notamment lorsque le travail est payé à la tâche, le salaire de base sera une moyenne établie sur un nombre de jours suffisant pour que le résultat représente, aussi exactement que possible, les ressources dont l'ouvrier disposait quotidiennement au moment de l'accident.

En ce qui concerne l'ouvrier mineur de seize ans et l'apprenti, le salaire de base ne doit pas être inférieur au salaire le plus bas des ouvriers valides de la même catégorie employés dans l'industrie. Toutefois, l'indemnité de l'ouvrier âgé de moins de seize ans ne peut pas dépasser le montant de son salaire. L'apprenti ne saurait être soumis à cette limitation, puisqu'il n'est pas payé ; il touchera donc quelquefois une indemnité supérieure à celle de l'ouvrier mineur de seize ans.

Forme de l'indemnité. — Le législateur a voulu que la réparation due, en cas d'accident, à la victime ou à ses ayants droit, leur fût allouée sous la forme d'une pension qu'il déclare incessible et insaisissable. Il a craint qu'un capital versé à des personnes généralement peu expérimentées ne fût aisément dissipé, tandis qu'une pension fournit à celui qui la reçoit une ressource assurée.

Il y a lieu de remarquer que les dispositions de la loi sont d'ordre public ; l'article 3o frappe de nullité toute convention dérogatoire.

Toutefois, les articles 21 et 9 apportent quelques exceptions à ces règles :

1º Les parties peuvent, après détermination du chiffre de l'indemnité, décider que le service de la pension sera suspendu et remplacé, tant que l'accord subsistera, par un autre mode de réparation.

Cette convention ne crée d'ailleurs qu'un état de choses essentiellement provisoire, susceptible de cesser, à tout instant, par la volonté d'une seule des parties ;

2º Le conjoint survivant, bénéficiaire d'une pension, est libre de s'entendre avec le débiteur pour substituer, à la rente qui lui est allouée, le paiement d'un capital ;

3º La même faculté est accordée à tout titulaire d'une pension, sans distinction, lorsque cette pension n'est pas supérieure à cent francs ;

4º Enfin, l'article 9, § 1.er, décide que, lors du règlement définitif de la rente viagère, après le délai de revision prévu à l'article 19, la victime peut demander que le quart au plus du capital nécessaire à l'établissement de cette rente, calculé d'après les tarifs dressés pour les victimes d'accidents par la caisse de retraites pour la vieillesse, lui soit attribué en espèces.

Les parties intéressées ne peuvent pas s'entendre à l'amiable au sujet de cette conversion. Elle doit être demandée au tribunal, qui apprécie souverainement si elle est conforme à l'intérêt sagement entendu de la victime. Il statue en chambre du conseil.

La même procédure s'applique dans une autre hypothèse dont il me reste à parler.

L'article 9, § 2, autorise la victime à demander, toujours après l'expiration du délai de révision, que le capital nécessaire à l'établissement de la rente, ou ce capital réduit du quart au plus comme il est dit dans le premier paragraphe du même article, serve à constituer sur sa tête une rente viagère réversible, pour moitié au plus, sur la tête de son conjoint. La charge incombant au débiteur ne doit pas être

aggravée; la rente viagère sera donc, en pareil cas, diminuée.

§ 3. — Déclaration des accidents et procédure.

Dans les quarante-huit heures qui suivent tout accident
de nature à entraîner une incapacité quelconque de travail,
le chef d'industrie ou ses préposés sont tenus de le déclarer
au maire de la commune, sous peine d'encourir l'amende
édictée par l'article 14.

Sous le régime des lois des 2 novembre 1892 et 12 juin
1893 et en vertu des dispositions expresses des deux règlements d'administration publique intervenus pour l'exécution
de ces lois, aux dates des 21 avril et 20 novembre 1893, les
déclarations étaient limitées aux accidents qui paraissaient
devoir entraîner une incapacité de travail « de trois jours
au moins ». Rien dans le texte de la loi nouvelle n'autorise
une pareille limitation, et le décret du 3o juin 1899 a dû
rester muet à cet égard.

Sans aller jusqu'à soutenir que la déclaration devient
obligatoire pour les accidents sans aucune gravité, n'exigeant, par exemple, qu'une interruption de travail de quelques heures, il est prudent d'indiquer aux chefs d'entreprise que leur propre intérêt leur commande, en cas de
doute, de remplir la formalité de la déclaration. Même pour
les accidents d'apparence d'abord insignifiante, telle conséquence peut se développer ou telle complication survenir,
qui entraîne finalement une interruption de travail de plus
de quatre jours. Dans ce cas, et si la déclaration n'a pas été
au préalable et régulièrement effectuée dans le délai légal,
le chef d'entreprise se trouvera, de ce seul fait, constitué
en faute et passible d'une pénalité.

S'il se rencontrait, au contraire, qu'un accident n'ayant
entraîné sur-le-champ aucune interruption de travail abou-
tissait directement à une incapacité ultérieure, le chef d'entreprise n'aurait évidemment point à se reprocher alors l'ab-

sence de déclaration, et le délai imparti pour la faire ne devrait courir, à son encontre, qu'à partir du jour où se produirait l'incapacité de travail effective.

Le chef d'entreprise est astreint à la déclaration pour tous les accidents atteignant le personnel appelé à bénéficier de la loi, quel que soit le lieu où les accidents se sont produits.

Les lois des 2 novembre 1892 et 12 juin 1893 ne prescrivaient la déclaration que pour les accidents survenus dans les établissements qu'elles visaient. L'article 11 de la loi de 1898, comme son article 1er, a une portée plus large. Il implique obligation de déclaration pour tous les accidents « survenus par le fait du travail, ou à l'occasion du travail », et, par conséquent, aussi bien pour les accidents survenus dans un travail extérieur, au domicile des clients de l'entreprise, ou dans une course commandée, que pour les accidents survenus au siège même ou dans les chantiers de l'entreprise.

Par contre, le chef d'entreprise ne serait point tenu à la déclaration, en vertu de la loi de 1898, si la victime de l'accident n'était pas un des bénéficiaires de la loi ; par exemple, s'il s'agissait d'un tiers blessé dans son usine ou sur ses chantiers. Il n'y serait pas tenu davantage si l'accident n'était évidemment pas un accident du travail ; par exemple, si la victime succombait à un anévrisme ou était blessée dans une rixe, sauf à elle, bien entendu, ou à ses ayants droit, à user, le cas échéant, de son droit direct de déclaration, si la cause ou le caractère de l'accident se trouvaient contestés entre les parties.

Du lieu de la déclaration. — La déclaration doit être faite, porte l'article 11 de la loi, au maire de la commune. Ainsi que cela a été spécifié par le rapporteur au Sénat et comme d'ailleurs le prescrivaient déjà les règlements d'administration publique rendus pour l'exécution des lois de 1892 et de 1893, il ne peut s'agir que du maire de la commune où l'accident s'est produit.

La localisation de l'accident et, par suite, la détermination de la mairie où la déclaration doit être effectuée n'offriront le plus souvent aucune difficulté.

Il se peut cependant, en matière d'accidents de roulage et surtout en matière d'accidents de chemins de fer, que l'accident n'apparaisse qu'après coup, souvent même à une grande distance du lieu où il s'est vraisemblablement produit. Dans ce cas, c'est à la mairie de la commune où il est reconnu ou bien à la mairie de la commune où a lieu le premier arrêt que la déclaration devient obligatoire. Le vœu non équivoque du législateur est, en effet, que le maire et, le cas échéant, par voie de conséquence, le juge de paix saisis se trouvent être les magistrats le plus rapprochés du théâtre de l'accident et le mieux à même, dès lors, au moins d'une manière générale, de provoquer ou de vérifier les premières constatations.

Quant aux accidents survenus dans une mine, minière ou carrière s'étendant sous le territoire de plusieurs communes, ils devront être déclarés à la mairie de la commune où sont situés les bâtiments d'exploitation, par analogie avec la mesure qu'édicte le décret du 6 mai 1811 (art. 21) en matière de redevances minières.

Il ne faut point enfin perdre de vue que, dans la commune où la déclaration doit être faite, le maire a seul qualité pour la recevoir régulièrement. Une déclaration faite à un commissaire central ou à tout autre fonctionnaire administratif ne mettrait pas le chef de l'entreprise intéressé à l'abri d'une contravention.

De même, la déclaration à la mairie ne demeurerait pas moins obligatoire si l'autorité judiciaire avait déjà, par ailleurs, connaissance officielle de l'accident ou si elle avait informé, par exemple, au cas de présomption d'homicide ou de blessures par imprudence.

Le texte de l'article 11 de la loi est absolument formel : nul autre que le maire ou ses représentants ne peut donner récépissé valable des déclarations d'accidents et décharger, au regard de cette prescription, le chef d'entreprise assujetti.

Du déclarant. — L'obligation de la déclaration pèse sur « le chef d'entreprise ou ses préposés ».

Aux termes de l'article 15 de la loi du 2 novembre 1892 et de l'article 11 de la loi du 12 juin 1893, cette obligation incombait essentiellement au chef d'entreprise lui-même. C'était seulement « à son défaut et en son absence » qu'elle retombait sur « son préposé ».

Les termes de la loi nouvelle sont beaucoup moins étroits. D'une part, le chef d'entreprise, sans avoir à justifier d'aucun empêchement, peut toujours se dispenser d'une déclaration personnelle. D'autre part, il peut déléguer le soin de la faire à l'un quelconque de « ses préposés », c'est-à-dire des chefs de service ou des contremaîtres dépendant de lui, pourvu que le maire appelé à la recevoir n'ait pas raison sérieuse de discuter la qualité du déclarant.

La distinction faite par les textes antérieurs semble devoir toutefois être retenue, avec le texte nouveau de l'article 11 et de l'article 14, en ce qui concerne seulement la responsabilité pénale encourue au cas d'absence de déclaration régulière.

« A défaut » du chef d'entreprise empêché, c'est bien son « préposé », c'est-à-dire le chef immédiat de l'exploitation ou partie d'exploitation dans laquelle l'accident s'est produit, qui demeurerait personnellement passible des peines prévues par la loi.

« Obligatoire » pour le chef d'entreprise ou son délégué, la déclaration d'accident est « facultative » pour la victime elle-même ou ses représentants. Cette faculté ne peut d'ailleurs s'exercer que dans les conditions déterminées pour la déclaration imposée au chef d'entreprise.

Elle appartient soit à la victime elle-même, soit à ses représentants, au sens le plus large du mot, c'est-à-dire à ses ayants droit, à ses ayants droit éventuels, à ses parents ou même à ses amis ou voisins, pourvu que le maire soit mis suffisamment à même d'apprécier que la déclaration est réellement faite en son nom ou dans son intérêt.

On peut ajouter qu'en dehors de cas tout à fait exceptionnels, dont il pourrait seul rester juge, le maire n'aurait point à recevoir, en outre de la déclaration du chef d'entreprise, plus d'une déclaration émanant soit de la victime, soit de ses représentants.

Du délai imparti pour la déclaration. — La loi ne réserve expressément qu'un délai de quarante-huit heures pour la déclaration et la production concomitante du certificat médical qui doit y être annexé.

D'après la formule employée par le législateur et la valeur que la jurisprudence assigne aux formules analogues, le délai dont il s'agit court d'heure à heure, à partir du moment de l'accident, et n'est point prorogé à raison des fêtes légales qui peuvent le traverser. Pour un accident survenu, par exemple, un lundi à 5 heures du soir, le délai expire le surlendemain mercredi à 5 heures.

Si l'on tient compte du temps d'ouverture relativement restreint de certaines mairies dans les petites communes, on voit que les chefs d'entreprise devront presque toujours se préoccuper de se procurer le jour même de l'accident les éléments de la déclaration et le certificat médical qui la complète nécessairement.

Il se produira même assez souvent que l'un des deux jours impartis sera un dimanche. Malgré les difficultés que cette coïncidence peut impliquer au point de vue de la réception des déclarations dans les mairies et aussi de la recherche préalable des certificats médicaux, il faut constater que le texte de l'article 11 ne se prête à aucun tempérament.

Quant à la déclaration facultative de la victime ou de ses représentants, elle n'est assujettie à aucune limitation de délai.

De la forme de la déclaration. — Les lois de 1892 et de 1893 admettaient une déclaration collective pour chaque accident survenu, quel que fût le nombre de ses victimes. Il n'en saurait être de même sous le régime de la loi de 1898, chaque accident pouvant, s'il est présumé devoir entraîner une incapacité permanente ou la mort, nécessiter une enquête distincte et aboutir à une ordonnance ou à un jugement spécial. Aussi doit-il y avoir toujours autant de déclarations que de victimes.

Du certificat médical. — Le certificat médical constitue le complément obligatoire de la déclaration. La loi dispose expressément qu'il y doit être joint. Il fait, pour ainsi dire, corps avec elle, à tel point que ces deux pièces, considérées comme un document unique, ne donnent lieu, d'après le texte formel de l'article 11, qu'à un même récépissé.

La déclaration du chef d'entreprise ne semble recevable sans certificat médical que dans deux cas :

1° S'il y a eu accident entraînant mort immédiate ; car alors, malgré la généralité apparente du texte de l'article 11, il n'y a point à « indiquer l'état de la victime, les suites probables de l'accident et l'époque à laquelle il sera possible d'en connaître le résultat définitif » ;

2° Si le chef d'entreprise rapporte une attestation du médecin constatant que la victime a refusé de se laisser visiter par lui et a mis ainsi un obstacle matériel à la production du certificat légal.

La production du certificat médical, qui est obligatoire pour le chef d'entreprise, devient nécessaire pour la victime ou pour ses représentants, s'ils veulent faire une déclaration directe.

Dans l'un et l'autre cas, le maire est tenu de refuser une déclaration qui ne serait point accompagnée du certificat médical correspondant et qui le mettrait dans l'impossibilité de remplir lui-même l'obligation légale que lui impose le premier alinéa de l'article 12.

La formule du certificat médical est si simple, qu'il a paru superflu d'en faire l'objet d'un modèle réglementaire. Les médecins appelés à établir ces certificats prendront vite l'habitude de les rédiger dans l'ordre logique que la loi indique elle-même, c'est-à-dire en attestant successivement :

1° L'état de la victime au moment de la délivrance du certificat et le caractère de la blessure reçue ;

2° Les suites probables de l'accident (mort, incapacité permanente absolue, incapacité permanente partielle, incapacité de telle ou telle durée) ;

3° L'époque à laquelle il sera possible d'en connaître le résultat définitif.

Les certificats dont il s'agit sont exempts de timbre et ne sont pas nécessairement délivrés à titre gratuit, comme avaient pu le craindre tout d'abord quelques organes de la presse médicale.

Ainsi que l'a reconnu, dans un avis récent, le comité consultatif des assurances contre les accidents du travail, le premier alinéa de l'article 29, en édictant la délivrance gratuite, le visa pour timbre et l'enregistrement gratis des procès-verbaux, certificats, actes de notoriété, significations, jugements et autres actes faits ou rendus en vertu et pour l'exécution de la loi, n'a évidemment entendu viser que la gratuité au compte du Trésor, sans imposer à des tiers des charges sans compensation. Aussi bien, le second alinéa de cet article prévoit expressément la fixation des émoluments des greffiers et, en effet, ces émoluments ont été déterminés par un décret du 5 mars 1899. Dès lors, les dispositions générales de l'article 29 ne paraissent point opposables aux médecins appelés à délivrer des certificats.

Dans le cas prévu par l'article 11, « un certificat de médecin » devant être joint à la déclaration d'accident, le chef d'entreprise se trouve astreint, sous les sanctions de l'article 31, à cette production complémentaire, aussi bien qu'à la déclaration elle-même. Il est donc tenu de se procurer à ses frais le certificat médical, ainsi du reste que l'a déjà établi l'interprétation administrative pour l'exécution des dispositions identiques contenues dans les lois des 2 novembre 1892 et 12 juin 1893. Il en est évidemment de même de la victime de l'accident et de ses représentants si, usant de la faculté réservée par la loi, ils prennent l'initiative de la déclaration d'accident.

Du récépissé. — A la différence de la formule de certificat médical et même de la formule de déclaration, dont l'uniformité peut exceptionnellement fléchir, les autres formules (récépissé, avis au service d'inspection, avis au juge de paix) doivent être rigoureusement remplies par les maires dans les formes réglementaires données aux pages 176 et suivantes.

Le récépissé doit être délivré au déclarant immédiatement au reçu de sa déclaration. Rien n'autorise le maire à refuser aux intéressés, ne fût-ce que pendant quelques heures, la preuve qu'ils ont obtempéré aux prescriptions de la loi.

En disposant d'autre part, comme dans les lois de 1892 et de 1893, que le récépissé serait « remis » au déclarant, le législateur de 1898 a écarté l'hypothèse de récépissés délivrés, comme de déclarations faites par voie postale.

Du procès-verbal. — A la suite de la réception de la déclaration souscrite par le chef d'entreprise, l'article 11 de la loi du 9 avril 1898 veut que le maire dresse procès-verbal de cette déclaration. Le procès-verbal du maire n'est autre chose que l'enregistrement administratif, à date certaine, de la déclaration faite par le chef d'entreprise. Il ne diffère de cette déclaration que sur un point. Il constate l'accomplissement des devoirs imposés au maire en ce qui concerne : 1° la délivrance du récépissé au déclarant ; 2° l'envoi, s'il y a lieu, à la justice de paix des pièces spécifiées par le premier alinéa de l'article 12 de la loi.

De l'avis au service d'inspection. — En dehors des cas vraisemblablement fort rares où, suivant la prévision du dernier alinéa de l'article 11 de la loi de 1898, l'article 15 de la loi du 2 novembre 1892 et l'article 11 de la loi du 12 juin 1893 se rencontreraient encore applicables, la transmission faite désormais par les maires au service d'inspection diffère, en la forme, de celle qui était faite antérieurement. Le service d'inspection ne reçoit plus la déclaration du chef d'entreprise ni le certificat médical, dont les décrets des 21 avril et 20 novembre 1893 lui assuraient la possession : d'après les dispositions de la loi de 1898, la première de ces pièces doit rester aux archives de la mairie et la seconde est destinée, le cas échéant, à la justice de paix.

La formule d'avis (modèle IV, page 178) doit être adressée par les maires pour tous les accidents déclarés, même si ces accidents concernent des industries non soumises à l'inspection, telles que les entreprises de chargement et de déchargement ou les exploitations agricoles faisant emploi de moteurs inanimés. Le texte de l'article 11 ne permet aucune distinction.

Mais les maires doivent veiller attentivement à la répartition de ces avis, suivant les cas, entre les inspecteurs du travail et les ingénieurs des mines.

Doivent être seuls adressés aux ingénieurs ordinaires des mines préposés à la surveillance administrative des établissements où les accidents se sont produits :

1° Les avis d'accidents survenus dans les mines, minières et carrières ou leurs dépendances légales, suivant les conditions rappelées par la circulaire du 11 juillet 1899 ;

2° Les avis d'accidents déclarés comme provenant d'*appareils à vapeur,* pourvu que ces appareils ne se trouvent point en service dans l'enceinte des chemins de fer. Les ingénieurs des mines devront d'ailleurs immédiatement, d'après les instructions qu'ils ont reçues de M. le ministre des travaux publics, faire le départ, qu'on ne pouvait demander aux maires, entre ceux de ces avis afférents à des

accidents dus aux « générateurs » et aux « récipients » placés
sous leur surveillance par le décret du 30 avril 1880, et ceux
qui concernent les accidents dus à tout autre appareil : ils
gardent les premiers, en vue de la préparation des rapports
dont l'article 13 leur impose la rédaction à bref délai : ils
renvoient les autres, sans retard, à l'inspecteur départemental du travail.

Tous les autres avis (y compris ceux qui correspondent à
des accidents provenant d'appareils à vapeur dans l'enceinte
des chemins de fer) doivent être adressés à l'inspecteur
départemental du travail.

De l'avis à la justice de paix. — L'avis au service de
l'inspection (inspecteur du travail ou ingénieur des mines)
doit toujours être transmis. L'avis destiné à la justice de
paix du canton n'est, au contraire, envoyé que « lorsque,
d'après le certificat médical, la blessure paraît devoir entraîner la mort ou une incapacité permanente absolue ou
partielle de travail » (art. 12 de la loi). Il doit être entendu,
au reste, et bien que la loi ne l'ait pas expressément indiqué, que la transmission d'une copie de la déclaration doit
aussi être faite à la justice de paix, lorsque l'accident a entraîné mort immédiate.

Le maire n'a jamais à apprécier lui-même les suites possibles de l'accident déclaré. C'est uniquement aux conclusions du certificat médical qu'il doit s'en référer pour conserver par devers lui ou transmettre au juge de paix ce
certificat médical, en original. Il y joint, dans ce cas, une
copie de la déclaration.

Si le certificat médical produit par le chef d'entreprise
concluait à l'incapacité temporaire et si la victime ou ses
ayants droit venaient ensuite à faire une déclaration appuyée
d'un certificat médical concluant à l'incapacité permanente,
le maire devrait, en présence de cette contradiction, opérer
néanmoins transmission au juge de paix et, pour mettre ce
magistrat en possession de tous les premiers éléments de

l'affaire, il aurait même à lui faire tenir les deux certificats médicaux et les deux copies de déclarations concernant l'accident.

Ce double envoi devrait, à plus forte raison, être assuré si les deux certificats annexés aux deux déclarations concluaient uniformément à l'incapacité permanente, ou bien l'un à l'incapacité permanente et l'autre à la mort.

Ces transmissions, comme les envois d'avis au service de l'inspection, doivent être rigoureusement effectués dans le délai indiqué aux modèles, c'est-à-dire, en principe, « le jour même de la déclaration d'accident ». C'est seulement lorsque la déclaration a été faite dans l'après-midi que la mairie a la faculté de remettre les envois correspondants à la « matinée du lendemain ».

Cette rapidité est indispensable pour que les ingénieurs des mines puissent établir, le cas échéant, leurs rapports dans le court délai que leur assigne l'article 13, pour que les juges de paix puissent commencer sans retard leurs enquêtes, dont la promptitude multipliera les résultats, et pour que les inspecteurs du travail soient en mesure de relever, s'ils le jugent utile, sur le lieu de l'accident des indications encore assez précises pour permettre d'en prévenir le retour.

Le législateur, comprenant l'importance particulière des prescriptions qu'il édictait dans l'article 11, a d'ailleurs pris soin, dans l'article 14, de leur réserver une sanction pénale. Toute contravention à ces prescriptions est punissable d'une amende de 1 fr. à 15 fr. et, en cas de récidive, d'une amende de 16 fr. à 300 fr. Cette sanction ne doit point rester ignorée des maires, qui sont le mieux à même d'en provoquer l'application aux chefs d'entreprise notoirement réfractaires ou négligents.

Enquête du juge de paix. — Le juge de paix saisi d'une déclaration d'accident est tenu de procéder à une enquête. On ne saurait, toutefois, ne pas lui laisser une faculté d'appréciation. Il est possible que la déclaration lui ait été transmise à tort, soit que le certificat médical n'annonce qu'une incapacité temporaire, soit que les renseignements renfermés dans la déclaration démontrent que l'accident n'entraîne certainement pas l'application du risque professionnel. En pareil cas, le juge de paix s'abstiendra ; mais s'il y a un doute, s'il n'est pas péremptoirement démontré que l'accident échappe aux prévisions de la loi du 9 avril 1898, le magistrat cantonal doit, sans hésitation, se mettre à l'œuvre.

L'enquête est commencée dans les vingt-quatre heures de la réception des pièces transmises par le maire. La loi a prescrit ce court délai afin que les constatations soient faites avant qu'il se soit produit dans l'état des lieux des modifications qui rendraient les recherches plus laborieuses. Au lendemain de l'accident, les témoignages seront également plus précis.

L'enquête prévue par les articles 12 et 13 de la loi a une grande importance. Elle servira de base au règlement amiable ou judiciaire qui interviendra ultérieurement entre le chef d'industrie et la victime.

Envisagée dans ses grandes lignes, elle a pour objet de fournir une réponse aux questions ci-après : l'accident est-il régi par la loi du 9 avril 1898 ? quelles suites aura-t-il pour la victime ? quelle sera la base des pensions ou indemnités et quels sont les ayants droit ?

Au surplus, le législateur a pris soin d'indiquer lui-même au magistrat instructeur tous les points sur lesquels doivent porter ses investigations. Aux termes de l'article 12, le juge de paix a pour mission de rechercher : 1° la cause, la nature et les circonstances de l'accident ; 2° les personnes victimes et le lieu où elles se trouvent ; 3° la nature des lésions ; 4° les ayants droit pouvant, le cas échéant, prétendre à une indemnité ; 5° le salaire quotidien et le salaire annuel des victimes.

L'enquête, commencée dans les vingt-quatre heures qui suivent la réception de la déclaration, doit être close, au plus tard, dans les dix jours à partir de l'accident, sous réserve des cas d'impossibilité matérielle dûment constatés dans le procès-verbal.

Après la clôture des opérations, le procès-verbal dressé par le juge de paix est déposé au greffe de la justice de paix. Les parties intéressées, averties de ce dépôt par lettre recommandée, peuvent, pendant un délai de cinq jours, venir prendre connaissance de l'enquête et se faire délivrer des extraits ou même des expéditions.

Le dossier est ensuite transmis au président du tribunal civil.

Procédure devant les justices de paix. — Les juges de paix sont compétents pour statuer sur les demandes relatives aux frais funéraires, aux frais de maladie et aux indemnités allouées à l'occasion des accidents entraînant une incapacité temporaire.

L'intention du législateur est de hâter la solution des litiges. Toutefois, il n'est pas douteux qu'à défaut d'une dérogation expresse sur ce point, l'instance doive être précédée de la tentative de conciliation prescrite par l'article 17 de la loi du 25 mai 1838. C'est surtout dans la matière qui nous occupe qu'il convient de ne rien négliger pour amener entre les parties un arrangement amiable.

Aucune des indemnités déterminées par la loi ne peut être attribuée à la victime qui a intentionnellement provoqué l'accident. Mais le juge de paix n'a pas à rechercher s'il y a eu faute, même inexcusable, du chef d'industrie ou de l'ouvrier; cette circonstance est sans influence sur le chiffre de la condamnation.

La procédure est suivie conformément aux règles du droit commun renfermées dans le livre Ier du Code de procédure civile.

Les décisions du juge de paix ne sont pas susceptibles d'appel.

***Procédure devant les tribunaux de première ins-
tance.*** — Les demandes relatives à l'allocation des pensions
dues en cas de décès et d'incapacité permanente sont portées
devant les tribunaux de première instance. L'affaire est jugée
en suivant la procédure des matières sommaires.

Il n'y a à signaler de dispositions spéciales qu'en ce qui
concerne la tentative de conciliation et les voies de recours.

Le préliminaire de conciliation est confié au président du
tribunal. Dans les cinq jours à partir de la transmission du
dossier de l'enquête, ce magistrat convoque les parties
intéressées. Cette convocation est faite soit par lettre recommandée, soit par l'intermédiaire du maire ou du commissaire de police. La forme importe peu ; il suffit que les intéressés soient prévenus en temps utile.

Chacune des parties peut se faire représenter si elle le
juge convenable. Cette faculté n'est pas, à la vérité, expressément accordée par la loi aux chefs d'industrie ; mais on ne
saurait, dans le silence du texte, la refuser à la victime,
d'autant que celle-ci sera quelquefois dans l'impossibilité
de se présenter.

Il est vraisemblable qu'un accord interviendra fréquemment, grâce à la haute autorité du président du tribunal et
à sa connaissance des faits, puisée dans l'examen des pièces
de l'enquête. Lorsque l'accord intervient, le président rend
une ordonnance qui donne acte aux parties de leur accord.
Dans le cas contraire, l'affaire est renvoyée à l'audience, et
le tribunal est saisi au moyen d'une assignation délivrée par
huissier.

Les jugements sont susceptibles d'opposition et d'appel.

L'opposition n'est recevable, en cas de défaut, faute de
constituer avoué, que dans le délai de quinzaine à partir de
la signification du jugement à personne. Lorsque le jugement est rendu par défaut, faute de conclure, l'opposition
continue à être régie par l'article 157 du Code de procédure
civile.

Le délai pour interjeter appel est réduit à quinze jours ;

il part de la date du jugement si la décision est contradictoire, et du jour où l'opposition n'est plus recevable si elle
a été rendue par défaut.

§ 4. — Affichage de la loi et des décrets.

L'article 3i de la loi de 1898 porte :

1° Que les chefs d'entreprise sont tenus, sous peine d'une
amende de 1 fr. à 15 fr., de faire afficher dans chaque atelier ladite loi de 1898 et les règlements d'administration
relatifs à son exécution ;

2° Que, en cas de récidive dans la même année, l'amende
sera de 16 fr. à 100 fr. ;

3° Que les infractions aux dispositions de cet article peuvent être constatées par les inspecteurs du travail.

Aux termes de la décision ministérielle du 2 février 1900
le défaut de l'affichage de la loi du 9 avril 1898 et des
règlements d'administration publique ne constitue qu'une
seule et même contravention ; dans la pratique, il n'y a
pas d'ailleurs grande utilité à exiger strictement l'affichage
des règlements d'administration publique rendus pour l'exécution des articles 27 et 28 de la loi, dont les dispositions
n'intéressent point immédiatement les ouvriers et, au contraire, on ne saurait séparer de l'affichage de la loi l'affichage
du règlement d'administration publique rendu pour l'exécution de l'article 26 qui constitue, au regard des ouvriers,
le complément indispensable des dispositions de ladite loi.

ANNEXES

ANNEXE I

Loi du 22 février 1851 relative aux contrats d'apprentissage.

TITRE Ier.

DU CONTRAT D'APPRENTISSAGE.

SECTION Ire. — *De la nature et de la forme du contrat.*

Article 1er. — Le contrat d'apprentissage est celui par lequel un fabricant, un chef d'atelier ou un ouvrier s'oblige à enseigner la pratique de sa profession à une autre personne, qui s'oblige, en retour, à travailler pour lui ; le tout à des conditions et pendant un temps convenus.

Art. 2. — Le contrat d'apprentissage est fait par acte public ou par acte sous seing privé.

Il peut aussi être fait verbalement ; mais la preuve testimoniale n'en est reçue que conformément au titre du Code civil *des Contrats ou des Obligations conventionnelles en général.*

Les notaires, les secrétaires des conseils de prud'hommes et les greffiers de justice de paix peuvent recevoir l'acte d'apprentissage.

Cet acte est soumis pour l'enregistrement au droit fixe de 1 fr. (¹), lors même qu'il contiendrait des obligations de sommes ou valeurs mobilières ou des quittances.

Les honoraires dus aux officiers publics sont fixés à 2 fr.

Art. 3. — L'acte d'apprentissage contiendra : 1° les nom, prénoms, âge, profession et domicile du maître ; 2° les nom, prénoms, âge et domicile de l'apprenti ; 3° les noms, prénoms, professions et domicile de ses père et mère, de son tuteur ou de la personne autorisée par les parents et, à leur défaut, par le juge de paix ; 4° la date et la durée du contrat ; 5° les conditions de

---

(1) L'article 4 de la loi du 24 février 1872 a porté ce droit à 1 fr. 50 c.

logement, de nourriture, de prix et toutes autres arrêtées entre les parties.

Il devra être signé par le maître et par les représentants de l'apprenti.

Section II. — *Des conditions du contrat.*

Art. 4. — Nul ne peut recevoir des apprentis mineurs, s'il n'est âgé de vingt et un ans au moins.

Art. 5. — Aucun maître, s'il est célibataire ou en état de veuvage, ne peut loger, comme apprenties, des jeunes filles mineures.

Art. 6. — Sont incapables de recevoir des apprentis :

Les individus qui ont subi une condamnation pour crime ;

Ceux qui ont été condamnés pour attentat aux mœurs ;

Ceux qui ont été condamnés à plus de trois mois d'emprisonnement pour les délits prévus par les articles 388, 401, 405, 406, 407, 408, 423 du Code pénal.

Art. 7. — L'incapacité résultant de l'article 6 pourra être levée par le préfet, sur l'avis du maire, quand le condamné, après l'expiration de sa peine, aura résidé pendant trois ans dans la même commune.

A Paris, les incapacités sont levées par le préfet de police.

Section III. — *Devoirs des maîtres et des apprentis.*

Art. 8. — Le maître doit se conduire envers l'apprenti en bon père de famille, surveiller sa conduite et ses mœurs, soit dans la maison, soit au dehors, et avertir ses parents ou leurs représentants des fautes graves qu'il pourrait commettre ou des penchants vicieux qu'il pourrait manifester.

Il doit aussi les prévenir, sans retard, en cas de maladie, d'absence ou de tout fait de nature à motiver leur intervention.

Il n'emploiera l'apprenti, sauf conventions contraires, qu'aux travaux et service qui se rattachent à l'exercice de sa profession. Il ne l'emploiera jamais à ceux qui seraient insalubres ou au-dessus de ses forces (¹).

---

(1) Les travaux industriels insalubres ou excédant les forces des jeunes travailleurs ont été déterminés par le décret du 13 mai 1893 et l'arrêté ministériel du 31 juillet 1894 rendus en vertu des articles 12 et 13 de la loi du 2 novembre 1892.

Art. 9 (1). — La durée du travail effectif des apprentis âgés de moins de quatorze ans ne pourra dépasser dix heures par jour.

Pour les apprentis âgés de quatorze à seize ans, elle ne pourra dépasser douze heures.

Aucun travail de nuit ne peut être imposé aux apprentis âgés de moins de seize ans.

Est considéré comme travail de nuit, tout travail fait entre neuf heures du soir et cinq heures du matin. Les dimanches et jours de fêtes reconnues ou légales, les apprentis, dans aucun cas, ne peuvent être tenus, vis-à-vis de leur maître, à aucun travail de leur profession.

Dans le cas où l'apprenti sera obligé, par suite de conventions ou conformément à l'usage, de ranger l'atelier aux jours ci-dessus marqués, ce travail ne pourra se prolonger au delà de dix heures du matin.

Il ne pourra être dérogé aux dispositions contenues dans les trois premiers paragraphes du présent article que sur un arrêté rendu par le préfet, sur l'avis du maire.

Art. 10. — Si l'apprenti âgé de moins de seize ans ne sait pas lire, écrire et compter, ou s'il n'a pas encore terminé sa première éducation religieuse, le maître est tenu de lui laisser prendre le temps et la liberté nécessaires pour son instruction.

Néanmoins, ce temps ne pourra pas excéder deux heures par jour.

Art. 11. — L'apprenti doit à son maître fidélité, obéissance et respect ; il doit l'aider, par son travail, dans la mesure de son aptitude et de ses forces.

Il est tenu de remplacer, à la fin de l'apprentissage, le temps qu'il n'a pu employer par suite de maladie ou d'absence ayant duré plus de quinze jours.

Art. 12. — Le maître doit enseigner à l'apprenti, progressivement et complètement, l'art, le métier ou la profession spéciale qui fait l'objet du contrat.

Il lui délivrera, à la fin de l'apprentissage, un congé d'acquit, ou certificat constatant l'exécution du contrat.

Art. 13. — Tout fabricant, chef d'atelier ou ouvrier, convaincu d'avoir détourné un apprenti de chez son maître, pour l'em-

---

(1) En ce qui concerne les enfants employés dans l'industrie, les prescriptions de cet article sont remplacées par celles contenues dans les articles 3, 4 et 5 de la loi du 2 novembre 1892. Mais pour les professions non soumises à la loi de 1892, comme celles de boulanger, pâtissier, boucher et charcutier, les prescriptions de l'article 9 sont encore applicables aux apprentis.

ployer en qualité d'apprenti ou d'ouvrier, pourra être passible
de tout ou partie de l'indemnité à prononcer au profit du maître
abandonné.

SECTION IV. — *De la résolution du contrat.*

Art. 14. — Les deux premiers mois de l'apprentissage sont
considérés comme un temps d'essai, pendant lequel le contrat
peut être annulé par la seule volonté de l'une des parties. Dans
ce cas, aucune indemnité ne sera allouée à l'une ou à l'autre
parties à moins de conventions expresses.

Art. 15. — Le contrat d'apprentissage sera résolu de plein
droit : 1° par la mort du maître ou de l'apprenti ; 2° si l'apprenti
ou le maître est appelé au service militaire ; 3° si le maître ou
l'apprenti vient à être frappé d'une des condamnations prévues
en l'article 6 de la présente loi ; 4° pour les filles mineures, dans
le cas de décès de l'épouse du maître, ou de toute autre femme
de la famille qui dirigeait la maison à l'époque du contrat.

Art. 16. — Le contrat peut être résolu sur la demande des
parties ou de l'une d'elles : 1° dans le cas où l'une des parties
manquerait aux stipulations du contrat ; 2° pour cause d'infraction grave ou habituelle aux prescriptions de la présente loi ;
3° dans le cas d'inconduite habituelle de la part de l'apprenti ;
4° si le maître transporte sa résidence dans une autre commune
que celle qu'il habitait lors de la convention. Néanmoins, la demande en résolution de contrat fondée sur ce motif ne sera recevable que pendant trois mois, à compter du jour où le maître
aura changé de résidence ; 5° si le maître ou l'apprenti encou-
rait une condamnation emportant un emprisonnement de plus
d'un mois ; 6° dans le cas où l'apprenti viendrait à contracter
mariage.

Art. 17. — Si le temps convenu pour la durée de l'apprentissage dépasse le maximum de la durée consacrée par les usages
locaux, ce temps peut être réduit ou le contrat résolu.

TITRE II.

DE LA COMPÉTENCE.

Art. 18. — Toute demande à fin d'exécution ou de résolution
de contrat sera jugée par le conseil des prud'hommes dont le
maître est justiciable, et, à défaut, par le juge de paix du
canton.

Les réclamations qui pourraient être dirigées contre les tiers, en vertu de l'article 13 de la présente loi, seront portées devant le conseil des prud'hommes ou devant le juge de paix du lieu de leur domicile.

Art. 19. — Dans les divers cas de résolution prévus en la section IV du titre Ier, les indemnités ou les restitutions qui pourraient être dues à l'une ou à l'autre des parties seront, à défaut de stipulations expresses, réglées par le conseil des prud'hommes ou par le juge de paix dans les cantons qui ne ressortissent point à la juridiction d'un conseil de prud'hommes.

Art. 20. — Toute contravention aux articles 4, 5, 6, 9 et 10 de la présente loi sera poursuivie devant le tribunal de police et punie d'une amende de 5 fr. à 15 fr.

Pour les contraventions aux articles 4, 5, 9 et 10, le tribunal de police pourra, dans le cas de récidive, prononcer, outre l'amende, un emprisonnement d'un à cinq jours (').

En cas de récidive, la contravention à l'article 6 sera poursuivie devant les tribunaux correctionnels et punie d'un emprisonnement de quinze jours à trois mois, sans préjudice d'une amende qui pourra s'élever de 50 fr. à 300 fr.

Art. 21. — Les dispositions de l'article 463 du Code pénal sont applicables aux faits prévus par la présente loi.

Art. 22. — Sont abrogés les articles 9, 10 et 11 de la loi du 22 germinal an XI.

---

(1) En ce qui concerne les enfants employés dans l'industrie, les contraventions à la durée du travail sont punies par les articles 26 à 29 de la loi du 2 novembre 1892.

ANNEXE II

Loi du 7 décembre 1874 relative à la protection des enfants employés dans les professions ambulantes (modifiée par la loi du 19 avril 1898, sur la répression des violences, voies de fait, áctes de cruauté et attentats commis envers des enfants).

Article 1ᵉʳ. — Tout individu qui fera exécuter par des enfants de moins de seize ans des tours de force périlleux ou des exercices de dislocation ;

Tout individu autre que les père et mère, pratiquant les professions d'acrobate, saltimbanque, charlatan, montreur d'animaux ou directeur de cirque, qui emploiera, dans ses représentations, des enfants âgés de moins de seize ans,

Sera puni d'un emprisonnement de six mois à deux ans et d'une amende de 16 fr. à 200 fr.

La même peine sera applicable aux père et mère exerçant les professions ci-dessus désignées qui emploieraient dans leurs représentations leurs enfants âgés de moins de douze ans.

Art. 2. — Les pères, mères, tuteurs ou patrons, *et généralement toutes personnes ayant autorité sur un enfant ou en ayant la garde,* qui auront livré, soit gratuitement, soit à prix d'argent, leurs enfants, pupilles ou apprentis âgés de moins de seize ans aux individus exerçant les professions ci-dessus spécifiées, ou qui les auront placés sous la conduite de vagabonds, de gens sans aveu ou faisant métier de la mendicité, seront punis des peines portées en l'article 1ᵉʳ.

La même peine sera applicable *aux intermédiaires ou agents qui auront livré ou fait livrer lesdits enfants* et à quiconque aura déterminé des enfants, âgés de moins de seize ans, à quitter le domicile de leurs parents ou tuteurs pour suivre des individus des professions susdésignées.

La condamnation entraînera de plein droit, pour les tuteurs, la destitution de la tutelle. Les père et mère pourront être privés des droits de la puissance paternelle.

Art. 3. — Quiconque emploiera des enfants âgés de moins de seize ans à la mendicité habituelle, soit ouvertement, soit sous l'apparence d'une profession, sera considéré comme auteur ou complice du délit de mendicité en réunion prévu par l'article 276 du Code pénal et sera puni des peines portées audit article.

Dans le cas où le délit aurait été commis par les pères, mères ou tuteurs, ils pourront être privés des droits de la puissance paternelle.

Art. 4. — Tout individu exerçant l'une des professions spécifiées à l'article 1er de la présente loi devra être porteur de l'extrait des actes de naissance des enfants placés sous sa conduite et justifier de leur origine et de leur identité par la production d'un livret ou d'un passeport.

Toute infraction à cette disposition sera punie d'un emprisonnement d'un mois à six mois et d'une amende de 16 fr. à 50 fr.

Art. 5. — En cas d'infraction à l'une des dispositions de la présente loi, les autorités municipales seront tenues d'interdire toutes représentations aux individus désignés en l'article 1er.

Cesdites autorités seront également tenues de requérir la justification, conformément aux dispositions de l'article 4, de l'origine et de l'identité de tous les enfants placés sous la conduite des individus susdésignés. A défaut de cette justification, il en sera donné avis immédiatement au parquet.

Toute infraction à la présente loi commise à l'étranger à l'égard de Français devra être dénoncée, dans le plus bref délai, par nos agents consulaires aux autorités françaises, ou aux autorités locales, si les lois du pays en assurent la répression.

Ces agents devront, en outre, prendre les mesures nécessaires pour assurer le rapatriement en France des enfants d'origine française.

Art. 6. — L'article 463 du Code pénal est applicable aux délits prévus et punis par la présente loi.

ANNEXE III

Loi du 29 décembre 1900 fixant les conditions du travail des femmes employées dans les magasins, boutiques et autres locaux en dépendant.

Article 1er. — Les magasins, boutiques et autres locaux en dépendant, dans lesquels des marchandises et objets divers sont manutentionnés ou offerts au public par un personnel féminin, devront être, dans chaque salle, munis d'un nombre de sièges égal à celui des femmes qui y sont employées.

Art. 2. — Les inspecteurs du travail sont chargés d'assurer l'exécution de la présente loi ; à cet effet, ils ont entrée dans tous les établissements visés par l'article 1er.

Les contraventions sont constatées par les procès-verbaux des inspecteurs et inspectrices qui font foi jusqu'à preuve contraire. Les procès-verbaux sont dressés en double exemplaire dont l'un est envoyé au préfet du département et l'autre déposé au parquet.

Les dispositions ci-dessus ne dérogent point aux règles du droit commun quant à la constatation et à la poursuite des infractions à la présente loi.

Art. 3. — Les chefs d'établissements, directeurs ou gérants des magasins, boutiques et autres locaux prévus à l'article 1er sont tenus de faire afficher à des endroits apparents les dispositions de la présente loi ainsi que les noms et les adresses des inspecteurs et inspectrices de la circonscription.

Art. 4. — Lesdits chefs d'établissements, directeurs ou gérants qui auront contrevenu aux prescriptions de la présente loi seront poursuivis devant le tribunal de simple police et passibles d'une amende de 5 fr. à 15 fr. L'amende sera appliquée autant de fois qu'il y aura de contraventions. Les chefs d'établissements seront civilement responsables des condamnations prononcées contre les directeurs ou gérants.

Art. 5. — En cas de récidive, le contrevenaut sera poursuivi devant le tribunal correctionnel et puni d'une amende de 16 fr. à 100 fr. Il y a récidive lorsque, dans les douze mois antérieurs au fait poursuivi, le contrevenant a déjà subi une condamnation pour une contravention identique. En cas de pluralité de contraventions entraînant les peines de la récidive, l'amende sera appliquée autant de fois qu'il aura été relevé de nouvelles contraventions. Les tribunaux correctionnels pourront appliquer les dispositions de l'article 463 du Code pénal sur les circonstances atténuantes, sans qu'en aucun cas l'amende, pour chaque contravention, puisse être inférieure à 5 fr.

Art. 6. — L'affichage du jugement peut, suivant les circonstances et en cas de récidive seulement, être ordonné par le tribunal de police correctionnelle. Le tribunal peut également ordonner, dans le même cas, l'insertion du jugement aux frais du contrevenant dans un ou plusieurs journaux du département.

Art. 7. — Seront punis d'une amende de 100 fr. à 500 fr., et en cas de récidive de 500 à 1,000 fr., tous ceux qui auront mis obstacle à l'accomplissement des devoirs d'un inspecteur.

L'article 463 du Code pénal est applicable aux condamnations prononcées en vertu du présent article.

Les dispositions du Code pénal, qui prévoient et répriment les actes de résistance, les outrages et violences contre les officiers de la police judiciaire, sont, en outre, applicables à ceux qui se rendront coupables de faits de même nature à l'égard des inspecteurs.

ANNEXE IV

TEXTE DES COMPOSITIONS

DONNÉES AUX CONCOURS DE 1893, DE 1895, DE 1897 ET DE 1900 POUR L'EMPLOI D'INSPECTEUR ET D'INSPECTRICE STAGIAIRE DU TRAVAIL.

CONCOURS DE 1893.

INSPECTEURS.

1° Législation. — Exposé général et justification des dispositions légales et réglementaires relatives aux travaux fatigants, dangereux ou contraires aux bonnes mœurs.

2° Hygiène et sécurité des ateliers. — Principaux accidents déterminés par les bielles, arbres, engrenages, courroies, cisailles mécaniques ; premier pansement d'une plaie en attendant l'arrivée du médecin.

3° Mécanique. — Principales causes d'explosions de chaudières à vapeur.

INSPECTRICES.

1° Législation. — Exposé général et justification des dispositions légales et réglementaires relatives aux filles de tout âge au-dessous de vingt et un ans.

2° Hygiène et sécurité des ateliers. — De l'encombrement des ateliers. Ses dangers. Premiers soins en cas de syncope.

CONCOURS DE 1895.

INSPECTEURS.

1° Législation. — Du travail de nuit des enfants et des femmes. Exposé et examen critique des prescriptions de la législation et de la réglementation actuelles.

2° Hygiène et chimie industrielles. — Principaux composés du plomb. — Principales industries qui emploient le plomb et ses composés. — Accidents saturnins. — Moyens de les prévenir par les installations et l'hygiène personnelle.

3° Mécanique. — Une dérivation de cours d'eau donne un débit de 30 mètres cubes par minute sous une chute de 2^m,50.

On demande :

1° D'indiquer les récepteurs hydrauliques qu'il conviendrait d'employer et pour quels motifs ;

2° De décrire l'un de ces récepteurs ;

3° De dire la puissance en chevaux-vapeur de ce récepteur en se donnant le rendement d'après ceux établis par la pratique pour le moteur choisi ;

4° De dire, ce moteur hydraulique étant employé à actionner directement une dynamo, l'intensité du courant dont on pourra disposer sachant que la dynamo fonctionne sous une différence de potentiel de 250 volts (on prendra arbitrairement le rendement dans les limites de la pratique).

CONCOURS DE 1897.

INSPECTEURS.

1° Législation. — Exposé et examen pratique de la législation et de la réglementation concernant la durée de la journée de travail dans l'industrie.

2° Hygiène et chimie industrielles. — Le mercure et ses composés ; accidents mercuriels ; industries qui font usage du mercure et de ses composés ; assainissement de ces industries.

3° Mécanique. — I. Le treuil.

II. Un treuil horizontal est formé de deux cylindres en bois de 20 et 14 centimètres de diamètre, montés sur le même axe. Il est muni à l'une de ses extrémités d'une manivelle de 30 centimètres de rayon.

Sur le plus grand cylindre s'enroule une corde dont le brin libre supporte un poids de 100 kilogrammes suspendu librement. Sur le plus petit cylindre s'enroule en sens inverse une autre corde à laquelle est suspendu de même un poids de 50 kilogrammes.

1° On demande quel effort il faut exercer sur la poignée de la manivelle pour maintenir l'appareil en équilibre ;

2° On suppose en second lieu qu'on abandonne la manivelle,

et on demande avec quelle force il faut alors appliquer sur la surface du grand cylindre un sabot en bois pour maintenir le système en équilibre (on admettra que le coefficient de frottement du bois sur le bois est égal à 0,48).

CONCOURS DE 1900.

INSPECTEURS.

1° Législation. — Rapport d'un inspecteur départemental du travail après une visite dans une verrerie ; contraventions relevées et mises en demeure inscrites sur le registre d'usine, à raison d'infractions aux règles imposées à ce genre d'établissements.

2° Hygiène industrielle. — Matières irritantes (acides, alcalis) ; industries principales qui les produisent et les emploient ; dangers de leur élaboration et de leur maniement ; mesures spéciales de précaution pour les éviter ou s'en prémunir.

Mécanique industrielle. — I. Des conditions d'établissement des cheminées d'usine.

II. Problème. — Un madrier de section uniforme, ayant 4 mètres de longueur et pesant 30 kilogrammes, repose par l'une de ses extrémités sur un sol horizontal et est appuyé par l'autre contre un mur vertical.

Ce madrier est incliné à 45° ; il supporte un poids de 20 kilogrammes qui est suspendu au milieu de sa longueur.

On demande :

1° Quel est, en faisant abstraction de tout frottement, l'effort horizontal à exercer sur le pied de ce madrier pour l'empêcher de glisser ;

2° Si cet effort augmente ou diminue quand on déplace le poids additionnel vers le pied du madrier.